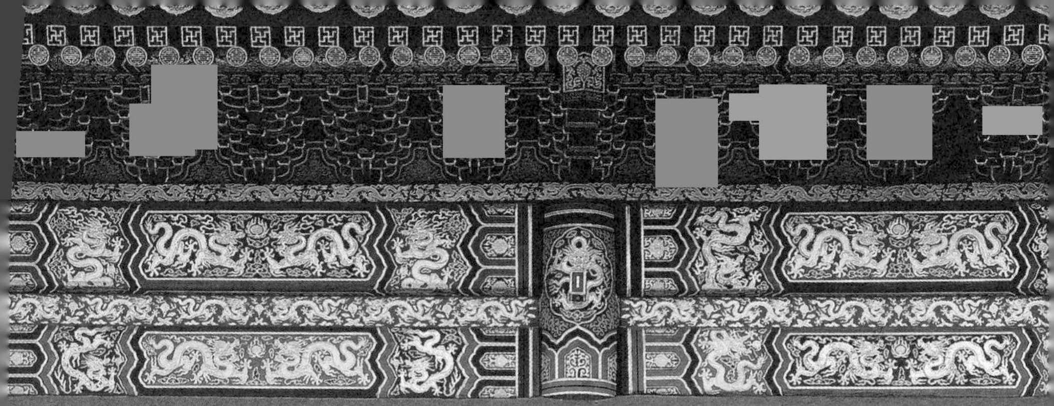

永遠的權力中心

軍機處

熊劍平——著

解碼制度背後的互相博奕
笑看權力遊戲的榮辱興亡

目次

小引

早些年我接觸了清史，知道清朝統治者嚴密控制思想界和讀書人，製造了太多的文字獄，由此逼出孜孜於考據的乾嘉學術。坦白地說，由於這樣的認識，我對清朝的歷史一直不很喜歡，甚至於看到電視上的清宮戲，長辮子甩來甩去的，都會覺得彆扭（當然也會由此錯過不少精彩）。在我的印象中，清朝是個太過於專制的朝代，除了少數滿人過得舒坦之外，漢族，包括其他各民族，都過得不開心。至於晚清政府飽受凌辱、乞哀告憐，害得全體國人顛沛流離、含辛茹苦等情節，也在腦海中留有深刻印象。不喜歡清朝的原因，大概就是這些吧。

前幾年在人民大學讀博，清史是必修課，只好把不喜歡的清史當成專業課來修，陸續翻看了一些書。同學們熱火朝天地學習清史的勁頭，對自己多少有些感染。記得有一次討論課，成崇德老師以「清朝取代明朝是進步還是退步」為題，讓大家自由展開討論。這實在是個可以自由發揮的好題目，所以課堂氣氛非常熱烈。有些同學認為這是歷史的倒退，他們認為這是文化相對落後的滿族的野蠻統治。有些同學則認為是進步，他們更多看到的是明廷的腐朽沒落，認為清朝取代明朝既是歷史的必然，也多少給中國帶來了清新之氣。

我默默地聽著大家討論，思緒就此飄飛得很遠。在我看來，歷史上的很多問題固然很能發人深思，卻往往都是無解。歷史可能會有輪迴，卻也不便假設。以當時的情形來看，由李自成做皇帝不見得會比滿人入主好到哪裡去。中原民族文化固然先進，統治者的御民之術也非常高超，對於人民的盤剝反而有可能會變得更加瘋狂。事實上，滿人入主中原之後，便是系統地學習了漢人，尤其是明政府的御民之術，從而成功地構建了一個專制而又集權的龐大帝國。滿人正是從漢人身上學會了治理疆域和駕馭臣民的方法，清廷正是有效利用了明廷的力量才巧妙地推翻了明廷的腐朽統治。清朝治術，林林總總，其中最有心機、最具效應的莫過於「以漢制漢」。他們看清了不少漢族官員有著媚上欺下的劣根性，因而總能巧妙地加以利用。吾人一貫呼號「以夷制夷」，卻不啻為痴人說夢；他者甫一推行「以漢制漢」，很快便能立竿見影。嗚呼！

清代軍機處是維繫帝國大廈和維持集權統治的重要機構。起初階段，它專為軍情處置而設，目的是求得戰場指揮效率，在被實踐證明並不成功之後，卻沒有遭到廢棄，反而是漸漸坐大，政情、社情、民情等都聚攏於斯，軍機處由此而成為皇帝的耳目和心腹，進而取代內閣，成為新的中樞機構，幫助統治者實現集權統治。但是這一切並非完全出自清人的獨創，仍然可從明代找到其前身。在明代，統治者為了實現集權統治，罷宰相之位，行特務之政，設立了錦衣衛和東廠、西廠，用間諜手段控制臣民，從而一舉將封建專制統治發展到了一個高峰。在很多方面，清朝都是以明朝為師，正像漢承秦制一樣。

我關注情報史已經有些年頭，但是對於情報的地位和作用等，認識一直不夠到位。通過考察清代軍機處的創立及發展，慢慢地才有了些許改變。我逐漸認識到，對於國家和政府而言，情報機構始終是一個生死攸關的重要部門。情報對於政權機構的維繫作用，情報對於朝政的輔助和決策作用，都是異乎尋常，不可替代。只有掌控了知情權、研判權和決策權，才算真正地掌控了權力。清代皇帝處心積慮地構建軍機處，精心設計出一套嚴密的密摺制度，無外乎是為了掌控政治、軍事等重要情報，從而做到先機處置，進而真正實現對於統治權的掌控。

當然，軍機處的職權並非掌控、傳遞並處置情報這麼單一，從情報到決策的過程，也遠非我們所想像的那麼簡單。對於軍機處的其他職權，以及軍機處地位的轉換等，我也努力地進行了若干梳理。在寫作過程中，我嘗試把更多的筆墨留在紛紛擾擾的具體事件之中，是想留給讀者諸君一些獨自體會的空間。至於效果如何，只能等待讀者朋友們的評判了。

永遠的權力中心

軍機處

壹

西北鑾兵

初立背景

新皇的苦惱

西元一七二二年十一月，清聖祖康熙皇帝在完成執政六十一年的使命之後終於駕崩。皇四子胤禛繼承大位，是為雍正皇帝。

長久以來，人們對於這位雍正皇帝一直是毀譽參半，褒貶不一。讚譽他的人認為，正是因為他雷厲風行地整肅吏治，才為乾隆朝的興盛奠定了良好的基礎；貶損他的人則始終抓住他的刻薄寡恩和猜忌殘忍，包括對他的繼位問題也一直糾纏不休，認為雍正並不是依靠正當手段獲得皇位。

即便是胤禛即位多年之後，外面仍然是流言不止。當然，也有不少人懷疑這些流言的真實性，認為它們完全出自允禩或允禟的編造和汙蔑。允禩和允禟當時都是皇位的有力競爭者，當他們多年的皇帝夢破滅之後，便用怨恨編織成一枝枝毒箭，暗中射向雍正，以求報復。而雍正則是在很久之後才發現這些流言的來源。他不得不花費很多時間與精力，與這些看不見的流言抗爭，《大義覺迷錄》便是雍正用來為自己進行辯護的官方出版物。至於將這些用心險惡的兄弟們一一繩之以法，則更需要絞盡腦汁，費盡心機。除了動用官方宣傳優勢力量之外，還要在政權機構的設置上採取一些必要的舉措以限制藩王們龐大的政治、軍事勢力。軍機處便是在這樣一種情況下應運

壹

而生了。

軍機處的成立是雍正朝的標誌性成果，同時也是雍正留給清王朝的一份重要的遺產。軍機處的成立，有著非常複雜的政治背景，雍正和藩王們之間的複雜爭鬥，是其中一個關鍵因素。在康熙晚年的皇位爭奪戰中，雍正雖然僥倖勝出，成為最後的贏家，卻無法令其餘皇子心服口服。他們經常聯合一處，對雍正施政造成牽制。正是為了避免受到這些不該有的牽制，雍正不得不對這股政治力量進行彈壓，更多地依靠自己的親信人員辦理政務。而這，可能正是雍正創設軍機處的最根本原因。

當然，從「軍機」二字可以看出，軍機處一定與軍事有著緊密連繫。至於它的誕生，一定也有著軍事背景。的確如此，軍機處的成立，正與雍正朝在西北的用兵有著直接的關聯。可以說，正是這場不期而遇的戰爭，為雍正創立軍機處提供了一個合適的藉口和契機。

來自西北的威脅

雍正即位之初，一度期望能有一個穩定的環境以便他進行國內建設，他並不想為西北邊陲分去太多精力。但是，有些事情你越想躲，它越會與你糾纏不清，正所謂「你說你想要逃，偏偏註定要落腳」，而雍正就遇到了這樣的不利局面。

雍正元年（一七二三）五月，青海厄魯特蒙古族首領羅卜藏丹津倚仗他在西藏和西北的強大勢力，脅迫青海其他蒙古王公一同反叛。顯然，羅卜藏丹津此舉是瞅準了時機。他判斷雍正皇帝剛剛即位，一定會先忙著穩定內部秩序，並沒有多餘的精力顧及西北，所以正好可以藉機起事。在羅卜藏丹津的煽動之下，參加叛亂的人數一度多達二十萬之眾。叛軍所到之處，無不燒殺搶掠，百姓深受其害、怨聲載道。

既然事情已經發生，那就必須勇敢地面對。馬背上民族的征戰血液再次被點燃，來吧，羅卜藏丹津，我們來決一勝負！

在象徵性的勸告之後，雍正果斷下令調集軍隊前往西北平定叛亂。川陝總督年羹堯被任命為撫遠大將軍，負責具體指揮平叛事宜。岳鍾琪被任命為提督，聽從年羹堯調遣。

岳鍾琪率領六千兵馬由四川松潘一路北進，並於雍正元年（一七二三）年底抵達西寧。與此同時，年羹堯另外組織兵馬迅速收復西寧周邊各鎮。叛亂以郭隆寺一帶最為猖獗，年羹堯和岳鍾琪布置重兵集結於此。郭隆寺的戰鬥進行得異常激烈，跟隨羅卜藏丹津叛亂的喇嘛倚仗熟悉地形的優勢，給清軍以重創，但清軍也運用火攻等戰術，給叛軍以沉重打擊。此戰最為慘烈，千餘喇嘛逃進山洞躲避，清軍果斷發起火攻，喇嘛逃出山洞即被殺死，未能及時逃出的也被活活燒死或熏死。一番激戰之後，叛軍丟下無數屍首向西逃竄。戰後，就連年羹堯自己也感嘆：「自三藩平定以來，未有如此大戰者！」[1]

叛軍西逃之後，年羹堯命令岳鍾琪立即率領軍隊由西寧出發，進軍青海。對此，岳鍾琪表示異議。他認為，與其尋找敵軍主力決戰，不如派遣精銳之師直搗叛軍巢穴，以達到「出其不意，攻其無備」的效果。兩位將領的意見很快傳到北京，經過一番斟酌，雍正採納了岳鍾琪的建議。他隨即任命岳鍾琪為奮威將軍，全權負責此次突襲。

雍正二年（一七二四）二月，趁著春草未生，岳鍾琪率領三路精兵迅猛撲向柴達木。此舉完全出乎叛軍意料。清軍抵達叛軍大營之時，叛軍大多正在酣睡之中，兵器和馬匹也散亂擱置。得知清軍忽然來襲，完全喪失了抵抗力的叛軍只得四散奔逃。羅卜藏丹津換上女人服裝，才僥倖逃脫。岳鍾琪指揮軍隊追趕，窮追數日無果，只得撤軍。後來得知，羅卜藏丹津逃至準噶爾，為策妄阿拉布坦大汗收留。

平定青海叛亂，歷時僅四個多月便宣告勝利結束，這讓雍正相當振奮。他宣布此戰「成功之速，為史冊所未有」[2]，對年羹堯、岳鍾琪進行重獎，並且為年羹堯舉辦了規模盛大的慶功宴。幾個月來，雍正緊張而亢奮地高度關注前線戰事，此時懸著的心才放了下來。雍正非常看重此役，認為勝負結果事關新政權的穩固，故此，當戰爭以勝利告終之後，他長吁一口氣，對於戰果不免會有溢美之詞。雍正甚至相信，從此之後，在西北地方乃至全國，年羹堯的戰功完全可以超越當年皇十四子允禵的戰功，成為新的傳說。

羅卜藏丹津的叛亂沒有掀起太大的波瀾就被撲滅，這與年羹堯的正確籌劃、岳鍾琪的過人膽識密不可分。此役之後，青海地區暫時得到穩定，準噶爾部則失去重要羽翼，多少也為雍正徹底解決西北問題創造了良好條件。大家也在琢磨著，這位英明神武的年大將軍會不會繼續自己的輝煌，幫助大清帝國和雍正皇帝徹底解決準噶爾問題。沒想到接下來的一切，出乎所有人的意料。平叛首功之人年羹堯，很快被雍正抓捕治罪。

進與退

圍繞年羹堯所上演的這齣悲喜劇跌宕起伏，想必大家早已耳熟能詳，在此無須贅述。雖說有年羹堯咎由自取的一面，但也與雍正的寡恩刻薄直接相關。而且，其上演節奏之速，還是讓所有的人都來不及反應，甚至是目瞪口呆。

就在給年羹堯治罪的同時，雍正得知西北局勢變化的消息。英明神武的年大將軍

1 年羹堯，〈附奏征剿西海番眾士民片〉，《年羹堯奏摺》上。
2《平定準噶爾方略》前編卷十二。

被斬，讓一直蠢蠢欲動的準噶爾人欣喜若狂。他們本能地判斷，舉事的時機又到了。

雍正五年（一七二七），準噶爾策妄阿拉布坦去世，其子策零繼汗位，成為準噶爾地區的新領袖。相對於父親策妄，策零更加獨斷專行，而且更加富有主見，以至於俄國人評價其為「所有土著民族中的最強者」。策零繼位後不久，便用優惠政策號召民眾耕作生產，同時努力發展軍工，逐步走上與清政府武裝對抗的道路。羅卜藏丹津逃亡至準噶爾地區之後，清政府多次要求策零交人，但策零一直拒不接受。為了與清廷對抗，他積極勾結俄國，引以為外援。雍正五年，策零以父親策妄去世為由，向雍正申請派人入藏為其父「設供」。雍正非常擔心策零有什麼特別的企圖和動機，故此一直不予允許，雙方的矛盾也逐步表面化。

雍正在進行一番簡單的廷議之後，決定加緊進行戰爭準備。大學士朱軾等人認為時機尚未成熟，建議戰爭暫緩。而另一大學士張廷玉則極力支持發起戰爭。張廷玉非常清楚雍正的用意，所謂廷議最多只是一個程序而已，雍正只不過希望為戰爭找到更為充足的理由，收穫更多的支持和信心。

張廷玉的奮鬥

張廷玉，安徽桐城人。康熙三十九年（一七〇〇）考中進士，此後他從默默無聞的角色一路爬升，直至擔任內閣學士、刑部侍郎和吏部侍郎等職。雍正即位之後不久，張廷玉就迎來了自己的人生轉折。雍正即位的第一年，他就被任命為禮部尚書，由此開始成為朝廷的股肱之臣，受到雍正的特別器重。

在很長一段時間裡，尤其是當戰爭進入實質性的準備階段之後，雍正皇帝每天都要召見張廷玉，甚至有時會在一天之內召見十數次之多。如果是軍情緊急，張廷玉即便是拖著疲憊之軀剛剛回到家中，也會受到雍正的突然召見。他不敢有絲毫怠慢，只能精神煥發地立即趕到雍正面前。

軍機稍縱即逝，又至關重要。誰對軍機有著更加精準的分析和掌控，誰就可以最大程度地發揮軍隊的戰鬥力。為了及時掌握和迅捷處置西北方面軍情，同時也為了保密需要，雍正決定設立一個不受任何干擾的軍情處理和軍機謀劃機構。從此之後，皇宮內廷靠近乾清門西側多出了一個臨時搭建的木板房。其布局稍嫌局促，陳設也非常簡陋，張廷玉和他的助手們就在這臨時搭建的辦公室裡安頓下來，隨時等候雍正皇帝的傳喚。軍機處正式成立。

軍機處從創立到運轉，張廷玉功不可沒。史籍中說：「軍機處初設，職制皆廷玉所定。」[3]這句話非常簡明地說明了張廷玉對於軍機處創立所作的貢獻。雍正七年

3《清史稿．張廷玉傳》。

（一七二九），雍正在給岳鍾琪的奏摺批覆道：「兩路軍機，朕籌算久矣。其軍機一應事宜，交與怡親王（允祥）、大學士張廷玉、蔣廷錫密為辦理。」[4]從這段話中我們可以看出，當時負責軍機處的第一人應該是允祥，而大學士張廷玉和蔣廷錫則屬於重要輔助人員。當然，由於允祥天不假年，早早去世，設計和規劃軍機處的重任，還是更多地落在了張廷玉的肩上。

軍機處的具體設置時間，今天看來已經成為一樁公案[5]。之所以會出現這個懸案，可能是受到該機構名稱不斷更換的干擾。據說起初階段，它被命名為「軍需房」，後來被更名為「軍機房」，不久又改名為「辦理軍機處」。所謂「軍機處」，其實只是一個簡稱。

包括張廷玉在內的許多人恐怕都不會想到，就是這個臨時搭建的辦公室和臨時設置的機構，居然在經歷風風雨雨之後，被幾代皇帝高度重視和長期保留，直到大清帝國沒落和覆滅才被最終撤銷。它對於清朝皇權政治的深遠影響，人們只能約略進行估量，卻永遠無法得到準確的結果。

軍機初成

軍機處是什麼？此時此刻，恐怕就連雍正自己的感覺也是非常模糊。從機構名稱的反覆修改便可以得知，它多半是靠著雍正的摸索才逐漸定下來。最初階段，它可能只是為了解決軍需問題，但在接下來的日子中，雍正慢慢發現，情報傳遞和戰略決策，乃至於情報的保密等等，都需要做通盤的考慮，於是才改稱軍機處。今天的人們僅僅從軍機處這三個字便可以推測，它一定是和軍事，尤其是和軍機直接相關，這其實也是一種合情合理的猜測。

軍機處是什麼？對於眼下的張廷玉來說，他暫時也難以立刻說清楚。就成立之初的情形而言，它只是一個臨時搭建，簡易而又狹小的木板房，而且夏天悶熱、冬天寒冷，辦公條件非常簡陋，但他必須每天前來簽到值班。每天張廷玉都需要趕在日出之前便騎上快馬，以最快的速度趕往這個木板房。他必須在雍正皇帝召見之前，將西北傳來的軍情及時地進行整理然後上報，並在得到雍正的指令之後，迅速擬定作戰文書，然後命令探馬飛速送往西北戰區。

軍機處是什麼？不久之後，驛站的役卒們也有了他們自己的體會。對他們來說，軍機處就是讓他們跑斷腿也得跑下去的發令槍。郵驛制度，古已有之[6]。到了清朝，

4《清世宗實錄》卷八二。
5 軍機處具體設置時間，學術界尚且存有爭議。如果按照軍需房設置時間，可劃定為雍正四年（一七二六）。參李治亭主編，《清史》，上海人民出版社，二〇〇二年版，頁七四一。
6 我國至少在秦漢時期就已建立郵驛制度，並在歷代均有發展。

為了配合軍機處，郵驛必須更加快捷而高效。清代高度重視驛站建設，並將其視為伴隨著中央集權統治建設的重要組成部分，由此形成了以京師皇華驛為中心，向全國各地輻射的龐大軍情傳遞網路。路網分布之廣，組織建設之複雜，為歷代之最。在清代，「馬上飛遞」更是達到了前所未有的高速度，遇有緊急軍情，一晝夜的傳送速度可達六百里至八百里。這種高效驛傳，為軍機處命令的執行起到了有力保證。

軍機處是什麼？遠在西北的將士慢慢也有了體會。對於他們而言，軍機處就是讓他們奔赴沙場、赴湯蹈火的指令，也是時刻做到令行禁止的遙控器。從此之後，雖遠在千里之外，他們的一言一行無不受到嚴密監控。戰或不戰，乃至於衣食住行等等，都必須得到朝廷的明確指示。春秋末期著名兵家孫武曾說：「將在軍，君命有所不受。」[7]這句話的意思是說，將軍必須要根據戰場情況靈活指揮，不一定完全聽從於國君的命令。但在軍機處的相關設置中，所謂「君命有所不受」顯然已經不再適用。誰敢違抗君命，違背朝廷旨意，就會引來殺身之禍。

將領的「緊箍咒」

在設置軍機處之時，雍正和張廷玉認為，既然有了快速而又高效的郵驛制度做保證，所謂「遙控指揮」不僅完全可以做到，同時也可以就此消除兵權在外、無法控制

雍正和張廷玉都不會想到，就是這樣一排簡陋的木板房，日後會成長為一個「龐然大物」，它與清王朝的禍福榮辱休戚與共。帝國的道路、歷史的走向，在軍機處成立這一刻就已發生改變。影響這個國家方方面面的決策從這裡發出，經強大的驛站網絡輻射到疆域內每一處角落，無數的命運在此交織糾纏，生長或消亡。

壹

的隱憂。但是，戰場形勢終究是瞬息萬變的，軍機處會不會成為指揮員現場指揮和戰爭決策的牽制，他們倒沒有做過更為認真的考慮。通過軍機處來遙控指揮的這種辦法，到底有多大的實際效用，甚至是不是管用，都需要留給戰場和時間來檢驗。

張廷玉不僅支持發起戰爭，同時也積極為雍正推薦領兵作戰的將軍。經過張廷玉推薦，領侍衛內大臣傅爾丹被任命為靖遠大將軍，受到雍正的重用。不久之後，雍正設計了兩路進兵的作戰計畫。靖遠大將軍傅爾丹率軍二點四萬，以振武將軍巴賽為副將，由北路進攻；川陝總督岳鍾琪則被任命為寧遠大將軍，四川提督紀成斌為參贊，率軍二點六萬，由西路進軍。雍正計畫儘快實現兩路合圍，直搗準噶爾腹地伊犁。與此同時，雍正命令河南、四川等地努力做好後勤補給，靜待戰爭發起。河南總督田文鏡收到命令，開始瘋狂地在各地徵調馱馬。在經過一番周折之後，他將三千匹馱馬送到岳鍾琪手中。岳鍾琪發現其中十分之一以上或老或病，純屬湊數，只得在陝西一帶臨時急購四百匹，以備戰爭之需。

策零得知清軍已經著手布置攻擊計畫，立即下令全員準備，積極做好戰爭部署。針對清軍的攻勢，策零決定先採用詭計迷惑清軍。在此期間，羅卜藏丹津曾經試圖發動政變謀殺策零，事洩被捕。策零便巧妙運用羅卜藏丹津來施行緩兵之計。他派人對岳鍾琪說：此前他們也一直想將叛賊押送京城，無奈路途遙遠，一直未能成行。此刻，叛賊羅卜藏丹津已經在押往京城的路上，聽說清廷發兵，只得半途折回。岳鍾琪不敢怠慢，隨即將這一情報報給雍正皇帝。雍正以為自己的大兵壓境已經讓策零的態度發生轉變，西北局勢也已經迎來轉機。他一面下令發兵計畫暫緩一年，將岳鍾琪和傅爾丹調回京城議事，一面派人前往準噶爾，聯繫冊封之事。

就在雍正布置綏靖計畫、清軍主帥離位之時，策零偷襲了清西路軍。當時，西路軍交由紀成斌臨時代管。滿族將領查廩奉紀成斌之命在科舍圖一帶放牧駄馬。策零召集兩萬兵馬，趁著清軍不備，向科舍圖發起突然襲擊。對此，狂妄自大的查廩完全沒有任何防備，面對敵軍的偷襲，反應也顯得十分遲鈍，結果好不容易才籌集的大批駄馬，被準噶爾軍掠走。後來經樊廷等將士奮力拚殺，才將準噶爾軍擊退，並奪回一部分駄馬。惱羞成怒的紀成斌下令將查廩捆綁，並推出去斬首，幸虧岳鍾琪及時趕到，才救下了查廩的性命。

岳鍾琪非常清楚滿漢之間有著不可逾越的界溝。故此，他堅決喝停紀成斌，命令其刀下留人。至於查廩此後恩將仇報，反咬一口，讓岳鍾琪喝了個滿壺，這倒是岳鍾琪始料不及的。

7《孫子・九變篇》。

名將之血——岳鍾琪的悲喜人生

在官場上，岳鍾琪幾經歷練，越來越善於處理各種關係；在戰場上，他也是一位驍勇善戰、善於指揮的名將。平定青海叛亂的過程中，岳鍾琪充分展示了自己的指揮才能，受到雍正的重視和火線提拔。據說他是宋代抗金名將岳飛的後人，而岳飛所抗之金其實就是滿人的先祖。基於這個原因，一些反清復明人士一度希望能拉攏他，促其謀反，這讓岳鍾琪一度非常苦惱而又惶恐不安[8]。倒是雍正一直用人不疑，對岳鍾琪一直高度信任，直到讓他做成了最高級別的將軍。

當然，在西北戰場，由於年羹堯事件的影響，雍正也注意對岳鍾琪的兵權實施嚴格限制。這個時候，軍機處正好可以派上用場。按照雍正旨意擬定的一道道軍令，由軍機處發出，再經過驛卒馬不停蹄的投送，源源不斷地傳遞到岳鍾琪所部。岳鍾琪每邁出一步，都可以感覺到雍正其實就在他身後，嚴密地注視著他。

當初，岳鍾琪曾經專門密陳奏摺，陳述對準噶爾的「十勝情形」，引起雍正的高度關注。由此開始，雍正特地下令，將西路軍交由岳鍾琪全權負責。可是，隨著戰事的進展，雍正的這種信任感正在漸漸消失。當初曾大力稱讚岳鍾琪「十勝之奏」的雍正，改為非常氣憤地批駁他的「十勝之奏」完全失敗，甚至是「無一可采」。

策零的假和談其實就是經由岳鍾琪上報，事後被證明完全是一個假情報。清軍為此付出慘重代價，大量駄馬被掠走，雍正此前所設計的兩路合圍戰術因此無法施展。雍正心中的懊惱無處發洩，於是把怨氣全部撒在岳鍾琪身上，也徹底對其失去信任。雍正憤怒地罵道：岳鍾琪當初所鼓吹的長驅直入戰法，不僅不能奏效，反而被盜賊掠走了很多馱馬，真是「既恥且憤」[9]。盛怒之下，雍正甚至要求岳鍾琪賠償那些被準噶爾人搶走的馱馬。

很快，岳鍾琪所率領的西路軍中便安插了兩位副將，一位是雍正的心腹都統伊禮布，另一位則是鄂爾泰的愛將石雲倬。這種明為幫忙、實為監視的人事安排，立刻讓岳鍾琪感到不寒而慄。他似乎隱約感覺出從千里之外的軍機處所傳來的陣陣殺機。

科舍圖之戰，策零雖偷襲成功，獲得部分駄馬，卻也領教了岳鍾琪西路軍的戰力，便把目標改向北路軍。策零知道，岳鍾琪沒有得到雍正的旨意絕不敢擅自出兵，所以用兵更加大膽。

雍正九年（一七三一）六月，策零只用少部分兵馬牽制西路軍，另外集中三萬大軍向傅爾丹的北路軍發起猛攻。在戰爭中，策零巧妙地運用誘敵之計，取得成功。他

---

8 其中最著名的就是「曾靜」案。曾靜派出弟子前往拉攏，可事與願違，不僅沒能拉攏岳鍾琪，反而連累自己被捕，而且引發著名的呂留良文字獄案。

9《清史稿．岳鍾琪傳》。

壹

先是派出細作散布假情報，謊稱準噶爾內部已經發生分裂，接著便做出退讓之舉。傅爾丹認為這是千載難逢的戰機，便親率大軍發起攻擊，不料落入策零精心設置的伏擊圈。清軍在傅爾丹指揮下一路快速推進，當行進到和通泊一帶時，突然聽到笳聲大作、鼓聲四起，準噶爾士兵如同漫天烏雲一般殺將過來。傅爾丹見勢不妙，急命士兵倉促應戰。經過一番激戰之後，北路軍幾乎全軍覆沒，巴賽、常祿、查弼納等一大批戰將戰死沙場，只剩下兩千餘人狼狽逃回。

岳鍾琪早先拜訪傅爾丹之時，發現傅爾丹在營帳之內布滿精美兵器，於是立即向他討教用意。只見傅爾丹答道：可以立威！岳鍾琪走出營帳之後慨然嘆道：作為大統帥，不知道謀略勝人卻只知炫耀武力，他日必敗！不想很快就得到了驗證。

傅爾丹大敗而歸，雍正只是將其作降職處理，並沒有予以深究。這與他對岳鍾琪的態度形成鮮明對比。同為大將軍，一個是滿人，一個是漢人，雍正厚此薄彼的態度非常鮮明。對此，岳鍾琪只能報以一絲苦笑。

岳鍾琪很快就迎來了人生噩夢。在一次設計伏擊失敗之後，他本想彈劾副將縱敵失職，沒想到雍正對此將信將疑，要求軍機處提出處理意見。鄂爾泰認為岳鍾琪這是推卸責任，隨即也對其提出彈劾。相比之下，雍正顯然更加相信鄂爾泰的話，於是將岳鍾琪調離前線，勒令其回京覆命。滿人查郎阿就此取代了岳鍾琪主帥之職。

當初被岳鍾琪從紀成斌刀下救出的查廩，正巧與查郎阿有親戚關係。令人唏噓的是，查廩此時非但不念救命之恩，反倒是反咬一口，將科舍圖之戰的責任完全推到岳鍾琪身上。查郎阿迅速向雍正遞交了一份彈劾岳鍾琪的奏摺。雍正本來就對岳鍾琪不太信任，在看到這份奏摺之後，不由得勃然大怒，宣布將岳鍾琪關進大牢候審。一直以岳飛後人自居，把忠心報國視為己任的岳鍾琪，差點丟掉性命。

西路軍岳鍾琪已遭關押，北路軍傅爾丹也被降職，雍正忽然覺得西北戰局已經亂如團麻，當初精心設計的兩路夾擊戰術，至此也已經完全破產。七月，雍正由軍機處擬旨，發布了由攻轉守的命令：「果能固守，即伊等之功矣。」[10]

策零怎肯就此罷手，他決心率領準噶爾軍將戰爭進行到底。遠在京城的雍正和身處軍機處的軍機大臣都坐立難安。沒想到就在這個危機時刻，父親康熙所留下的一筆遺產，意外地幫助雍正得到了最後的解脫。

康熙的遺產

當初，康熙眼見準噶爾坐大之勢不可阻擋，於是選擇拉攏與自己地理位置更為接近的喀爾喀蒙古人，希望藉此進一步孤立準噶爾。論起來，準噶爾人也屬於蒙古的一

10《清世宗實錄》卷一〇八。

個分支，在成吉思汗時代，他們和喀爾喀人（習慣稱為東蒙古人）並肩作戰，建立了赫赫武功。但在這之後，他們對於這些喀爾喀蒙古人非但沒有兄弟之情，反而是虎視眈眈、步步緊逼。此後，喀爾喀和準噶爾之間頻繁爆發戰爭。康熙二十七年（一六八八），準噶爾派出三萬大軍入侵東蒙古，逼迫數以萬計的喀爾喀人湧向漠南地區。見此情形，康熙果斷決定為喀爾喀人提供大量食物與住所。不僅如此，康熙還下令為喀爾喀貴族保全了權位，將他們按照滿族建制特點納入八旗體系。此舉極大地安撫了喀爾喀人，也給了他們休養生息的機會，同時他們也不會再像以前那樣懼怕準噶爾人。

當傅爾丹的北路軍遭到滅頂之災後，準噶爾人隨即展開攻擊喀爾喀的計畫。小策零奉策零之命，率軍三萬一路越過阿爾泰地區，向著清軍的要害部位進攻。清軍得到消息，立刻組織軍隊迎戰，但由於兵力處於下風，作戰迅速以失利告終。至此，清軍所倚仗的最後屏障也眼看不保。

正當小策零一路緊逼之時，卻遇到了喀爾喀人的頑強抵抗。面對準噶爾人的入侵，這群成吉思汗的後裔用祖先們最擅長的長途奔襲，重新展示了蒙古人的血性，給了侵略者以慘痛打擊。

當初，小策零率領準噶爾精銳之師一路尋戰未果，便掠走喀爾喀親王策凌的妻兒和牲畜，藉以洩憤。策凌聞訊大怒，決心率領喀爾喀人與準噶爾軍決一死戰。由於此前小策零一路沉浸在勝利的喜悅之中，對於喀爾喀人能夠組織如此迅猛的反擊多少有些預料不及。當他們從睡夢中驚醒之時，喀爾喀親王策凌已經率領兩萬大軍忽然殺到。面對從天而降的喀爾喀軍隊，準噶爾軍或是人不及馬，或是馬不及鞍，只能是倉促應戰。策凌指揮大軍一路掩殺，等追至光顯寺（額爾德尼召）一帶時，兩軍已先後經過十餘場激戰，準噶爾軍損失慘重，三萬軍馬在戰爭中消耗殆盡。只見山谷之間，屍橫遍野，河水也為之改變顏色。

看到喀爾喀人勇猛殺敵，原本負責切斷退路的清軍將領馬爾塞並沒有受到絲毫感召。不知道是不是因為沒有接到軍機處的出兵命令，還是因為自己畏戰情緒作祟，馬爾塞一直按兵不動，任由小策零從眼皮底下逃脫。

雍正皇帝一直處於緊張和擔心之中，在得到光顯寺大捷的消息之後，難掩喜悅之情。在忙著封賞策凌等功臣的同時，忘記了追究那些敗軍之將，也對無辜受到誣陷的岳鍾琪表現出些許寬容之情。

最終的結局

遠在京城軍機處值守的張廷玉，焦急地等待著來自西北的戰報。傅爾丹當初是他推薦，但他此刻卻又極度不希望傅爾丹建功立業，得勝而歸。看到雍正對傅爾丹百般回護，他清楚滿漢界限永遠不能抹平，一旦傅爾丹建立功業，自己就會在競爭中完全處於下風。也就是說，從私心出發，他不能不擔心傅爾丹自此坐大，威脅到自己的地位。所以，當得知傅爾丹戰敗之後，他長出一口氣，以為從此可以穩坐首輔之位。沒想到的是，恰恰就在這個時候，一個叫鄂爾泰的滿人站在了他的面前，成為了新的大學士首輔，入主軍機處。

本想藉西北戰場一展軍事才能的雍正，到了這個時候才算多少體會到一些勝利的滋味。可是，在得到戰爭損耗和軍費開支等奏報之後，他卻又別有一番滋味在心頭。

據統計顯示，自雍正五年（一七二七）籌劃用兵之後，軍餉耗費巨大。一份史料記載，雍正年間，西路軍和北路軍需共用白銀五千四百三十九萬兩[11]。可以說，雍正執政幾年辛苦攢下的積蓄，在西北一役損耗過半。對此，雍正緊鎖眉頭，馬上召集群臣商議對策。沒想到的是，朝臣之中，主戰派和主和派仍然爭執不下。參贊大臣傅鼐跪奏：如果這個時候罷兵，真是社稷之福啊！這讓雍正有了退兵之念。有點湊巧的是，正在這時候，準噶爾人也用釋放俘虜等各種方式向清政府示好，表示出乞和意向。雍正緊鎖的眉頭漸而舒展，最終下達了撤軍命令。雍正皇帝西北鑿兵的武功，可以說是倚仗喀爾喀人的一場大勝，才算驚險地打成了平手。當雍正匆匆為戰爭畫上一個句號之後，徹底解決準噶爾的任務便就此留給了兒子乾隆。

毫無疑問，雍正此次用兵，在決策和用人等方面都出現了重大失誤。兩路夾擊的方法固然不錯，卻因為戰線過長，導致兩軍之間很難互相支援，給了策零各個擊破的機會。就戰場指揮而言，雍正本想倚仗軍機處的馬上飛遞實現對前線的遙控指揮，卻完全忽視了戰場形勢瞬息萬變的事實。前線指揮員必須聽從軍機處的命令才能行動，否則不敢有絲毫擅自行動的行為，這讓軍隊完全失去了機動能力，實則是一種僵化而遲鈍的指揮，前線指揮員的手腳遭到嚴重束縛，完全失去了靈活運轉的空間。

在戰爭中，剛愎自用的傅爾丹等滿族將領的用兵能力一直乏善可陳，卻由不懂用兵之法的張廷玉推薦，一直備受重用。在戰敗之後，雍正也缺少對這些滿族將帥的相應懲處。

相比之下，善於指揮作戰的西路軍將領岳鍾琪，待遇就差了許多。用兵過程中，他也明顯地感受到了軍機處的牽制和威脅。起初階段，雍正尚且能對其委以重任，後面則因為聽信軍機大臣的讒言而全然失去信任，對他的作戰指揮也無故橫加干涉。正是由於軍機處和軍機大臣的過多牽制，岳鍾琪絲毫不敢擅自作出主張。北路軍遭到圍殲之時，軍機處無法獲知第一手情報，岳鍾琪也無法接到救援的命令，便只能按兵不動，北路軍就此覆滅。更有甚者，因為戰爭問責的變形和走樣，岳鍾琪甚至遭到關押，這讓清軍在失掉人才的同時，也極大影響了士氣。

所以，無論是就戰爭過程，還是就戰爭結果而言，作為軍事機構和軍情傳報機構

---

11 史松，《雍正研究》，遼寧民族出版社，二〇〇九年版，頁一八〇。

的軍機處，其設計和運轉都被證明是很不成功的，甚至可說是完全失敗，至少是與雍正當初的設想差距甚遠。

貳

宮室爭權

軍機處職權的伸展

雍正的算盤

通過西北戰場的檢驗，軍機處作為臨時設立的一級軍事機構，固然完成了大量的軍情傳遞和輔助決策的工作，卻在總體上難掩失敗。然而，當戰爭結束之後，軍機處的使命卻沒有就此結束。非但沒有結束，它的職權和地位反倒得到了進一步提高，成為西北鏖兵留給這個王朝的最大財產。此後，不僅是雍正朝，包括乾隆、嘉慶等各朝，軍機處長期扮演著政治中樞的角色，盤踞在權力的中心地帶，深刻地影響了各朝的朝政。

出現這個結果，既出乎人們的預料，同時也在情理之中。之所以說出乎預料，是因為很難想像一個臨時設置的機構能一直存在並漸漸坐大，直至成為清朝的決策中樞。但是，當我們考察雍正即位前後複雜的政治環境，和雍正猜忌之心過重等情況就會感到，軍機處得以保留，其實一點都不意外。從表面上看，軍機處完全是為了西北戰事需要而臨時設置的，實則它的成立一直夾雜著宮室爭權的複雜政治背景，並非雍正的突發奇想。換句話說，軍機處本來就是雍正向宮室爭權的產物，西北鏖兵只是為它的成立提供了一個適當的契機罷了。

雍正設立軍機處，受到前朝幾位皇帝，尤其是其父康熙的很多啟示。自努爾哈赤統一後金、為入關打下堅實的基礎之後，清朝歷代皇帝都在努力建設皇權，使得清帝國一步步走向集權。這種情形到了康熙時代，則變得越發明顯。雍正則是在這個基礎上更進一步。

從八王共治到南書房

由於後金政權一度實行較為原始的軍事民主制度，努爾哈赤即便實現了統一後金的目標，他還是不得不對這一制度繼續予以尊奉。基於這個原因，他於天命七年（一六二二），宣布實行八王（八和碩貝勒）共治國政制[12]。通過這種政制，八王之間可以就此求得妥協和平衡，後金政權也可以依靠這種方式暫時維持完整和統一。在這種制度之下，八王擁有相當大的權力，實際上就是和努爾哈赤共同治理朝政。也就是說，努爾哈赤當時並不掌握絕對權力。有些人認為，正是這個原因，努爾哈赤先後想讓長子褚英、次子代善作為汗位繼承人，但都因為得不到足夠的支持而宣告失敗。

此後，皇太極因為受到諸貝勒的推舉而繼承了汗位，但他短期之內仍然沒有辦法改變現狀，只得繼續沿用八王共治國政制。但是，隨著時間的推移，皇太極逐漸開始嘗試集權。他曾規定國人朝見之時，三大貝勒代善、阿敏、莽古爾泰可以與他同坐受禮，但在不久之後便藉故幽禁阿敏，處罰莽古爾泰，逐步改成由其一人「南面獨坐」，從而將八王共治的政制廢止。至於以貝勒為核心的議政會議，也是越來越為皇太極所操控。為了加強皇權，皇太極還有意仿照明朝政制組建政權，比較突出的一點就是對內閣制的繼承。在這種政制之下，各貝勒雖然各自分管六部事務，但他們和皇太極之間的關係已經不再是平行關係，而是嚴格的君臣隸屬關係。

到了康熙時代，集權政治又邁上了一個新臺階。南書房的設置，就是康熙出於限制內閣大學士權力所做的嘗試，宣示著皇帝個人權力的進一步上升。在康熙一朝，內閣，包括內閣大學士的權力，曾出現過非常大的反覆。從這種反覆過程中，尤其可以看出康熙爭取更大權力的心機和努力。在康熙的主導之下，內閣大學士的權力逐步坐大，但發展到後來，他又設法對內閣的權力做出種種限制，南書房便由此出現。

在康熙執政初年，由於四位輔政大臣的存在，使得康熙本人對於朝政沒有多少話語權。鰲拜等人藉口排斥漢化，極力打壓漢族官員的政治權力。漢族大學士也因此受到排擠，最多只能做到正五品官員。鰲拜此舉表面上是排漢崇滿，實際上是不停往自己手中攬權。康熙很快就發現鰲拜此舉的惡果：在抬高滿族貴族地位的同時，也極大地削弱了皇權，並進一步加深了滿漢民族矛盾。對此，康熙不得不出手進行干預。康

12 天命七年（一六二二），後金汗努爾哈赤以其子侄代善、阿敏、莽古爾泰、皇太極、濟爾哈朗、多爾袞（一說阿濟格）、多鐸、岳托為八和碩貝勒（即旗主貝勒），實行八和碩貝勒共治國政之制，並且宣布：「有人必八家分養之，土地必八家分據之」，而且指示在其身後應繼續堅持實行此制。是謂「八王共治」。

熙八年（一六六九），在除掉鰲拜之後，康熙很快就恢復內閣舊制，規定滿漢官員如果職權相同，則品級和待遇也一樣，並通過重用漢族官員來打壓滿族貴族的權力。在這之後，內閣的權力逐步得到加強，與之相應的則是，議政王大臣會議的地位不斷降低，議政的範圍也日漸縮小，最後僅僅局限於軍事要務及討論和修改國家典章制度等事項。

正在這個時候，平定三藩的戰爭，給了康熙進一步提升內閣權力的機會。康熙下令，由於軍情緊急，內閣大學士可以奉旨參加議政王大臣會議。此後不久，康熙也以軍機緊要、不便耽擱為由，下令由內閣大學士直接擬旨頒行。這一系列決定不同尋常，內閣的權力由此逐漸提升，以議政王大臣為代表的滿族貴族的權力，得到根本削弱。

有意思的是，康熙這種改變完全是由戰時需要出發臨時決定，但在戰爭結束之後並沒有撤銷。平定三藩之亂後很長時間內，他都一直沿用著這一慣例，給予內閣大學士更多權力。從代閱奏章，到草擬密詔，再到票擬批答，內閣的權力一直處於上升勢頭。這種情形直到罷黜明珠和索額圖之後，才得到改變。

索額圖是清初重臣索尼之子，出身非常顯赫，但他同時也借助於皇太子胤礽攬權。明珠雖說出身並不顯赫，卻和康熙結有姻親。相比之下，明珠善於團結滿漢眾臣，處事也更加圓滑老練，正好借助於康熙重視內閣的機會四處伸手，多方攬權。發展到後期，明珠已經完全可以操縱內閣票擬，即便是出現錯誤，其他官員也絲毫不敢進行辯駁。見此情形，康熙只得又通過設立南書房向內閣索權，把曾經給予內閣的權力一一剝奪。

康熙設置南書房，早期所選官員皆為文學侍從。康熙帝選擇乾清宮西南角清要之地，經常與翰林院詞臣研討學問、吟詩作畫。翰林等官員中，只有才品兼優者才可獲得入值機會，入值之後稱「南書房行走」。當然，這些南書房行走也需要秉承皇帝的旨意起草詔令，故此，康熙一定只會選擇那些最為親信之人入值。南書房因此便成為康熙的一個非常貼心的祕書班子，可以隨時承旨出詔行令。而且，由於康熙的重視，南書房的權勢和地位也日見隆起。

借助於設立南書房，康熙成功地削弱了議政王大臣會議與內閣的權力，故此，南書房可視為他發展集權政治的一個重要步驟。從此以後，內閣只是名義上的國家最高政務機構，真正的實權則被康熙牢牢地控制在自己手中。

賦予內閣特權，又通過一系列非常巧妙而特別的手段重新奪回，表面上看，康熙似乎是在重複著貓抓耗子的遊戲，其實不然。正是在這種遊戲規則的一次次輪迴中，康熙完全實現了集權的目的。至少，清朝初年那種議政王大臣會議政制，已經在這幾個輪迴的遊戲中，漸漸變得不再重要，進而逐漸消弭。滿族貴族對於朝政過多的干涉和牽制，也就此無影無蹤。從此之後，政治權力的中心就是康熙皇帝，再沒有其他

貳

人、其他機構。康熙就像一個高明的魔術師，通過幾個障眼法，得到了他自己最想要的結果。至於康熙晚年諸皇子之間的爭奪，那完全是康熙他們的家事，與趙錢孫李周吳鄭王沒有一丁點關係。雖說此後皇權鬥爭還會有其他滿族貴族或多或少參與其中，並且偶爾也會掀起一番小風浪，但更多的只能是作壁上觀的角色。

雍正是最懂父親心機的兒子，正是這個原因，他才可以在激烈的皇位爭奪中笑到最後，奪取最終的勝利。軍機處的設立，從時機的掌握，到運轉和推行，都能隱隱約約地看到康熙的影子。與康熙一樣，雍正同樣是借助於用兵的機會得以施展他個人的政治體制改革的設想，故而才會將軍機處適時推出。與康熙一樣，雍正在戰爭結束之後，不會將軍機處撤掉，反而是逐步補充力量，任由其坐強坐大。

兄弟之間的鬥爭

從某種程度上說，雍正剛剛即位之時對自己政治地位的隱憂，要遠遠超過其父康熙在位的任何時期。雍正的競爭對手是諸位阿哥，雖說他們和自己都是親兄弟，但親情並不會就此沖淡權力爭奪時的殘酷性。事實上，封建皇權鬥爭的殘酷就在於，它始終會把政治生命之外的東西一起牽扯進來，逼迫參與競爭的各方都要採取一些非常規手段，甚至是以消滅對方肉體來達到政治目的，所以才會泯滅人類社會本應具有的一切情感，包括父子之情、兄弟之情等等。李世民掀起玄武門之變，朱棣發動靖難之役，都是這種殘酷競爭的生動例證。

雍正即位之時，一直覬覦大位的諸位阿哥彷彿沒有什麼過激表現，也沒來得及做出什麼過激的行為。一切都表現得如此安寧而又平靜。但暫時的平靜並不代表此後會一直安於現狀。安靜的表象之下，一直有危險的暗流湧動。

無可奈何而又不甘認輸的其餘諸皇子，對於雍正這位新君，或明或暗都帶有一絲敵意。其中，敵意態度表現得最為明顯的莫過於九王允禟和十四王允禵，而最具權勢、深深隱藏敵意，並一直蓄勢待發的，則是八王允禩。允禩不僅能力過人，而且心機很深。在康熙朝，當允礽被廢除皇太子之後，允禩一直在悄悄積蓄力量，發展勢力。朝臣曾一致推選其為皇太子候選人，可知其黨羽之眾。這個緣故，雍正即位之後，仍然不得不給他幾分面子，讓他充當總理事務大臣之類的要職，並封他為親王。

至於允禟等人，則是允禩和允禵的重要助手。受到他們的指使，允禟總是衝鋒在前，充當急先鋒。在得知雍正即位的消息之後，允禟忽然跑到康熙靈柩前靜坐，絲毫沒有給新君雍正應有的尊重。不僅如此，允禟以「我輩生不如死」為由宣布出家，表示要與愛新覺羅家族徹底斷絕關係，以一種極端的方式宣布與新皇帝的對立。不久之後，他也試圖利用饑荒之機操縱米市給雍正以下馬威。當米荒殘酷地威逼百姓之時，允禟和允祉、允祺等人卻大量地買米囤積，致使米價一路狂漲不止。雍正很快查明實情，隨即下令將國庫所囤二十萬斛米廉價賣給百姓，逼迫三人隨市賣米，米荒才得以解除。

面對允禟這些充滿敵意的行為，雍正不能不採取一些相應的打壓行動。他也深知允禟和允禩的關係，清理允禟便是清理允禩的羽翼。所以，他很快便以西北戰事緊急缺少人手為由，把允禟調離京城，同時命令年羹堯對其嚴密看管。允禟很快發現自己實際是被祕密囚禁，便在暗中與允禩等人聯繫，尋求脫身的機會。在寫給允禵的密信中，他曾寫下「時機已失，追悔莫及」的話，反抗雍正並尋機謀變的意圖表現得非常露骨。雍正很快下令除去允禟貝子之職，並且下令，如有再以「九王爺」稱呼允禟的，一律從嚴治罪。允禟自此被關押在保定的高牆之內，並且封閉所有門窗，不得與外界有絲毫聯繫。允禟的身體自此每況愈下，成為弱不禁風的廢人。不久之後，直隸總督李紱稟奏雍正：允禟已經病死。當然，也有一種說法是，允禟在被關押在保定之後，忽然不明不白地上吐下瀉，更像是被人用毒藥害死。

重要心腹都被雍正捉拿，允禩開始變得惶恐不安。他攬權和謀變的行動不得不變得更加緩慢而又小心。雍正則借助於各種場合明確表明其打壓朋黨的堅決態度，努力削弱允禩一黨的勢力。到了雍正三年（一七二五），眼見時機成熟，雍正立即著手對允禩展開了最後的清剿行動。這年四月，雍正藉口工部所製兵器粗劣，嚴厲譴責負責工部的廉親王允禩。雍正宣稱，自己一直對允禩懷有君臣之誼和兄弟之情，但允禩卻一直陽奉陰違，造謠生事，因此只能選擇與其徹底決裂。隨後，他下令讓三旗侍衛每天派出四人跟隨允禩左右，實則就是對允禩實施監禁，不得再有自由行動的機會。

這時候，朝臣之中不少見風使舵者一擁而上，紛紛奏稱允禩罪大惡極，一定要對其嚴加治罪。雍正隨即在全國宣布允禩的罪狀，下令革去其爵位，並由宗人府除名，改名為「阿其那」[13]。允禩被囚禁之後，很快也患上了與允禟相似的症狀，一直嘔吐不止，不久之後便魂歸西天。允禟和允禩，都是莫名其妙病死，而且時間相差僅僅月餘。

長期以來，雍正似乎對自己的親兄弟有著一種莫名的恐懼和仇恨。在有條件和雍正爭奪儲君之位的兄弟之中，能夠保持善終的，少之又少。非正常死亡和長期被幽禁的兄弟們則有很多[14]。只有個別人因為才能突出而且忠心不二，得到了雍正的器重，比如雍正的十三弟允祥。但與受到懲處和囚禁的阿哥相比，終究屬於少數。雍正對於手足之情的漠視，對於親兄弟的無情打擊，一直為後人所詬病，也讓他留下了殘忍刻

13 據說這是滿族人侮辱對手的詞語，意思是貶斥其為豬狗不如的動物。

14 大阿哥允禔早早被康熙囚禁，在雍正朝並沒有得到釋放的機會，一直被關押到雍正十二年去世。二阿哥允礽則死得更早，在雍正繼位的第二年就病死。三阿哥允祉也因為發了一些不該發的牢騷，受到幽禁，在雍正十年病死。五弟允祺並沒有結黨行為，卻也被無辜削職，於雍正十年死去。七弟允祐一直安分守己，卻不幸殘疾，也於雍正八年去世。至於八弟允禩和九弟允禟，辭世相差僅月餘，而且臨死之前症狀相似，都疑似被人用毒藥害死。十弟允䄉和十四弟允禵則被長期囚禁，乾隆即位的第二年才得到釋放。

薄的罵名。

雍正有一個非常突出的性格特徵，那就是猜忌之心過重。由於長期目睹皇子之間格外凶殘的鬥爭，雍正對於親兄弟已經毫無信任可言，對於朝臣，則更是如此。雖說防人之心不可無，但如果猜忌之心過重，就勢必會對個人的行為和處事方式造成極大的影響，會情不自禁地讓自己陷入四面為敵的假想境地而難以自拔。如果是普通百姓，這樣的性格，也會讓自己越來越孤立。如果是一國之君，則勢必會對政治盟友缺少應有的信任，導致左右親信越來越少。管理一個疆域廣闊的國家，不可能事必躬親。倘若抱著「鞠躬盡瘁，死而後已」的信念，每事都親力親為，除了過度勞累之外，也會背上專制的惡名。

猜忌之心過重的雍正皇帝不得不下定決心，每事都盡可能地親力親為，並借助於康熙的經驗，精心設計了軍機處，為自己推行集權統治服務。可以說，在雍正手中產生軍機處，一方面與雍正即位前後所處的政治環境非常複雜有著很大的關係，另一方面則和雍正過重的疑忌之心有著直接的連繫。

右臂允祥

對於親兄弟，雍正採用的是兩手策略，打擊了一批，拉攏了一批。其中，受到打擊者占了大多數。拉攏的人當中，值得他信任的，則少之又少。數來數去，似乎只有允祥一人而已。所以，雍正不僅將治國的重任讓允祥分擔，而且成立了空前強調保密和辦公效率的軍機處，並將執掌大權完全託付於他。軍機處首批所設軍機大臣共有三人，但排序非常嚴格：以允祥排第一，張廷玉和蔣廷錫只能分處第二、第三位。

允祥精於騎射，而且辦事穩妥，一直深受康熙喜愛。在第一次廢太子之前，康熙每次外出，都必定會帶上允祥隨行。只此便可以說明，允祥確屬才華出眾的皇子，也令康熙一度青睞有加。但事有蹊蹺，就在廢除皇太子允礽之後，允祥也被康熙下令圈禁。所以人們很自然地猜想，允祥之所以惹怒父皇，應該多少和廢太子一事有關。但是，允祥和雍正一貫私交甚密，明顯應當是站在反對皇太子一派，至於言語和行為哪裡得罪了康熙，後人已經很難知曉。

雍正即位之後，破例直接封允祥為世襲的怡親王，成為大清帝國開國以來的第八位鐵帽子王。允祥受到雍正的高度信任，被授予管理戶部和財政等大權，是雍正一朝的頂梁柱之一。

雍正之所以如此器重和信任，是因為曾和允祥朝夕相處，形影不離，對允祥知根知底。允祥每有詩作，即向四阿哥請教。二人之間互相酬答，一直保持多年。當允祥受到康熙斥責，並且就此失去陪駕機會之後，兄弟之間的關係依舊，允祥仍然會經常作詩相贈。這些詩作，雍正一直保存，共計三十二首。後來，雍正還將允祥的這些詩作放在自己的詩集後面，既向世人表達了他對允祥的愛護之情，也宣示著二人之間非同一般的感情。雍正太瞭解這個弟弟的為人和品性了。他相信，即便允祥權勢蓋天，也一定會恪盡職守、忠誠不二。

雍正剛剛即位之時，包括諸位阿哥在內的王公大臣，或冷眼視之，或造謠滋事，或陽奉陰違，或左右搖擺。雍正決心推行新政，難免會得罪保守勢力，會遭到這些王公大臣或明或暗的阻攔。對此，雍正心知肚明。他一定要精心培植勢力、扶植親信。

既然遇到阻攔，不如乾脆選擇繞過。即便是發號施令的方式，雍正也決心打破常規，進行一些必要的改變。有時他親自發布口諭，親筆書寫朱諭、朱批，有時則利用大學士或親信大臣頒布旨意。這些能夠替雍正轉傳聖旨的人，自然有著極不尋常的地位。允祥就是這樣一個經常傳旨之人。通過允祥，雍正多少可以部分實現他事必躬親的想法。

朝廷內外很快都知道雍正不僅喜歡讓允祥傳達旨意，是距離雍正最近之人，也知道允祥是一個多少可以影響雍正的人。朝臣如果有什麼事情不方便直接和皇上說，就選擇和怡親王說，或者是向怡親王討主意，再通過怡親王報告給皇帝。在處理政務時，尤其是最高機密政務時，允祥在雍正和朝臣之間形成了一種非常微妙的連繫：允祥經常代表皇帝聽取官員的匯報，也可代表雍正發布命令。正是這種處理朝政的形式，構成了日後軍機處的雛形。

雍正前期，允祥是整頓財政的首功之臣。雍正設立會考府以清查全國財務情況，令允祥擔任負責人。雍正對允祥說：你如果不能進行清查，最後朕便不得不親自動手。可以說，這句話既表示了他對允祥的信任，也給了允祥相當大的權力和責任。允祥很好地領會了雍正的意圖，並採取許多靈活務實的做法，在最大限度追查欠款、充實國庫的同時，沒有引發深重的社會矛盾，深得雍正的讚賞。諸如「攤丁入畝」等新政的順利推行，允祥也起到了積極的作用。正是由於這個緣故，雍正曾經讚譽允祥：「公而忘私，視國事如家事，處處妥帖。」[15]

允祥身居重位，卻一直為人謙和，從不嫉賢妒能。每遇到賢能之人，他都能不避親疏地積極向雍正推薦。十七王允禮一直被雍正認為是允禩黨人，並懲罰允禮到遵化守陵。但允祥很瞭解允禮的秉性和能力，於是找到一個合適的時機向雍正舉薦。雍正很快就採納了允祥的意見，冊封允禮為果郡王，管理理藩院事務，不久之後，又晉封他為果親王。雍正通過此舉，在培植了親信的同時，也對改變他和親王們的關係，尤其是改變其嗜殺親兄弟的不利形象，起到了一定程度的作用。

除了允禮之外，戶部郎中李衛、福建總督劉世明等人，也都是因為允祥的舉薦而為雍正所重用。雍正對於允祥的器重和信任，由此可見一斑。

15《清世宗實錄》卷九四。

允祥不僅富有政治才幹，而且深明軍機。雍正即位之初，曾任年羹堯為大將軍，命其主持平定青海叛亂，但很長時間未建功業。這個時候，另一重臣隆科多便從中生事，試圖勸說雍正放棄對年羹堯的信任和重用。允祥得知這一情況之後，及時對雍正進行勸阻。他使雍正堅定了「疑人不用，用人不疑」的信念：既然已經將西北平亂之事交給了年羹堯，那就應該放手讓他施展抱負方能成功。允祥此言堅定了雍正的信心，也讓年羹堯能夠專心於前線戰事。不久之後，青海果然傳來捷報。

雍正對於允祥的信任，完全超乎常人想像，甚至多少也與雍正過重的猜忌之心不太符合。有一次，直隸總督李紱曾向雍正請示，是否將允祥督導營辦水利之事立檔。對此，雍正給出批示說，怡親王所辦之事，哪裡犯得著你這樣的府衙來立檔備查。你們這些大臣，朕自管放心任用，但成百上千地加在一起也不如朕對怡親王一人的信賴。在雍正眼中，允祥就是一個「能代朕勞，不煩朕心」[16]的最為貼心之人。

一方面，兄弟們不合作的態度，逼迫雍正必須要另外組建班子，在推行政令時選擇性地避開他們；另一方面，出於對允祥的信任，雍正已經在無形之中圍繞允祥搭建了自己的祕書班子，可以將其他朝臣拋開。雍正關於王朝構建的一些設想，也因為允祥的忠貞和支持，得以逐步展開。當戰爭開始之後，雍正對於允祥的重視便被帶到了軍機處。

軍機處的組建與構成

事實上也可以說，雍正正是在與兄弟們的這種爭奪中，想到設置機構擺脫內閣等既有體制束縛的主意。但要將相關設想變成現實，則需要等待恰當的時機出現，而準噶爾之亂恰好給了他這個機會。

在雍正皇帝的授權之下，允祥和張廷玉等人一手置辦起軍機處，開始在臨時搭建的小屋子裡辦公。如前所述，西北鑾兵富有很大的戲劇性，正當清軍潰不成軍的時候，喀爾喀人的奮力一擊，讓這場危機得到暫時緩解。在戰爭中，負責處理軍情並遙控指揮的軍機處堪稱敗績累累，甚至一無是處，但在戰爭結束之後仍然得以繼續保存。乍看起來，頗令人費解，但如果深究起來，則也不難理解。因為就在西北鑾兵期間，雍正發現，自從有了這個軍機處之後，他可以更方便地通過允祥、張廷玉等人順利地把旨意頒行下去，而且成功地避開了諸位親王的牽制。既然如此，為何不將它帶入政治領域，用它來幫助自己施政呢？

顯然，只要宮室內部的爭權奪利沒有結束，軍機處便有繼續存在的必要，只是其

16《清世宗實錄》卷九四。

職能定位需要作出一些調整罷了。從此之後，軍機處不再僅僅定位於「軍事」，而是更多讓位於「政治」。在西北鑾兵期間，軍機處是負責軍事情報的傳輸機構和決策機構，在戰事結束之後，它轉而更多地關注政情和社情。

雍正用兵，無足稱道，與他父親康熙相比，實在差距甚遠。但就強調軍情保密和快速傳遞、祕密處置這一點而言，雍正其實也是用心深遠之人。軍機處後來幾經廢立，卻最終成為影響清朝政壇的一支重要力量，對維護清朝集權統治起到了非凡的影響力，其中有雍正的創舉之功。曾經自詡「天下第一閒人」的雍正，通過軍機處的設立和運作，成功地將自己塑造成為一代政治強人。通過軍機處，雍正更可以找到每事都親力親為的感覺，從而將帝國的掌控權牢牢地把握在自己手中。

雖說軍機處是專為西北戰爭而設，而且起初似乎特為軍需一事，漸漸地才擴展為軍情傳遞和處理，但其中玄機起初並沒有多少人知曉。舉凡機密事宜，均由雍正吩咐怡親王允祥、大學士張廷玉、蔣廷錫祕密辦理。這種祕而不宣的策略，隱祕性極高，完全繞過了當時的王公大臣。這期間，軍機大臣，包括整個軍機處，所扮演的角色就是「貼身祕書」。他們的主要職責就是輔助皇帝批覆奏摺，草擬詔旨。

軍機處的特點首先是臨時性，或者也可以說是隨機性。在雍正的設計中，軍機處根本算不上是一級正式機構，編制無定、人員無定，都是雍正皇帝根據需要隨時調來。被選入軍機處的官員，也都屬於兼職。成為軍機大臣之後，一切依照他們原有的品級和地位，排定先後次序，品級高、資歷深者則為「首席」、「首揆」或「首樞」，但軍機大臣之間則互不統屬，也就是說，互相之間沒有隸屬關係，只需各自直接對皇帝負責。而且，軍機大臣和軍機章京雖說身處權力的核心地帶，卻沒有任何的決策權。一切只能聽命於皇帝，只要認真完成皇帝交辦的各項事務即可。

首批軍機大臣只有怡親王允祥和大學士張廷玉、蔣廷錫三人。即便是加上軍機章京，也不超過十人。在首批軍機大臣中，允祥和蔣廷錫都天不假年[17]，因此，一段時間之內，張廷玉完全成為雍正皇帝的隨身「祕書」。據史書記載，凡有緊急事務，雍正則命廷玉立刻入宮，自己口授大意，張廷玉則於御前伏地書寫，或是隔著門簾在案几書寫，文稿書寫完畢即呈雍正御覽，隨後立即頒行。如果事情既急又頻，張廷玉甚至被每日召見不下十數次。

軍機大臣因為與皇帝最為接近，地位之崇高為人所共知，但成為軍機大臣之後，他們卻沒有了六部官員那樣的實權。前面說過，軍機大臣實際就是充當了皇帝的侍從和祕書。從日常職責來看，完全也是類似祕書職守。軍機大臣的日常工作，概括起來就是上傳下達。受到皇帝召見時，需要將「未奉御批」的各處奏摺恭敬地進呈，等候皇帝欽批。「承旨」完畢，即可退出。遇有皇帝「明旨」，則由軍機大臣擬寫完畢，

17 蔣廷錫也在雍正十年（一七三二）去世。其時軍機處正按照雍正的設計漸漸步入正軌。

貳

下發到內閣執行。至於不宜公開的「密諭」，則經由軍機大臣「封交」，視緩急情況，經由「馬上飛遞」傳送各地。

軍機大臣之外，也設軍機章京，由皇帝挑選滿漢官員充任，主要負責繕寫諭旨、記載檔案、查改奏議等，同樣是文墨祕書性質。滿人負責抄寫滿文，漢人負責抄寫漢字，分工明確。

軍機處還有一個顯著特點，就是非常強調祕密性。這個特點，其實從軍機處成立之初就已形成。因為它特為處理軍機而設。所謂軍機，就是需要格外強調保密。西北戰事結束之後，軍機處仍然不從屬任何衙署，其工作職權和範圍也完全超出其他部門。雍正要求，軍機處辦理事務，「不必露行跡，稍有不密，更不若明而行之」。在軍機大臣的主導之下，上傳奏摺和處理朝政，都可以完全避開內閣等各級衙門，只對皇帝一人負責，只和皇帝保持單線的直接聯繫，因此它格外需要做好保密。

軍機大臣的勞苦生活

軍機大臣必須始終處在距離皇帝最近的地方，遇到需要處理的事務，可以隨時、快速地奉召入宮。這樣便可以最大限度減少中間環節，避免因為假於眾手而造成洩密。同時也可因為祕密行事而發揮最高效率。皇帝如果出行，則軍機大臣在行宮附近

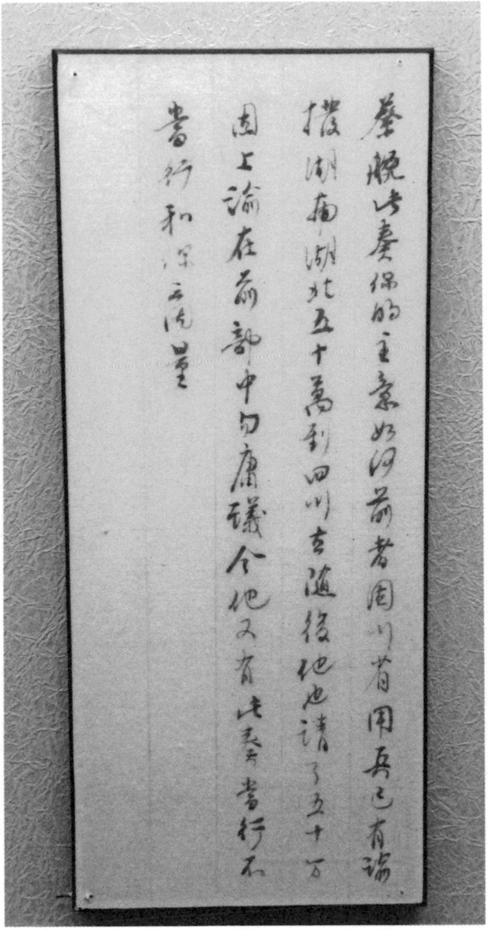

雍正帝關於西北軍務事的朱批諭旨

設置臨時辦公場所，聽候皇帝的隨時調遣。某種程度上，雍正已經把軍機處當成一件隨身攜帶的物品，走到哪裡都需要帶在身邊。無論是軍機大臣，還是軍機章京，都不能找任何藉口逃開，只能隨時跟隨。

軍機處除了沒有正式衙署之外，更無印信。之所以如此設置，據說也是出於保密的需要。這種局面維持多年，一直到雍正十年（一七三二）春，雍正才下令由大學士等議定鑄造印信之事。經雍正特批，軍機處大印交由禮部鑄造成形，但之後一直交由內奏處加鎖保管，至於印匙則由領班軍機大臣隨身攜帶。需要使用印信之時，由值班章京憑「軍機處金牌」到內奏處領取。開鎖過程中，需要有數人監督。印信使用完畢之後，則立即交給領班章京，印匙要重新歸還領班軍機大臣，印信則要重新歸內奏處加鎖保管。對於一枚印信的管理，有著嚴格而繁瑣的規章制度。由此可知，雍正在安全保密上真是煞費苦心，做足了文章。

包括皇宮在內，軍機處辦公場所並不豪華，甚至可以說是非常簡陋，但一直有著嚴格的保密規定，掛設「樞密重地，非有特許，不許擅入」字樣，禁止無關人員靠近。正是因為軍機處行事極為機密，以致實行了「二年有餘」之後，各省仍然對其一無所知。

如果說西北用兵期間，軍機處尚且處於試運行階段，而且僅僅局限於「軍機」，那麼在戰爭結束之後，雍正已經嘗試將其範圍逐步擴展，而且也找到了軍機處的運作辦法。這其中，為軍機處特地鑄造印信是一個標誌，說明雍正已經充分意識到軍機處在處理事務過程中的特殊作用，並且也開始有意加強對軍機處的管理，使軍機處逐步走向正規，成為國家機器的一部分。統計顯示，雍正十年之前，雍正發布諭旨，多題「諭內閣」或「諭議政王大臣等」，而雍正十年之後，雍正發布諭旨已經常題「諭辦理軍機大臣等」，而且次數處於上升勢頭。由此可見，此時的軍機處，已經逐步成為清廷決策的一個重要機構，而且搶奪內閣及議政王大臣權力的勢頭越來越明顯。

通過一段時間的實踐，雍正越來越意識到，直接組織一個臨時班子來幫助自己處理政務，阻力可以變得更小，政令推行起來更加得心應手，運轉也更加暢通快速。於是，軍機處辦理政務的內容不斷得到擴展，對於軍機處的籌劃和設計也越來越周密，雍正認為自己就此找到了治理這個錯綜複雜的龐大帝國的一把金鑰。

通過一系列的運作之後，雍正終於漸漸實現了對帝國的主宰，真正有了君臨天下的感覺。從此之後，親王們只能永遠地充當配角。如果連充當配角都不甘心的話，那就需要付出沉重的代價，甚至是要付出生命了。

參

陳情密摺藏玄機

獄中的名將

西北鏖兵雖說並不成功，但一干將士終究還是用他們的鮮血換來了一段時間的安寧，讓雍正自此得以從容施展他的一套治國理念。一直被關在鄂爾泰掌管的兵部牢房之中的岳鍾琪，當然也聽說了戰爭的最後結果，但他卻意外地發現，曾經在西北並肩作戰的傅爾丹、紀成斌、王廷松等將軍也都先後被關了進來。這不免讓岳鍾琪在咀嚼苦澀之餘，又別有一番滋味在心頭。一段時間之後，他們當中的有些人被斬首示眾，有的被無罪釋放，只有岳鍾琪被永久囚禁。事實上，直到乾隆即位之後，岳鍾琪才得到釋放，並重新獲得執掌帥印、再戰西北的機會。

身為岳飛的後人，岳鍾琪同樣是徒有精忠報國的熱血，卻最終無處揮灑，同樣是因為小人的誣告和「莫須有」的罪名，遭到逮捕和關押。當然，岳鍾琪有比先祖岳飛幸運之處，那就是他等到了牢底坐穿的那一天，所有的罪名得以一朝清洗。只是這必須要等到雍正王朝結束，直到乾隆皇帝即位的那一天。

在獄中，岳鍾琪曾無數次回想自己在西北厲兵秣馬的日子，回想他和傅爾丹、鄂爾泰等將帥之間的恩怨，更回想起他與康熙、雍正之間的恩怨往昔，尤其是和雍正之間曾經的相互默契。

參

岳鍾琪清楚地記得，他曾用密摺彈劾過副將石雲倬，他本希望雍正知道，正是自己的副將違抗軍令和貪生怕死，才失去了最佳的戰機。殊不知這副將本是雍正安插在岳鍾琪身邊的耳目，專門用來監視他的。所以，密摺呈上之後，非但沒有引起雍正的重視，反倒被雍正看成是推卸責任。結果，死敵鄂爾泰的密摺又適時出現，從紀成斌手下救出的查廩也恩將仇報，這進一步使他處於被動局面，並就此被雍正打入大牢。可以看出，正是這些幾經輾轉的小小密摺，完全改變了岳鍾琪的人生。

曾幾何時，岳鍾琪在雍正眼中尚且是最值得信賴的將軍，是炙手可熱的漢族大將，與當下所面臨的糟糕處境相比，判若雲泥。從喧囂一時的曾靜案可以看出，即使是面對誣告，岳鍾琪都可以通過向雍正上奏密摺而從容自救。

雍正元年（一七二三），岳鍾琪奉命隨撫遠大將軍年羹堯平定青海叛亂。在奏請雍正批准之後，岳鍾琪率六千精兵，經過了長途的雪域行軍之後，如同神兵天降一般出現在叛軍面前。他率軍直搗敵穴，從而一戰成名，獲得雍正極大信賴。第二年，他便被授予「奮威將軍」；第三年，又被任命為甘肅提督兼巡撫。就在這年四月，年羹堯遭到解職，岳鍾琪被任命為川陝總督。

岳鍾琪連續獲得提拔，自然會招來一些忌恨，包括告黑狀的奏摺也在所難免。很快便有謀反的流言指向了他。流言首先起於成都，有人向雍正報稱成都一帶都盛傳岳鍾琪即將謀反。對此，岳鍾琪驚嚇不已，連忙進呈密摺辯解。沒想到的是，雍正倒是對此非常不以為然。他一邊下令調查謠言的起因，一邊下詔書寬慰岳鍾琪。雍正透露，「數年以來，讒鍾琪者不止謗書一篋」[18]，其中的不少還誣告岳鍾琪是岳飛後裔，欲報宋金之仇。但這些都是誣告，所以不但不會懲處他，反而會付之重兵，委以重任。

在民間，岳鍾琪越發受到反清復明的排滿人士關注。不少人幻想著岳鍾琪就是當年那個發誓「直搗黃龍府」的岳飛，一定會將滿人驅逐出境。

雍正六年（一七二八），湖南永興縣有個叫曾靜的秀才，聽說了岳鍾琪的英明神武，也天真地將他與一直致力抗金的岳飛連繫在一起。在經過一番密議之後，他派遣弟子張熙前往長安投書岳鍾琪，勸其謀反。

岳鍾琪剛剛目睹前任年羹堯被雍正先捧後殺的慘況，自己又深陷謀反傳言的困擾，不能不在為自己的處境感到擔憂的同時，對這些製造謠言的不法分子怒火中燒。而眼下，居然有人自己找上門來。就這樣，張熙被暴怒的岳鍾琪重刑伺候，多次昏死過去。但他始終拒絕交代實情，反倒繼續勸說岳鍾琪謀反，甚至妄稱他們反清復明的組織力量強大，廣泛分布湖廣、雲貴一帶，完全可以形成一呼百應之勢，就此趕走滿人。

18《清稗類鈔．明智類》。

參

看到這個架勢，岳鍾琪只得提筆書寫密摺，如實地向雍正奏明事件的前後經過。在密摺中，岳鍾琪先是如實稟報事件發生經過和審判進展情況，接著就是向雍正表明忠心，同時還提出請求，希望將案犯押解京城，由皇帝派出更有審訊經驗之人受理。密摺寫好之後，岳鍾琪馬上交給驛站，由他們派人星夜飛馳，送往京城。

就在密摺發出之後不久，岳鍾琪忽然靈機一動，想出了一個攻陷張熙防線的妙招。他決定擺出假裝謀反的架勢，以此來拉攏張熙，誘使他說出實情。在昏暗的密室中，岳鍾琪先是命令左右全部退下，然後對張熙善言撫慰。他告訴張熙，之所以動用大刑，本是想考察一下真假，同時也是為了掩人耳目。這一回合之後，張熙的心理防線徹底瓦解，然後說出了曾靜的名字。

岳鍾琪欣喜若狂，火速發出第二封密摺，向雍正詳細匯報審訊結果。就在這時，雍正對岳鍾琪第一份密摺的批覆也已送到。雍正在表彰岳鍾琪忠誠的同時，要求岳鍾琪用「出奇料理」的手段展開審訊。一直惶恐不安的岳鍾琪此時長出一口氣，不能不在感激涕零的同時，深深折服於雍正皇帝的英明。

岳鍾琪的第二封密摺顯然令雍正更為滿意。他沒想到岳鍾琪可以這麼迅速地用「出奇料理」的手法挖出重要線索。在給岳鍾琪的朱批中，雍正皇帝甚至肉麻地說道：「朕與卿的君臣之情，乃無量劫之善緣同會。」[19]這樣的句子固然稍顯一絲肉麻，但多少也可說是雍正和岳鍾琪一段時間之內君臣相得、心有靈犀的產物。

不久之後，岳鍾琪從張熙口中得到了關於曾靜，乃至於呂留良的更多猛料，他不敢怠慢，立即寫就第三封密摺，向雍正皇帝稟報案件進展。此後的結果，張熙和曾靜意外得到雍正的寬恕，已經去世經年的呂留良卻受到牽連和懲處。呂留良除了被剖棺戮屍之外，著作也盡遭毀棄，子孫門徒，或被斬首，或遭流徙，釀成一樁千古冤獄。

在曾靜一案中，岳鍾琪通過密摺和「馬上飛遞」躲過了一場深重的危機，但最終還是沒躲過鄂爾泰的背後一劍。前面已經介紹，西北鏖兵的結果，岳鍾琪和一干武將成為替罪羊。鄂爾泰身為軍機大臣，善於捕捉雍正皇帝的心意，準確地抓住了雍正對岳鍾琪失去信任的這一時機，把岳鍾琪徹底扳倒。

有意思的是，鄂爾泰所使用的方法也是書寫密摺。可以說，正是這個小小的密摺，讓皇帝實現控制帝國的同時，也讓政壇多了一分詭異之氣。

掌控帝國的資訊網——密摺

密摺，也稱奏摺、摺子、奏書、奏疏等，是清代專門用來向皇帝陳情言事的一種文書。說起來，清朝以前各朝也有奏疏等公文，多少可算作密摺的前身，但沒有任何

19《清代文字獄檔》第九輯。

朝代曾經像清朝這樣高度重視密摺。清朝，尤其是康雍乾時期，圍繞密摺逐漸形成了一套完整而又嚴密的規章制度，並將密摺與政治生活和政權安危緊密地連繫到了一起。雍正設立軍機處之後，是密摺發展歷史上一個標誌性事件。密摺制度對於朝政的影響，自此被發展到無以復加的地步，使之一舉成為清朝皇權政治的重要標誌之一。

據說清代自順治朝已有奏摺開始使用[20]，從康熙朝開始，奏摺更加受到重視。奏摺之所以稱為密摺，也與康熙密不可分。康熙執政前期，奏摺開始投入使用，但在相關奏摺的辦理、傳遞及保管等各方面，都沒有步入正軌。也正是在這種試用和摸索過程中，康熙逐漸認識到奏摺在瞭解政情、軍情方面所具有的獨特作用。於是開始對奏摺有所關注，並在傳遞和保管等方面做出規定。書寫和呈遞奏摺也需要限定身分，奏摺逐漸變成高級官員才可染指的帶有一定祕密性質的文書。

有學者曾對康熙朝進摺人員的身分進行過分類研究，並按身分和所屬機構分為五類：其一是宗室姻親、漢族異姓王公及內務府等皇室服務系統；其二是中央官員系統；其三是地方官員系統；其四是內外蒙古各部王公及青藏、準噶爾蒙古外藩系統；其五是難以歸入上述各類的其他人員[21]。從上述情況來看，奏摺並非普通人所能使用，而是需要具有相當社會地位才行。就康熙一朝的情形來看，言事陳情之官雖有漸漸擴展之勢，但範圍終究非常有限。起初只是若干親信人員，後來則發展為各旗的親信，漸漸地才擴展到一些重要官員，但人員總數仍然不過兩百左右。

至於閱覽奏摺，更是有著嚴格的許可權規定。康熙絕大多數時候都是自己親自批閱奏摺，只會在偶爾情況之下，才會將某些相關奏摺交由內閣大學士批答。而且這種情形沒有維持多久，內閣批閱奏摺的權力很快就被剝奪。

康熙四十六年（一七〇七）四月，甘肅巡撫齊世武奏報甘肅雨雪災害情況。其時康熙正在南巡途中，密摺被遞交內閣處理。等康熙回京之後，發現本被密封的奏摺已經拆閱，便嚴厲地責備齊世武「糊塗」。康熙對齊世武說：「朕不在之時，奏摺應該送給掌事阿哥閱示才對！」

康熙不在京城，「掌事阿哥」可以代行批閱奏摺，這掌事阿哥自然是康熙非常信任之人，正如同當初胤礽代理國事時所扮演的角色。從這起事件中我們至少可以看出兩點：其一，其時內閣已經沒有了閱覽奏摺的權力，可知內閣完全不被信任；其二，所謂奏摺，其時已經發展成為密摺，更加強調保密性。故此，康熙不在之時，只有他所指定之人才可以閱覽。

康熙廢立太子期間，流言很多，而且局勢一度難以控制。康熙為了及時掌握情況，下令朝臣可以在請安摺中隨時報告所聞所見，但必須「如實密陳」。而且，康熙

20 參見吳振，《養吉齋叢錄》卷二三，北京古籍出版社，一九八三年版，頁二一四。
21 白新良，《清史考辨》，人民出版社，二〇〇六年版，頁二八〇。

堅持親自批閱奏摺，不容別人插手。康熙執政的最後幾年，一度因為中風而導致右手無法書寫，無法正常批閱奏摺，但他為了防止上傳下達之中出現差失，給結黨營私之人以可乘之機，便一直堅持用左手批閱奏摺。顯然，在康熙眼中，抓住了批閱奏摺的權力，就是掌控住了大清帝國。小小的密摺，儼然成為皇權和地位的象徵，是大清帝國的寶器，不容任何人窺伺。

滿人入主中原，除了學習漢文化之外，更是很好地學習了中原王朝的統御之術，尤其學會了讓臣下「互相監視，並以密告別人的方式來表示自己的效忠」的方法，「甚至比以前的漢族封建君主還有過之而無不及。」[22]清朝設立八旗駐防制度，其目的就是試圖建設一個嚴密的監控網路，尤其是對漢人和重要官吏實施嚴密監控。當然，地方行政官員也可以對駐軍將領的情況進行監視，有緊急情況需要隨時上報，同時鼓勵職務較低官員對上級官員情況進行監視和密報。

神祕的粘杆處

為了加強對臣民的監控和控制，清朝在順治初年就建立了粘杆處，以此來組織實施各種監控活動。粘杆處，實名為尚虞備用處[23]。從工作性質來看，粘杆處就是負責內務情報的情報機構，其主要任務就是負責監視大小官員的工作情況和日常活動，如果發現重要情況就要迅速上報皇帝。

從功能定位上看，粘杆處注重收集政情和社情，軍機處起初偏重於軍情，但後來發生了很大改變，軍機處也開始關注政情和社情。粘杆處曾利用特權大肆進行特務活動，但在乾隆之後被逐漸廢除。之所以會出現這個情況，是因為粘杆處的職責已經可以交由軍機處替代執行。既然軍機處也開始關注並收集政情和社情，粘杆處自然不復有繼續存在的必要。

軍機處的命運，包括性質和地位等，都可以隨著皇帝個人的旨意發生翻天覆地的改變，粘杆處當然也不能例外。所有這些變化，都與雍正等人推行集權政治有著直接的連繫。為了集權，可以臨時建立粘杆處；為了集權，也可以成立軍機處；為了集權，也可由軍機處取代粘杆處。軍機處從軍情傳遞機構，發展到大包大攬，滲透國家管理的方方面面，甚而成為中樞決策的重要機構，統統都是因為集權統治的需要。

密摺制度的推行，與粘杆處和軍機處密不可分。有了嚴密的密摺制度，它們監控臣民和輔助皇帝實現集權等使命，才能最終得以實現。而且，密摺書寫越來越強調規範，密摺管理越來越趨於嚴格，說到底都是服務於政治的。

---

22 定宜莊，《清代八旗駐防研究》，遼寧民族出版社，二〇〇三年版，頁一四二。

23 光緒《清會典事例》卷一一〇六。

參

陳情密摺藏玄機

康熙一朝激烈的黨爭，尤其是諸皇子之間長期的互相傾軋，只能讓言官長久保持緘默。很明顯，儲位之爭那是皇帝自家事，旁人不敢多言。康熙則深深苦惱於言路不暢，迫切需要有收集政情、軍情的途徑。密摺作為傳遞情報之用的特殊載體，不能不受到康熙的格外重視。漸漸地，密摺成為康熙瞭解駐防事務和政情、軍情的一個重要管道，並上升為高級官員可以普遍使用的正式官文。

在實際操作過程中，康熙也很快意識到，密摺制度的推行對於監控官員有很大好處。由於配合密摺制度的推行，辦理政務可以轉為隱祕，而不再拿出來進行公開討論。密摺所陳之事，多為機密要務，大多需要緊急處理，強調辦事效率，故而既有公文的處理模式也被打破。至於每一份密摺如何辦理，全等皇帝批示。有的時候，他會選擇將密摺存檔，有的時候，他會選擇將密摺交由內閣或議政處閱處。只有皇帝才有權對密摺作出程序和處理要求，內閣的職權則被大幅度限制和削弱。在這種情況下，剷除異己和貪腐官員，也可以變得神不知鬼不覺，密摺由此成為威懾群臣的一種最佳途徑。康熙曾對朝臣宣布：「爾等果能據實密陳，則大奸大貪之輩不知誰人所奏，自知畏懼。」[24]處在嚴密監視之下的駐防將領和各級官吏，無不處於惶恐和畏懼之中。

所以，密摺的使用，「是清代君權高度集中及中樞輔臣權力進一步削弱的重要標誌之一」[25]。

這種監控行為，到了雍正年間更是發展到了極致。據《南亭筆記》記載，某省新上任巡撫在家與夫人、女眷等打牌，忽然發現一張牌不見了，怎麼找也找不到，只好悻悻地休息。沒過多久，巡撫得到雍正召見，在匯報一些施政情況之後，巡撫道別。可就在他將要出門之際，突然又被雍正叫了回來。只見雍正從懷裡徐徐拿出一張牌來，笑著說道：「這是你家的東西，現在還給你。」巡撫定睛一看，大驚失色，原來雍正手裡拿著的竟是前幾天巡撫打牌時所丟失的那張牌！雖說《南亭筆記》所載多為遺聞逸事，其中故事的真實性還有待考證，卻也從側面反映出，當時對於官員的監控有多麼嚴密。

還有一個關於帽子的故事，也足夠反映當時對於官員的監控之密。有位大臣前一天買了頂新帽子，第二天入朝免冠行禮時，雍正特意提醒其注意別把新帽汙壞。官員換頂帽子，當然犯不著日理萬機的皇帝來關心，得到這種提醒的官員也只會在萬分驚愕之餘，感嘆自己的一舉一動都被監視。但雍正卻不會理會這些。他有時候甚至故意

24《清聖祖實錄》卷二四九。

25 林乾，《康熙懲抑朋黨與清代集權政治》，復旦大學出版社，二〇一三年版，頁二三二。

將所收到的情報透露給被監視的官員，「藉以提高這種特務手段的威懾力。」[26]很顯然，暗箱操作式的密摺制度，讓清代皇權更多了一層令人恐怖的神祕感。

密摺既然成為帝王瞭解政情和社情的重要途徑，也是加強皇權的重要工具，便必須採用嚴密的規章制度進行管理，而且對辦理和使用的許可權都予以嚴格規定。雍正結合軍機處的相關設置，除了借鑑康熙朝的某些做法之外，也對密摺制度進行了改進，作了更為嚴格的管理要求。

很多人將密摺制度和軍機處比作為左右手，認為正是它們二者的密切協同、緊密相扣，最終幫助雍正實現了集權統治。其實，考察雍正對於軍機處的設計便可發現，密摺其實是軍機處日常工作的重要組成部分，密摺制度的改革也始終和軍機處息息相關。

在雍正朝，軍機處更多局限於辦理西北軍務，尚且無法真正取代內閣中樞，但雍正相關密摺制度和公文制度的改革，其實已經是在為軍機處職權發生改變做了很好的鋪墊，同時也是在為中央政府的決策體制全面改革進行了很好的準備。而且，通過這種改革，也已經部分實現了他自由行使皇權和高效處理政務的設想。皇權也由此在雍正手中呈現明顯的加強趨勢。

雍正更加重視奏摺在中樞決策中的地位。與康熙朝相比，雍正朝具備具摺奏事權力的官員數目明顯增多，奏摺涉及內容也更加廣泛，奏摺數量也呈現激增態勢。有學者統計，康熙時期，具摺言事官員不過一百餘人，奏摺總數約九千餘件。而在雍正朝，具摺言事的官員已經驟升至一千二百餘人，奏摺總量約四萬件[27]。奏摺已經成為雍正瞭解政情社情和軍情的最重要上行文書。舉凡邊疆軍務、官員政務、民眾疾苦和雨雪災害等各方面情況，雍正都需要通過一份一份的奏摺來獲得瞭解。

雍正對於奏摺制度的改革

雍正創建了奏摺錄副制度，也就是備份制度。雍正要求，奏摺必須要在正本之外另外抄一份副本留底。此舉有兩個目的：一是防止奏摺在辦理過程中遭到不法分子塗改，二是可以有效防止因各種意外因素而導致的原件丟失事故。在軍機處成立之後，雍正更強調奏摺的錄副工作。抄寫奏摺，是軍機處日常工作之一。軍機章京是軍機處的日常辦事人員，也稱「小軍機」，多從內閣中樞等官員中選調，對書法功底要求很高，因為機密奏摺都需要軍機章京親手抄寫。一般的奏摺也需要備份留底，軍機章京無暇抄寫，便交軍機處方略館人員抄寫。

---

26 楊珍，《歷程．制度．人——清朝皇權略探》，學苑出版社，二〇一三年版，頁三九。
27 白新良，《清代中樞決策研究》，遼寧人民出版社，二〇〇二年版，頁二二三。

參

副本抄寫一律用墨筆。相對於正本，副本可以稍許潦草，行款格式也可以稍微自由，但內容必須與正本保持完全一致。皇帝在原摺所作夾批，也必須完全照錄，並在該行上方注明「朱」字以示區別。

除錄副之外，雍正還創立了「廷寄」制度，以保證自己的旨意能夠順利傳達下去。所謂廷寄，就是皇帝有關告誡臣下、指示方略、考核政事、責問刑罰等機要文書，為防止發生洩露事故，不再交由內閣明發，而是直接交由軍機大臣密封，在加蓋軍機處印信之後，交兵部捷報處寄送相關官員，封面上寫有「軍機大臣字寄某官開拆」或「傳諭某官開拆」字樣。

廷寄制度的起源，與軍機大臣張廷玉有很大關係。康熙皇帝駕崩之後，雍正經常「席地而坐，晨昏涕泣，群臣入奏事則忍淚裁斷」[28]。這種情況下，雍正處理政務，多為口授大意，當時擔任禮部侍郎兼內閣學士的張廷玉或於御前伏地書寫，或隔著門簾在几案書寫，隨即呈雍正御覽，之後便直接下發。在此之後，雍正對張廷玉越發信任。雍正三年（一七二五）七月，由於內閣書寫諭旨多有訛誤，雍正便將書寫諭旨之事更多地交給辦事謹慎的張廷玉。雍正曾這樣表揚張廷玉：「朕嗣統以來，元年、二年內閣面奉之旨書寫時，動輒訛誤，自張廷玉為大學士，聽朕諭旨，悉能記憶，繕錄呈覽，與朕言相符。」[29]出於對張廷玉的信任，雍正辦理軍機要務，也由張廷玉書寫諭旨，交兵部封發的漢文諭旨遂逐漸增多。諭旨寫就之後，多以信件的方式直接交由兵部寄給相關人員，廷寄至此已經基本成型。

隨著軍機處的成立，廷寄的程序及相關制度越來越完善。皇帝向軍機大臣指示機宜後，軍機大臣承旨撰擬清摺進呈，稱為「述旨」。在經皇帝修改閱定之後，再由軍機處密封發出。信函封口及年月日處，都加蓋辦理軍機處印，然後交兵部捷報處遞送。封函書「辦理軍機處封寄某處某官開拆」或「傳諭某處某官開拆」，並根據事情的緩急，於封函注明驛遞日行里數，或三、四、五、六百里不等。廷寄諭旨寄到之後，只許受命者本人拆閱，任何人都不得代拆。受命大臣在領旨以後，須將接到廷寄的時間、承旨寄信者銜名、諭旨的內容以及如何辦理的情況，向皇帝一一覆奏明白，以防止濫冒傳旨的情況出現。

廷寄可以明顯加快傳遞速度和辦理速度，提高政務處理的效率。更為重要的是，本屬內閣參與或撰擬詔旨的機要事務，完全避開了內閣，至此完全置於皇帝的直接控制之下，很好地實現了集權統治。除此之外，廷寄也很好地達成了保密的目的。

雍正一向高度強調保密。雍正朝的許多重大改革，都是君臣通過密摺商議決定。雍正一再要求具摺之人，把保密放在最為緊要的位置，不可令一人知之。出於保密的

28《張廷玉年譜》，中華書局，一九九二年版，頁一九。
29《清世宗實錄》卷八七。

要求，雍正要求具摺之人如果不能做到保密，就不要上密摺。

不僅是具摺人不得向外聲張奏摺內容，領受朱批諭旨之後也要保守機密。即便是密級較低文件，如果私自轉讓他人知曉，那就是違法。對於不遵守保密規定的人員，雍正制定了相應的懲罰措施。雍正二年（一七二四），雍正發現浙閩總督覺羅滿保、山西巡撫諾蝸、江蘇布政使鄂爾泰、雲南巡撫楊名時等人都有私自洩露密摺內容的行為，當即決定停止他們的具摺權力。在這些受到懲處的官員承認錯誤，並一再請求之下，才出於處理政務的需要，恢復了他們的具摺權。

為了加強奏摺的保密管理，雍正採取了多項措施。

首先是及時收回朱批奏摺。雍正要求奏摺人在得到朱批諭旨後的一定期限內，必須將原摺及朱批一併上交皇宮保存，本人不得抄存留底。同時，奏摺中的朱批，亦不得寫入題本，將其作為奏事的依據。

其二是打造奏摺專用箱鎖。雍正下令內廷特製奏摺匣，並配備鎖鑰，發給具奏員。具摺之人必須將奏摺裝入匣內，派遣專人送至京城。至於密箱的鑰匙則只有兩把，其一給具摺人，另一把雍正親自掌握，任何人不得私開。為了保證具摺之人能夠連續書寫密摺，雍正可為具摺人發放四個奏匣。廣州巡撫常賚的奏匣曾被賊盜去，只得借用廣東將軍石禮哈的奏匣，自己並不敢仿製。當然，在雍正朝，這種奏匣只有極少數人擁有。到了乾隆朝，奏匣仍然是一種賞賜之物，能夠使用的官員仍然不是很多。

其三，奏摺直接送往內廷。內廷之中，只有軍機大臣怡親王允祥，大學士張廷玉、蔣廷錫等，才有轉傳奏摺的權力。這些軍機大臣也只是代轉，不得私自拆閱。具摺人也不得用任何方式向代轉之人說明奏摺的內容。

即便是允祥這樣非常親信的軍機大臣，也沒有閱覽密摺的權力。所有的密摺，都只能由雍正一人親自閱看，所以處理政務便只能由他獨斷專行。這不僅僅是強調保密，更是為了確保絕對的皇權。在雍正的設計中，軍機大臣只能在這個過程中起到傳達的作用。密摺經他們辦理廷寄手續之後，轉回到具摺人手中，再由具摺人按照朱批諭旨辦事。

雍正精心設計和改革奏摺制度，為他占有和掌控至高無上的皇權提供了條件。機密之事只能有皇帝一人知曉，其他官員則只能處於相互監督、彼此牽制，甚至人人自危的境況，這有效防止了官員的官欲膨脹和貪腐行為，同時也使得政權牢牢控制在皇帝一人手中。

一位神奇的師爺

閱覽密摺的大權全由雍正一人掌控，其他人都不得染指，這樣長期下來，雍正培養出了對於密摺的一種特殊嗅覺。具摺人是書寫密摺之時需要明示皇帝的，當然可以清楚知道，但書寫密摺則要求一律使用館閣體的正楷，要想知道密摺書寫之人就比較難了，而雍正恰恰就具有這種本領。雍正年間，有個叫鄔師爺的幕友，曾經幫助多位大員書寫密摺，而他書寫的密摺每每都被雍正輕鬆認出。

雍正三年，李衛被任命為浙江巡撫。上任之前，雍正特意交代李衛：杭州有個鄔師爺，可以安排他到府中任職。皇帝特意吩咐，李衛當然只能照辦，還一直以為鄔師爺是個什麼特別人物，有著什麼特別的才能，可見面之後才發現，鄔師爺原來只是個百無一用的老學究。李衛不免感到一絲失望，但畢竟皇帝有言在先，他也只得好吃好喝地把鄔師爺供養起來，並不敢吩咐這位老先生做什麼實務。

轉眼到了年底，按照慣例，李衛需要給雍正皇帝寄發請安摺子。這種請安摺子是奏摺的一種，只是功能相對單一，無需陳情，也無需言事。李衛看鄔師爺也做不成其他事情，便吩咐他書寫請安摺子。結果意外發生了，李衛的請安摺居然收到了雍正皇帝的批覆，批覆上的內容更大大出乎李衛的意料。只見朱批赫然寫著：「朕安，鄔先生安否？」本來是作為一方巡撫的李衛向皇帝請安，皇帝並不回問巡撫安否，而是回問代筆的鄔師爺安否，這種情形讓李衛驚詫不已。有些摸不著頭腦的他此後對鄔師爺異常客氣，不敢有絲毫怠慢。而且從此之後，無論浙江巡撫如何調換，鄔師爺一直都受到優待，而且他每年的任務就是簡單一件：給皇帝寫一封請安摺子。

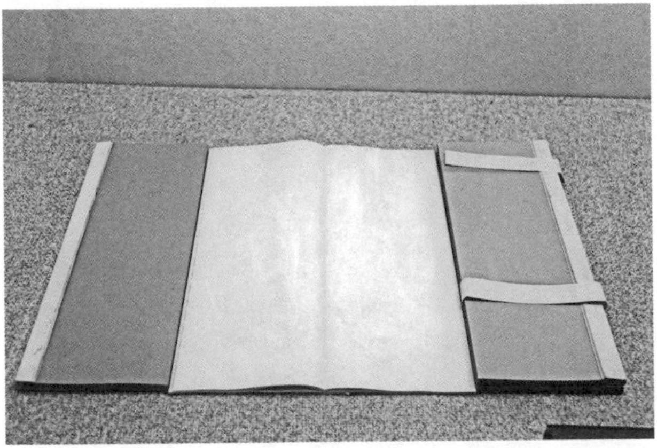

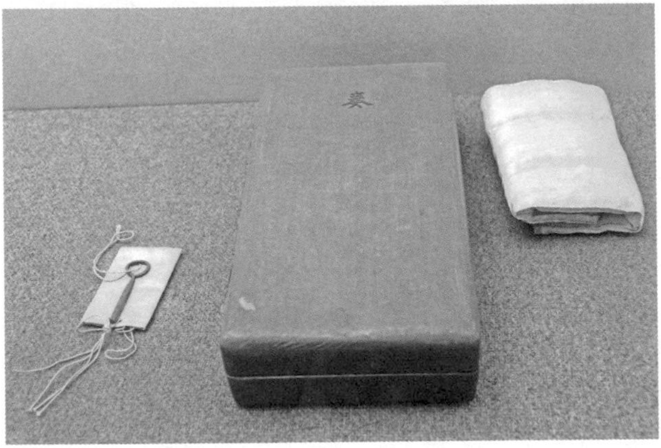

有人青雲直上，有人牢底坐穿，有人飛黃騰達，有人身敗名裂，在權力的遊戲中，小小的奏摺成為其中的關鍵。清朝的皇帝們正是通過奏摺來實現著對政情、軍情、民情的瞭解，以及對整個國家的掌控。從某種意義上說，掌握了奏摺閱覽與批覆的權力，就是掌握了皇權。而嚴格的保密制度與管理制度，也為整個清代政局增加了一絲詭異的氣氛。

參

陳情密摺藏玄機

據說雍正即位之前曾在杭州受過鄔師爺精心款待，就此認識了鄔師爺的字體，不知是否果真如此。即便這種傳聞屬實，作為帝王，能一直清楚地記住一個無名之輩的字體，這也已是一個奇蹟，而且雍正對密摺觀看之仔細和嗅覺之靈敏，都足以讓人稱奇。

據說河南巡撫田文鏡的發跡也與鄔師爺有關，而且與書寫密摺有著密切連繫。原來，田文鏡得知鄔師爺本領非凡，也聘請他來到府中擔任師爺。這位鄔師爺見到田文鏡之後，只對田文鏡提出了一個要求：代替他向皇帝寫一封密摺，但田文鏡不得觀看，只需署上大名即可確保升官。這個非常特殊的要求一度令田文鏡感到有些猶豫，但出於對升遷的渴望，他最終還是點頭答應了。密摺就此被呈送到雍正皇帝手中，而結果正如鄔師爺所料，田文鏡升任總督，加兵部尚書銜，不久之後，又兼任河南、山東兩省總督。

那麼，這又是一封什麼樣的密摺呢？為什麼它能有如此神奇的效果？是鄔師爺特殊的字體，還是另有玄機？田文鏡事後才明白，它居然和當朝權臣隆科多有著直接的連繫，而且是彈劾這位自己根本不敢得罪的權臣。

隆科多不是一般人物。論起來，他還是雍正皇帝的舅舅。由於在雍正即位過程中，隆科多曾起到了關鍵作用，讓雍正更是對這位舅舅另眼相看。不僅康熙皇帝的遺詔由隆科多宣讀，身為步兵統領的他，還預先做了周密部署，讓那些對皇位有勃勃野心的皇子們都動彈不得，有勁兒無處使。所以說，隆科多對於雍正皇帝而言有著特別的意義。

雍正即位之後，馬上投桃報李，先是任命隆科多為總理事務大臣，不久之後又讓其同時擔任吏部尚書，襲一等公。至於對這位舅舅的財物賞賜，更是數不勝數，令人眼暈。步兵統領隆科多一躍成為雍正眼中最值得信賴的重臣。

沒想到事情很快就發生了變化，第一重臣很快就變成第一權臣，於是不可避免地走上盛極而衰的道路。由於隆科多自恃功高，大量提拔親信並把持朝政，很快就讓當皇帝的外甥感到極為不滿，那麼，這樣的舅舅就只能等著樂極生悲的時刻到來。

雍正對舅舅越來越厭惡，很想把他拉下馬，但又苦於找不到藉口，無從下手。一直以來，由於隆科多的政治地位，朝中沒有人敢對他說一個不字。就在這個時候，鄔師爺幫助田文鏡寫就的彈劾隆科多的密摺悄然而至。鄔師爺對雍正的心跡進行過仔細揣摩，他覺得此時時機已經成熟，便借助田文鏡之手寫成了這樣一封密摺，在幫助雍正找到剷除隆科多的藉口的同時，也順帶幫助田文鏡實現了升遷的願望。

田文鏡升官之後不免有些傲慢，對鄔師爺也開始怠慢起來。一怒之下，這位鄔師爺乾脆甩手走人。田文鏡很快發現，自己的密摺無論寫得多麼精彩，總不能打動雍正皇帝，甚至會招致雍正一頓猛批。經過這樣的曲折，田文鏡只得再次重禮邀請鄔師爺回府，給予他更高的禮遇。結果，神奇的情形再一次上演：田文鏡上奏皇帝的密摺重新受到重視。在一次鄔師爺代寫的請安摺子遞交之後，又得到雍正「溫情脈脈」的回覆：「朕安，鄔先生安否？」[30]對此，田文鏡只能和李衛一樣，除了驚奇就是感嘆。

不是終結

鄔師爺書寫的密摺每每能得到雍正的重視，應該和這位師爺善於揣摩皇帝的心意有著很大關係，但也充分反映出雍正對於密摺的敏銳嗅覺和仔細觀察。當然，從這個神奇的故事還可以看出，密摺對當時的朝政發揮著重要影響。隆科多倒臺、岳鍾琪被捕，都是小小的密摺使然。這種密摺政治和軍機處一起，成了那個朝代神祕政治和集權政治的代名詞。

令人感到一絲意外的是，正當雍正找到了一把實現集權的鑰匙，而且正準備用它來統御帝國的時候，一場疾病奪走了他的生命。他對軍機處，對於大清帝國的設計都戛然而止。

雍正的辭世，多少有些突然。有人說雍正殺人太多，包括親兄弟在內，都不肯放過，於是早早得到了報應。民間也有傳說稱，雍正是被江湖女俠呂四娘所殺[31]，但這並沒有可靠證據。更多的人則相信雍正是過度勞累致死。連續多年的勤政，使他的體力多少有些透支，並且也讓疾病無法得到根治。尤其是雍正七年（一七二九）之後，西北戰場的膠著和失利讓他長期不得安寧。當戰爭贏得慘勝之後，巨大的消耗更讓他變得患得患失、晝夜難安。除此之外，還有人認為，雍正的過早辭世，和他長期服用丹藥、體內大量積毒有關。雍正晚年，為了提神和長生，有意加大丹藥劑量，故此有人認為這才是他猝死的真正原因。雍正辭世之後，乾隆嚴厲懲罰向雍正推銷丹藥的道士，也足以說明這一點[32]。

雍正雖然走了，但是軍機處卻自此留了下來，為兒子乾隆所繼承。在這之後，乾隆對軍機處進行了更為嚴密的設計，使得軍機處得以按照雍正所設計的道路越走越遠。

30《清稗類鈔．幕僚類》。
31 據說呂四娘是身背雍正文字獄冤案的呂留良的孫女或女兒，故此才會潛入宮中復仇。當然，這只是野史中的記載。
32 史松，《雍正研究》，遼寧民族出版社，二〇〇九年版，頁二〇九。

肆

乾隆即位與軍機處的廢立

弘曆與康熙

康熙六十一年（一七二二）的一天，康熙皇帝四天之內連續兩次駕臨圓明園，就此認識了聰明乖巧的孫子弘曆。此刻，康熙即將迎來自己七十歲生日，這位乖巧的弘曆應該算是胤禛送給父親的最好的一件生日禮物。此後，弘曆便被康熙帶到宮中撫養，命運也就此發生根本改變。事實上，由於兒孫太多，康熙皇帝又日理萬機，孫子輩中估計多半都叫不上名字，更別說領到宮中撫養了。相比之下，弘曆顯然是一個幸運兒。

康熙親自指導弘曆讀書，天資過人的弘曆進步飛快，很能贏得爺爺的歡心。有一次，康熙說到宋代學者周敦頤的〈愛蓮說〉，弘曆居然倒背如流，令康熙龍顏大悅。此後，康熙甚至連圍獵和批閱奏摺都會讓弘曆在一旁侍奉。祖孫二人朝夕為伴，感情非同尋常。

有一次，弘曆隨康熙來到木蘭圍場打獵。康熙在用火槍射殺一隻黑熊之後，眼看黑熊已經倒地，便讓侍衛領著弘曆靠近黑熊，教他射箭技術。不料黑熊卻忽然間躍起，向弘曆發瘋般撲來。見此情形，侍衛們一時間都慌了手腳，但弘曆卻顯得非常鎮定。反應敏捷的康熙迅速舉起火槍再次射擊，將黑熊擊倒，弘曆才得以脫險。經過這次驚險之後，康熙圍獵之時不敢再讓弘曆太靠近猛獸，同時也忍不住感嘆弘曆福大命大。

很顯然，弘曆少年之時就有幸得到兩代帝王的寵愛和教誨，也因此而一直被各方所看好，都將其視為皇帝內定的儲君。但弘曆並不敢由此而自視甚高，畢竟他還是要一直等到父皇雍正去世的那一刻，才可以確切得知自己是否獲得了皇位繼承權。

雍正的良苦用心

雍正深深地體會到康熙朝皇子爭儲之禍，於是對建儲制度進行了大膽改革，建立了祕密建儲制度。雍正元年八月，也就是雍正即位之後第九個月，他就召集總理事務大臣和滿漢文武大臣，宣布了這一決定。在雍正看來，此舉可以有幾個好處：第一，有效化解了皇室內部為儲君之位而產生的爭鬥；第二，朝臣再不會圍繞儲君而攀龍附鳳，結黨營私；第三，皇帝本人可以按照自己的旨意施政，不受任何干擾，也可以完全按照自己的意願實現皇權的順利交接。

當然，祕密建儲的最大弊端就是，皇位繼承人選只能由皇帝一個人決定。皇帝的喜怒哀樂，都可以對其產生直接的影響。皇帝的英明與否，很大程度決定了儲君的英明與否。至於儲君是否稱職，是否合格，也全都由皇帝憑藉個人的主觀意志判定，大臣們連建議和勸諫的機會都沒有。是故，乾隆曾一度想廢除這種祕密建儲制度。

雍正在祕密建儲的同時，也著意加強對弘曆的培養。除了原來的老師福敏之外，朱軾、張廷玉、蔣廷錫、鄂爾泰等重臣，也都先後被選派擔任弘曆的老師。弘曆在這期間系統學習了古代帝王的治國經驗，為日後理政打下了非常堅實的基礎。

雍正七年（一七二九）冬天，雍正皇帝患病，一度非常危重，經過多方治療之後方才轉危為安。在這之後，雍正開始有意委派弘曆和弘晝代其參加各種禮儀活動，鍛煉其理政能力。隨著年歲的增長，弘曆自己也能切身感受到父皇對於自己的重視和關注。儲君之位對他而言，似乎已成為一個公開的祕密。事實上，就皇位繼承而言，弘曆所處政治環境已經和康熙朝發生了根本改變，弘曆完全不必再像父輩那樣明爭暗鬥，互相傾軋。飽讀詩書的弘曆非常清楚自己所處的地位，他所需要做的只是安分守己和掩蓋鋒芒。

除了在父皇面前小心謹慎，弘曆也非常注意和朝廷重臣保持良好關係。軍機大臣鄂爾泰和張廷玉，一直深受雍正寵信，是多少能夠影響雍正施政和決策的重臣，弘曆一直對他們優禮有加，表示出極大的尊重和關心。

雍正十年（一七三二），鄂爾泰奉命出征西北。弘曆在獲悉這一消息之後，立刻賦詩〈遂毅庵鄂相國奉命經略西陲〉相贈。在詩中，弘曆除了對鄂爾泰表現出極大的關切之情、囑託其保重身體之外，還將鄂爾泰比作東晉重臣謝安和晚唐重臣裴度，祝

肆

其早日凱旋[33]。

雍正十一年（一七三三），張廷玉奉旨返鄉，為其父張英入祀賢良祠舉辦慶典。弘曆得知之後，也立即賦詩〈送桐城張先生暫假歸里〉相贈。在詩中，弘曆將張廷玉比作朝廷不可須臾離開的重臣，對他表示出極高的推崇之意[34]。

弘曆一生雖然留下詩作無數，卻鮮有能讓人記住的佳作，但他以贈詩來籠絡人心的這種方式，還是非常高明的。雍正八年（一七三〇）九月，雍正患病比較嚴重，因此做了託付後事的準備。他招來軍機大臣張廷玉，將建儲密旨密示於他，囑咐他做好各種準備。雍正十年（一七三二），雍正又將建儲密旨同時密示鄂爾泰和張廷玉，並且告誡他們保守機密，除了他們二人之外，不得再讓第三人知曉。這個緣故，張廷玉和鄂爾泰其實都已經知道弘曆被內定為太子的事實，看到弘曆如此贈詩示好，只能是感激涕零地示以報答之情。

除了向鄂爾泰和張廷玉這樣的軍機大臣主動示好之外，弘曆也非常注意和皇叔允祿、允禮經常保持聯絡，努力增進感情。即便是和自己年紀相仿的皇叔允禧等人，弘曆也表示出足夠的尊重之意。即使是一直為人所看不起的皇宮太監，弘曆也是非常謹慎地相處，從不輕易得罪他們。總之，弘曆一直都能和周圍的人和諧相處，根本杜絕了類似於允礽那樣四面楚歌的局面。

西元一七三五年八月，雍正皇帝在他執政的第十三個年頭去世。在去世的前幾天，雍正尚且在圓明園正常辦公，沒想到病情忽然惡化，而且病情之重和離世之速都令人感到意外。

登極

雍正的死因至今仍是個謎。乾隆在父皇死後，對長期圍繞在雍正身邊的煉丹道士進行了無情驅逐，讓人不能不懷疑雍正之死與他不當服用丹藥有關。也有不少人相信雍正是勞累致死。雍正的勤政，為帝王中罕見。雍正設計並建立軍機處，給自己額外增加了太多的工作量。按照雍正的設計，皇帝閱讀奏摺之後，需由軍機大臣根據皇帝的朱批和面諭擬旨，再經皇帝批准下發。皇帝如果不能及時地將奏摺下發，軍機大臣便不得其聞，所以會立即造成政務處理的梗塞現象。因此，皇帝每天不得不花去大量的時間批閱奏摺。如此說來，這樣做皇帝其實是非常辛苦的[35]。聰明的乾隆不得不對

33 詩分兩首，分別為：其一：清秋霽日照征鞍，上相臨戎劍氣寒。詔旨欽承三殿密，機宜默運寸心殫。馬騰士飽來裘度，風聲鶴唳避謝安。欲別先生何所贈？臨風握手勸加餐。其二：書文一軌泰階平，蠢爾戎夷敢弄兵。天子運籌頻下顧，相臣經略此西征。風帆武帳三台入，日耀軍門萬戟明。佇看對颺歌虎拜，邊烽永熄玉關清。收錄在《樂善堂全集定本》卷二五。

34 全詩為：丹鳳啣書下紫廷，樅陽早已望台星。新恩優渥榮旋里，舊德綿長肅薦馨。北闕絲綸方待掌，東山弦管暫教聽。即看穩步沙堤上，颺拜從容對御屏。收錄在《樂善堂全集定本》卷二七。

此進行一些改進——這在後面還將進一步述及。清代的皇帝基本都很勤政，實則與這種設計也有關係。說雍正是被活活累死，其實多少也與他自己的這個設計有關。

由於雍正生前曾經對繼嗣問題進行過周密布置，所以在他去世之後，政權的過渡進行得非常順利。雍正去世不到一個時辰，在張廷玉的提議之下，大家取出雍正皇帝所遺密旨，並當眾予以宣讀，由此確定弘曆繼承大位。清朝歷史由此進入一個新的時期，乾隆皇帝從此掌握了清政府的核心大權，站在政治舞臺最中央的位置。

乾隆皇帝即位之後，按照父親的生前布置，立刻任命莊親王允祿，果親王允禮，大學士鄂爾泰、張廷玉等人為輔政大臣，由此構成了以弘曆為核心的執政團隊。

在之後的一段時期，幾位輔政大臣都是這個帝國最為忙碌之人。除了治喪之外，他們還需要關心軍政外交，以保持帝國的正常運轉。但是，在他們開展工作僅僅三天之後，鄂爾泰和張廷玉便向乾隆皇帝提出更改「輔政大臣」名稱的建議。他們所提出的理由非常正大光明：所謂輔政，出現在康熙皇帝執政初期，那個時期康熙年幼，輔政理所當然，而今乾隆皇帝已經成年，如果再用「輔政」這個詞，多少顯得對新皇帝有些不敬。基於這個緣故，他們希望能夠沿用當年雍正皇帝居喪期間使用過的名稱：總理事務。當然，他們希望改變名稱還有一個深層原因：輔政大臣很容易讓人聯想起康熙執政初期那個飛揚跋扈的權臣鰲拜，而這顯然對這些輔政大臣非常不利。

乾隆當即同意了鄂爾泰等人的請求，立即將相關機構改稱「總理事務處」，鄂爾泰和張廷玉等人則稱「總理事務王大臣」。與此同時，乾隆也以西北無戰事為由，宣布將軍機處就此撤除，軍機大臣鄂爾泰、張廷玉已經擔任總理事務王大臣，另一資歷稍淺的軍機大臣訥親則在總理處擔任「協辦總理事務」或「差委辦事」。乾隆下令，從今往後，「啟奏一切事件，俱著送總理事務王大臣閱看，再交奏事官員轉奏。」[36]

當然，乾隆所說的「一切」，並不包含密摺在內，他深知密摺對於瞭解政情和控制官員的重要性，因此牢牢把握在手中。關於密摺，乾隆對朝臣提出了一個非常特別的要求：「若有密封陳奏事件，仍令本人自行交奏。」[37]乾隆此舉，既給總理事務王大臣以充分的信任，也對其權力有所限制，對於確保自己的核心政治地位非常重要。

乾隆上臺後的新舉措

乾隆即位之後，在幾位總理事務王大臣的輔佐之下，對雍正皇帝的許多執政理念都進行了全面的反思，對不少政策也進行了大幅度調整。其中很多改變都受到朝野的

35 茅海建曾說，「清代皇帝的工作量也是人間之最」。參見茅海建，《苦命天子——咸豐皇帝奕詝》，三聯書店，二〇〇六年版，頁三七。
36《清高宗實錄》卷一。
37《清高宗實錄》卷一。

熱烈歡迎。

雍正執政十餘年，對政府機構和賦役制度都進行了大刀闊斧的改革，取得了相當不錯的成效，使得國家財政狀況取得明顯好轉，也為乾隆執政打下了良好基礎。雍正設立軍機處，並大力推行密摺制度改革，都有效地加強了皇權，為乾隆時期圍繞軍機處的設計，進一步形成集權統治，既積累了經驗，更奠定了基礎。但是，雍正皇帝各種改革措施也遭到了種種非議和抵制，甚而其本人也深陷各種流言蜚語的中心。但雍正本人則對此不理不睬，對包括親兄弟在內的反對勢力採取了嚴酷打擊，這固然為自己順利推行施政理念創造了條件，但也使得他自此成為眾矢之的，並背上了刻薄寡恩的惡名。

有鑑於此，乾隆對雍正時期一些過於嚴厲的政策措施進行了糾正。清人袁枚曾這樣記載：乾隆元年，每推行一個新措施，下達一個新詔令，全國都會為之歡呼，認為堯舜這樣的賢明君主重新出現了。乾隆首先本著「親親睦族」的理念，將允禩等被圈禁的宗親一一釋放，允禵等皇叔先後被恢復爵位，甚至允礽的兩個兒子都被封爵。除此之外，乾隆還將當年受年羹堯、隆科多牽連的眾多官員予以釋放和平反，部分人員恢復了官職，被關押多年的岳鍾琪也得到重新起用。當然，岳鍾琪重新獲得重用還需要等待很長的時間。

對於當年圍繞岳鍾琪而發生的曾靜、張熙一案，乾隆也重新做出審判。曾靜、張熙因為勸說岳鍾琪謀反，被其設計誘捕。雍正通過他們所提供的線索進一步得知，允禩等人曾製造了大量的宮廷謠言來詆毀自己。這之後，雍正刊刻《大義覺迷錄》廣為散發，極力為自己辯解。但在乾隆看來，父親的這些辯解只會起到適得其反的作用，反倒令人加重對他的懷疑和猜測。所以，乾隆果斷在全國範圍內查禁《大義覺迷錄》，並且將張熙、曾靜二人凌遲處死。

除了這樣的案子之外，對於雍正朝的很多重大要案，乾隆都在維護父親威信的同時，儘量本著寬大為懷的原則重新進行判處。只有允禩和允禟這樣特別敏感案件，乾隆沒敢立即作出翻案，而是一直等到了執政晚年才做出改判處理。本著寬大原則，當初受到嚴厲打擊的皇族成員中，大多獲得釋放，有不少人甚至重新獲得爵位。即位三個月之內，乾隆就先後赦免了六十九名欠帑虧空的官員[38]。一些因誤判為朋黨罪的官員，如總督蔡珽、御史謝濟世等人，也被寬釋。一段時間之內，乾隆通過大幅度撫慰措施，既收買了人心，也大大緩和了朝廷內外高度緊張、高度壓抑的政治環境。

38 戴逸，《乾隆帝及其時代》，中國人民大學出版社，二〇〇八年版，頁九七。

祕密建儲的「後遺症」

從某種程度上來看，乾隆執政之初的這些大肆收買人心之舉，也和他政治地位不是非常堅固有著直接的關係。由於受到祕密建儲的限制，乾隆一直沒有皇太子的名號，也因此無法培植自己的羽翼，更談不上掌握什麼政治權力。包括乾隆繼承大位之後的一段時間之內，他仍然沒有非常充分的人事任免權，對於政權和軍權都缺少足夠的掌控力。自康熙、雍正以來一直處於上升勢頭的皇權，此刻已然處於最低谷。也正是這個原因，他必須對來自各方的政治勢力採取避讓和妥協的策略。對於幾位總理事務王大臣，與其說是信賴，不如說是依賴。

乾隆曾經對幾位總理事務王大臣說：「政事有失，即為規諫，思慮未周，代為籌劃。」[39]一個「即」字，和一個「代」字，都生動地說明了新皇帝對於王大臣的這種依存關係。「即」的意思是不留情面而又迅速，「代」字的意思是「代理」，充分說明了王大臣此時至高無上的權力和地位。乾隆對於手下大臣使用這種語言，固然可以體現自己開明的政治思想，但其中所透露的也是執政之初無所依靠的窘迫局面。

乾隆和幾位王大臣之間，尤其是和以允祿為代表的宗室之間的不愉快，漸漸顯現。其中最明顯的事情就是，莊親王允祿所分管的宗人府事務，作為皇帝的乾隆竟然無從插手，無權干涉[40]。乾隆元年（一七三六）十月，雍正皇帝的梓宮被送往易州泰陵安葬，治喪之事告一段落，乾隆需要開始挑起處理國家大事的重任。在這個過程中，乾隆總能不時感受到總理事務王大臣的牽制，內心多少也會感到不快。但他不能立即發作，只得暫時隱忍。此時此刻，乾隆想必已經越來越清楚地感受到政壇的複雜性：那些始終圍繞自己的歡呼聲背後，其實是盤根錯節的各種政治勢力在纏鬥。這時，他開始越來越後悔當初撤除軍機處的莽撞之舉。可以說，在執政不長的一段時間之後，他就深切感受到多方的牽制，漸漸地懂得了父親當初巧妙設置軍機處的深遠用心，同時也迫切希望迅速建立一個能夠完全順從己意的政權機構，培植自己的心腹大臣。

軍機再現

在經過一段時間比較之後，他發現總理事務王大臣之中，皇叔們雖說是宗親，卻遠不如非宗室的張廷玉等人忠心，甚至總是想著在利益面前分一杯羹。相比之下，鄂爾泰和張廷玉反倒是可以委以更多信任之人。殘酷的現實令乾隆對有關政權機構設置

39《清高宗實錄》卷二九。
40《清高宗實錄》卷一〇一。

肆

和人員遴選的想法，慢慢地變得清晰起來。

乾隆二年（一七三七）十一月，乾隆藉口三年服喪期將滿，果斷宣布撤銷總理事務處，同時恢復軍機處，並且在編制規模和人員設置上都較雍正朝有了較大突破。幾位王大臣中，允祿和允禮兩位皇叔並沒有被列為軍機大臣，作為宗室遠支的福彭，也被排除在外，鄂爾泰和張廷玉二人重新得到任用，入值軍機處。訥親也重新成為軍機大臣，此外還增加了海望、納延泰、班第三人，使得軍機大臣的數量達到六人，與雍正朝相比，增加了一倍。雍正年間擔任軍機章京的官員也全部恢復入值，人員數量上也有大幅度的擴充。

允祿和允禮此前擔任總理事務王大臣，代表的是宗室力量，但正是這些宗室人員在被提升或恢復爵位之後，一直不能滿足現狀，給乾隆初期執政造成很大的牽制。有鑑於此，乾隆正好借助於軍機處的恢復，對以允祿為代表的宗室勢力進行打壓。

當然，重權在握的兩位皇叔，情況也有很大不同。允禮長期患病，對於職權沒有表現出貪欲。軍機處成立前後，又恰好染上足疾，行走不便，所以他的心思全在自己的身體上，王大臣一職被削奪，正好是一種解脫，可以安心回家養病。乾隆三年（一七三八）二月，允禮沒有抵擋住病魔的侵襲，離開了人世，恰好也算躲過了乾隆打擊宗室的一波風浪。

允祿則不然。允祿自康熙朝就一直受寵，雍正朝繼續得到恩遇，到了乾隆朝則更是位高權重。此外，乾隆和這位皇叔之間還有一層非常特殊的關係。康熙晚年，出於對乾隆的喜愛，將其帶入宮中撫養，生活上就是一直由允祿的母親密妃照顧。因此，乾隆和這個皇叔之間的感情非同一般。

然而，正是這種特別的關係，讓允祿有點忘乎所以。在這之後，允祿對於宗室事務的過多干涉，越來越引起乾隆的不快。而這種不快終於可以借助於軍機處的成立得到徹底排遣，允祿就此被排除在政治權力的核心之外。

允祿明白自己已經失去皇帝的信任，不由得立刻想起雍正當年大肆清洗宗室、殘酷打擊異己的情景。由此開始，他漸漸變得瞻前顧後，唯唯諾諾，生怕惹出什麼事端，招來什麼禍患。沒想到的是，允祿這種畏罪情緒和避禍心態竟然成了日後受到懲罰的罪證。不久之後，乾隆指責允祿只知專心取悅於人，遇事不肯承擔責任，不知為國分憂。

乾隆給允祿列出的另一項罪名是營私結黨，私下與弘晳、弘昇等宗室成員密切交往。很顯然，相比較第一條罪狀，這一條罪狀才是允祿獲罪的根本。與父親雍正相比，乾隆在處理和宗室的矛盾方面，態度相對溫和許多。然而，宗室貴胄對於乾隆的示好之舉並不十分滿意，對於允祿受到打壓也很多抱怨。一段時間之內，尤其是允禮去世之後，允祿就是宗室勢力的代表人物。宗室貴胄認為，允祿至少擁有擁戴和輔佐之力，打壓允祿顯然有失公平。這之後，他們大多疏離皇帝而更多地向允祿靠近，莊親王府成為弘晳等人聚集之地。

宗室內的風波

乾隆即位之後，對於宗室有了很大遷就和照顧，但他沒有想到的是，宗室勢力就此抬頭，而且漸漸顯示出難以控制的跡象。恰在這個時候，圍繞允祿而發生了這些互相攀援行為，不能不引起乾隆的高度警惕。在經過一段時間調查之後，乾隆甚至發現，得到自己寬大處理的弘晳居然順著杆子往上爬，有了窺伺皇位的野心。因為他經常會悄悄地請來巫師算命打卦，借助占卜詢問諸如「皇帝還能活多久」、「自己能否升遷」之類的問題。

弘晳從小就知道父親允礽是皇太子，作為允礽的嫡子、康熙的嫡孫，他不可避免地早早地做上了皇帝夢。然而，這一夢想隨著父親允礽的被廢黜終於宣告破滅。雍正即位之後，封弘晳為親王，此外還授予他不少特權。但弘晳對於這些優待並不甘心。他在內心深處仍然認為，大清帝國就應該由康熙傳至允礽，再接著傳給他。既然本該屬於自己的嗣統被別人奪取，他便只能對雍正維持表面上的尊敬。當他受到乾隆的禮遇之時，也覺得乾隆是因為欠了他一個皇位才對自己這麼客氣，因而越發有了做皇帝的夢想。既然夢想著重新奪回屬於他的皇位，他就不能不小心尋找周圍可以結援的勢力，當他注意到允祿的力量漸漸強大，就不能不趕緊攀附。

乾隆在摸清楚這些情況之後，很快對他們做出嚴厲的懲處：允祿被罰俸五年，弘皙則被永久圈禁[41]。

這件事情給剛剛即位的乾隆提出了一個嚴重的警告：宗室之中總會有人質疑他的嗣統，而且也隨時會有人試圖取而代之。經過這次教訓，乾隆對於組建執政團隊漸漸有了一個明確的理念：迴避宗親。此故，他選擇軍機大臣也相應地確立了一個非常重要的原則：迴避宗親。不管是可信的還是不可信的，都要完全迴避。而且，這個原則漸漸形成了定制，在此後乾、嘉、道各朝凡一百多年，都一直延續此例，宗室成員鮮有能進入軍機處者[42]。乾隆對於宗室的態度，簡單概括就是：可以給予足夠優厚的待遇，可以給予足夠規格的禮遇，但絕不可以染指最高權力。

福彭的沉浮

乾隆早期的親信之中，福彭就因為是宗室成員，故而被刻意冷淡，從雍正朝的軍

41《清高宗實錄》卷五九。

42 嘉慶年間，曾有成親王永瑆入值軍機處，但僅僅十個月後，便因不合祖制而終止。這種局面直至咸豐年間恭親王奕訢的長期入值軍機處才得到改變。

機大臣最終淪為普通官吏。

福彭是努爾哈赤的八世孫，屬於代善、岳托支裔。早年岳托曾因功被封可以世襲的鐵帽子王，到了乾隆朝，福彭雖是遠支宗室，仍然可以繼續封平郡王。康熙的子孫很多，但能夠被領到宮中撫養的只有弘曆（乾隆）、弘晝等數人。福彭年幼時也享受過這一待遇，和弘曆、弘晝可算作是同窗，這至少說明幼年的福彭很受康熙重視。

雍正即位之後，對於這位遠支宗室出來的福彭也非常重視。雍正八年，福彭奉詔代皇帝前往盛京修理祖陵水道，不久之後，被委派管理旗務，提拔為宗人府宗正。雍正十一年（一七三三），福彭更是一躍成為軍機處最年輕的軍機大臣。在雍正朝，福彭表現出很強的政治軍事才幹，備受矚目。雍正有感於西北之戰的艱難，下決心整肅軍紀。當時只有二十五歲的福彭就此被雍正任命為定遠大將軍，趕往邊疆，擔負起戍邊的重任。

福彭治邊，勞而多功。雖說是遠離京城，但他的這番辛苦和政績，乾隆一直洞察於心。乾隆和這個年長自己三歲的宗室同窗，一直非常友善。當福彭離京執行公務之時，乾隆經常會賦詩相贈，而且這樣的詩作數量很多[43]，體現出二人之間深厚的同窗之誼。在寒冷的冬夜，乾隆雖然身處溫暖的書房，仍然會記掛著千里之外的福彭，特地寫下詩歌相贈。當了皇帝之後，乾隆一度也非常重視福彭，並且將福彭視為可以倚重的力量。雍正去世時，福彭尚在塞外守邊，被乾隆急命召回，協辦總理事務處。這個臨時機構在當時屬於最高級別權力機關，福彭在其中排名僅次於允祿和允禮，而在另外幾位軍機大臣之上。由此可見，福彭至少在乾隆即位之初尚且很受皇帝的器重。

沒想到的是，就在總理事務王大臣輔政期間，乾隆的施政理念和有關政權的構想，都發生了很大的改變。對於宗室，即便是福彭這樣的遠支宗室，都在態度上發生了很大的改變。所以，福彭和允祿、允禮一樣，都沒有被列入軍機大臣，自此遠離政治權力的核心。

不可觸碰的威嚴

雍正雖說一直希望成立一個避開宗室和內閣牽制的政權機構，但他必須要一直等到西北用兵才得到機會。乾隆恢復軍機處卻不用等這麼久，三年服喪期滿就匆匆解散總理事務處，主要是因為他真切地感受到了允祿的威脅。雍正設立軍機處，用意在軍事，但矛頭也是針對宗室，或者說是為了避開宗室的牽制，真正的奪權是隨著軍機處的發展慢慢展開。而乾隆恢復軍機處則是他掌握絕對皇權的一個重要步驟，目標顯得非常赤裸裸，實施過程則非常乾淨俐落。

43 均見《樂善堂全集定本》。

和雍正一樣，軍機處必須挑選最為親信之人。這個緣故，軍機處雖說沒有正式編制，但個個都是得罪不起的朝廷大員。毫不誇張地說，甚至連皇室宗親，都得罪不起這些軍機大臣。有誰膽敢挑戰軍機大臣，那就等於是挑戰皇帝的威嚴，就會受到嚴厲的懲處。而乾隆在對軍機處完成了更為精細的設計之後，他就可以運用軍機處來打擊宗室中的異見分子，消滅窺伺皇位的不法分子。即便是自己的親弟弟，也不能例外。

乾隆在諸皇子中排行第四，大阿哥和二阿哥都早亡，三阿哥由於受到雍正懲處，也過早身死。這個緣故，乾隆即位之時只剩下兩個弟弟：一個是五弟，名叫弘晝；一個是幼弟，名叫弘瞻。應該說，這兩個弟弟和乾隆關係都非常密切。說弘晝關係密切，是因為他只比乾隆小三個月，兩人一起長大，從小時候開始就是同吃同住同玩的一對夥伴。至於弘瞻，則是因為和乾隆年歲相差懸殊而受到乾隆的寵愛。遺憾的是，又是皇權，讓親兄弟的關係完全變味。兩個親弟弟，都因為得罪了哥哥而遭到懲處，先後都在非常變態的壓抑之中，早早地離開了人世。

由於弘晝自小和弘曆結伴長大，身分地位也一直相差無幾，眼看哥哥成為皇帝，性格一貫孤傲的他多少有一點不服氣隱藏在心底，並且遲早會找一個管道發洩出來。或者說，在經過很長一段時間之後，他仍然沒有把哥哥當成皇帝看待，至少是沒有拿出應有的尊重。弘晝對於哥哥的這種抵觸情緒，雖說也曾有意積壓心裡，但還是會在不經意之間爆發。但是，他幾次爆發的場合和對象，顯然都選擇錯了。

起先弘晝尚且不敢直接向乾隆發起挑戰，於是乾隆的親信——軍機大臣訥親便成了他撒氣的對象。在一次議政時，弘晝居然和軍機大臣訥親發生爭執。更為離譜的是，在爭執過程中，弘晝居然向著這位軍機大臣重拳相向，令場面一度顯得非常尷尬。一個是自己的親弟弟，一個是自己的親信大臣，而且是當著眾多重臣，乾隆當然不便立刻發作。俗話說，打狗還要看主人。乾隆看著怒氣沖沖的弟弟，彷彿忽然之間體會到弟弟失態的真正原因，不由得不在悲哀的同時，也提起了一分警惕。

接下來的一次，弘晝的情緒爆發得更不是時機，因為他把矛頭直接指向了乾隆。有一次，弘晝奉命主持八旗科目考試。由於時值中午，弘晝想請當皇帝的哥哥先去用膳休息，但乾隆和父親雍正一樣，也是個事必躬親的皇帝，尤其害怕旗人子弟考場作弊，所以遲遲未動。不曾想，弘晝忽然之間就爆發了情緒。只見他極為不快地對乾隆說：「難道你連我也不信任？擔心我被別人買通了？」面對弘晝突然之間的爆發，乾隆也愣住了，但他還是二話沒說，轉身離開。第二天，回過神的弘晝向乾隆請罪，乾隆毫不客氣地說道：「我是不想和你頂撞起來，那樣的話，你就只能是死罪。」

此後，弘晝大概是終於意識到曾經那個親密無間的哥哥如今已是君臨天下的帝王了，他的威嚴是不可觸碰的，這時弘晝桀驁不馴的性格總算是有了一些收斂。沒想到的是，不久之後，他還是再一次得罪了乾隆。在一次給皇太后請安的過程中，多少顯得有些漫不經心的弘晝把跪拜的位置搞錯了，居然搶占了皇帝的位置……不管是有意無意，弘晝已經鑄成犯上大錯。乾隆除了當場予以嚴厲斥責之外，還對弘晝作了罰俸三年的處罰。

乾隆對於弘晝的忍耐，大概在此時已經達到極限。從當初議政時公然朝自己的親信——軍機大臣訥親揮拳相向，到各種場合有意無意對自己皇權的藐視，乾隆當然會覺得弟弟的反常舉動都是故意找碴，不能再坐視不管了。弘晝得罪做皇帝的哥哥，並不是偶然現象。從這個角度來看，弘晝受到懲罰，多少也有點咎由自取。

此後，弘晝還是因為漫不經心而受到乾隆的懲處。有一次，他奉命和允祿等一起清點倉儲，卻只想敷衍了事，馬虎處置完事。這再次惹惱了乾隆。乾隆當即命令宗人府對其議罪。宗人府哪裡敢得罪這些王爺，只想從輕處置，結果令乾隆非常不滿，除了對宗人府宗正進行處罰之外，還將此案移交都察院查辦。都察院以為皇帝的意思是要嚴辦，於是宣布將這位王爺革去爵位，沒想到這仍然得罪了皇帝。乾隆當即宣布將都察院主要官員革職，只對弘晝作出罰俸一年的處分。

在整個案件審查過程中，無論是宗人府，還是都察院，都很難揣摩出皇帝的心思，以至於都先後因為處理不當而遭到乾隆的處罰。其實，不光是辦案人員，就連乾隆本人在處置弘晝時也是懷著非常矛盾的心理：太重的處罰會讓人覺得不近人情，太輕的處分會起不到對弘晝等人的警告作用。正是這個原因，乾隆才會表現出極度的猶豫，最終遷怒於人。

而弘晝總算領教了皇帝的威嚴，不得不向做皇帝的哥哥低下他那高貴的頭顱。從此以後，弘晝經常會以一種近乎變態的方式來折磨自己，以此來發洩心中的憤懣和不滿。事實上，他可能也是經過了漫長的思考，才最終決定以一種非常殘酷的方式來避禍。弘晝經常把自己的房間打扮成陰森恐怖的靈堂，命令家丁把飯菜都當成祭品來做，更有甚者，他經常命令左右隨從在他吃飯期間一直高奏哀樂，以此營造氣氛。很顯然，在常人眼中，弘晝完全就是一個精神病人，所作所為都令人匪夷所思。乾隆三十五年（一七七〇），弘晝終於去世，結束了他這種痛苦而又漫長的非凡表演。

與弘晝的胸懷萬丈抱負不同，乾隆另外一個弟弟弘瞻更像是一個標準的紈褲子弟，除了會寫幾句歪詩之外，幾乎一無是處。弘瞻比乾隆小二十三歲。這種巨大的年歲差，讓弘瞻感覺自己的一切都是被哥哥安排的。事實也的確如此：乾隆幾乎安排了弘瞻的一切。

乾隆對於這個乖戾的弟弟，有時候也只能是睜一隻眼閉一隻眼，但弘瞻則肆意揮霍這種寬容，繼續肆意妄為，並且貪得無厭地私自斂財。

終於，乾隆二十八年（一七六三），弘瞻夥同別人販賣人參牟取暴利一事遭到告發。這令乾隆感到顏面盡失，立刻將弘瞻交軍機大臣審訊。審訊結果，乾隆得知弘瞻長期罔顧王法，牟取私利，甚至企圖和軍機大臣阿里袞達成幕後交易，委託其安插自己的親信進入官府。

乾隆得知這一結果後，完全震怒了。一直以來，他認為弘瞻只是貪玩暴戾，不諳世事，沒想到他居然也悄悄幹起結黨營私之舉，甚至將手伸進自己的核心機構——軍機處。讓他略感寬心的是，軍機大臣阿里衮當時果斷拒絕了弘瞻的請求，讓弘瞻的不法企圖落了個空。但即便如此，弘瞻的罪行也是不能饒恕的。新帳老帳一起算，乾隆下令將弘瞻革去親王爵位，並永遠停俸。

弘瞻長這麼大以來第一次看到哥哥生這麼大氣，發這麼大火，驚嚇之餘，竟然一病不起。乾隆得知弟弟病危，趕緊前往探視。而弘瞻自知罪責難逃，強拖病體向哥哥叩安。乾隆看到虛弱不堪的弘瞻，不禁心軟，除了下令御醫全力救治之外，還恢復了弘瞻的爵位。但沒想到的是，弘瞻還是在兩年之後離開了人世。

弘瞻的辭世，令乾隆悲傷不已。他完全沒有料到一向乖戾的弟弟竟然如此不堪一擊，被自己的懲罰和威嚴完全擊倒，就此撒手人寰。在此之前，另外一個弟弟弘晝已經成為精神病人，而且永遠無法和自己達成和解。可以說，兩個弟弟先後都以非常極端、非常殘酷的方式離他而去，乾隆不能不感到一種莫名的痛苦和孤獨。而這種痛苦，總算可以在失去幼弟之時徹底地爆發。

乾隆不同於父親雍正的生性多疑。對於宗室，乾隆也一度採取完全寬容之態，扶持遠遠多過打壓。只有當他意識到宗室不可倚仗，甚而會成為牽絆之時，才選擇親信之臣組建軍機處，從而避開宗室的干擾。在即位之初，他曾極力試圖緩和宗室之間的關係，至少是要對其父過於嚴酷的打壓進行一些彌補。當初遭到其父嚴厲打擊和嚴酷處罰的宗親，有很多都被乾隆予以寬釋，甚至是完全恢復爵位。他是多麼想避免父皇那種四面楚歌境地的出現，但他還是失敗了。至少在兩個弟弟面前，他永遠是一個暴君的形象，而不再是可以親近的哥哥。

俗話說，打虎親兄弟，乾隆這個時候已經沒有親兄弟可用，那麼他如何治理江山，有效掌控帝國呢？對了，就是軍機處。由此開始，他不能不對軍機處投入百倍精力精心設計。

伍

逐步走向權力的中心

改變權力天平的砝碼

相比雍正朝，軍機處的職權在乾隆朝得到更大的擴張。在乾隆的精心設計之下，軍機處逐漸成為朝廷政治決策中不可或缺的重要一環，真正成為皇帝最為貼心的祕書。下面我們不妨看看軍機處在乾隆手中到底發生了哪些變化，也看看清朝的政治決策中樞發生了哪些變化。

乾隆首先是對密摺制度進行了改進。在軍機處恢復之前，乾隆就對密摺的重要性有著充分的認識。剛剛即位之時，乾隆曾將一般日常事務交由總理事務王大臣處理，但他仍牢牢抓住密摺的處理權，不容任何人插手。乾隆即位之初，曾對總理事務處極為信任，命令在京部院衙門和八旗官員啟奏一切事件，都可以送總理事務王大臣閱看，再交奏事處官員辦理，只要求密封陳奏事件必須由他本人閱處。但是，僅僅過了四天之後，他便藉口由於從前一直在宮中讀書，對外面的事情瞭解太少，所以收回前面的命令，改而要求各部官員遇到任何情況都必須「俱著照前摺奏」[44]。

在雍正朝，軍機處之所以能從一個臨時設立的機構發展成為可與內閣抗衡的中樞

44《清高宗實錄》卷一。

決策機構，其中一個最為重要的原因就是，皇帝有意賦予軍機處呈奏密摺，甚至是輔助處理密摺的權力。乾隆執政初期，一度題本與奏摺並重，但隨著時間的推移，題本逐漸被取消，奏摺的地位越來越高。

題本與奏本是清朝前期兩種最主要的上行公文，原則上公事用題本用印，私事用奏本不用印，簡稱「公題私奏」。當然，實際操作過程中，何謂公事，何謂私事，很多時候難以分清。所以實際使用過程中，二者非常容易混淆。這個時候，奏摺使用範圍日漸擴大，內容涵蓋公、私兩個方面，所以對奏本產生很大的衝擊。在這種情況下，為了精簡公文，進一步提高辦事效率，乾隆終於在十三年（一七三五）十一月廢止奏本。

乾隆非常清楚密摺對於瞭解政情和控制朝臣的重要性，所以一直牢牢把握在手中。此後，由於軍機處得到恢復，密摺使用範圍也得到擴大，乾隆又必須有一個專門機構來協助自己處理數量龐大的奏摺，軍機處便順理成章地成為這樣的機構。乾隆又圍繞密摺進行了大幅度改革，使得密摺制度不斷得到完善和發展。在乾隆朝，軍機處的職權得到進一步擴張，與乾隆改進密摺制度有很大關係。軍機大臣正是在通過輔助皇帝處理密摺的過程中，攫取內閣的職權，進而成為中樞決策機構和最為重要的輔政機構。

乾隆對密摺制度的改革

乾隆首先是擴大了具摺官員的範圍。從康熙到雍正，擁有具摺權的官員不斷增加，但總體規模只是在一千餘人。乾隆繼位之後，明顯擴大了具摺官員的範圍。乾隆規定：「於大臣九卿科道外，並准部屬參領及翰林等俱得奏摺言事，以收明目達聰之效。」[45]此後，具有具摺權力的官員不斷增多：乾隆三十六年（一七七一）二月，三品官城守尉被特准可以具摺言事；到了乾隆三十九年（一七七四）十二月，各省鹽政、關差也可以具摺奏事；到了乾隆四十一年（一七七六）六月，乾隆下令道員中有「委署兩司者」，也可以具摺奏事；乾隆五十二年（一七八七）六月，乾隆規定各省總兵遇有緊要事件也可以具摺呈報。從這些情況不難看出，在乾隆朝，擁有具摺權力的官員數量仍然逐步呈上升趨勢。乾隆還會一直根據實際情況，對具摺許可權進行適當調整，以便及時掌握各地政情和軍情，更好地實現對臣民的掌控。

與此同時，乾隆朝具摺的內容也不斷得到增加。在雍正朝，起初只有軍機要務可以具摺，但很快就可以通過密摺來匯報官員履職情況，乃至漸漸擴大到雨雪災害等內

45《清高宗實錄》卷九二。

容。乾隆即位之後，除規定上述內容繼續為具摺內容外，還不斷地增加了新內容，各地人口情況、糧食產量、案犯處置情況等，都必須如實密報。

具摺內容和具摺人員的不斷擴大，固是乾隆需要迫切瞭解政情的需要，也是乾隆掌控臣民的需要。密摺和軍機處一起，在清廷中樞決策體系中擔負起更為重要的角色。

隨著具摺人員的不斷增加，呈報朝廷的奏摺自然也會越來越多，乾隆依靠一己之力處理起來不免會非常吃力。為了保證最重要的政情能夠準確迅速地傳遞到中央，乾隆又制訂了「化繁為簡」的方案。乾隆規定，特別緊要機密的奏摺必須專摺具奏，而且要在最短時間之內報知皇帝，但那些陳奏各地例行事務的奏摺，則可以適當集中匯奏，比如在年底或年初集中統一進行處理。到了乾隆四十四年（一七七九）正月，乾隆覺得年底匯奏之摺還是過多，遂命軍機大臣于敏中對各省匯奏事件經過詳細閱覽之後，將款項相仿者歸併一摺。出現這種情況，與乾隆逐漸衰老、精力不濟有著直接關係——他已經很難再像以前那樣事必躬親了。但授權軍機大臣之後，軍機處的權力和地位很自然地由此得到進一步提升。

乾隆更加衰老之後，這種年底將同類性質奏摺合併匯奏的方法也漸漸被取消，例行之事漸漸從奏摺中被剔除，只有機要之事才可使用奏摺。當地方官吏覺得有例行之事匯報，可以先機詢問軍機處，由軍機大臣判定是否具摺陳奏。這項措施的施行，彷佛是終點又回到起點，回到了康熙、雍正年間，回到了乾隆執政初年，奏摺仍然回歸到比較特殊、比較緊急和機要之事，有效地避免了奏摺淪為一般公文，同時也保證了密摺所奏之事可以得到優先和快速的處理。

奏摺的格式，乾隆也進行了進一步的規範和統一。包括奏摺的書寫和包裝在內，密摺的樣式上有了明確的細化規定。為防止奏摺在遞送過程中出現磨損和洩密情況，乾隆規定，緊要奏摺必須使用報匣，一般奏摺也必須在夾板之外用紙封固。與雍正朝相比，乾隆增加了報匣的使用範圍，但相關管理也更加嚴格。

所謂報匣，也稱摺匣，本用來確保密摺內容不被洩露而設。如果獲得准許向皇帝報告事務，就會擁有數目不等的報匣。報匣製作非常考究，並且配有銅鎖，只有皇帝和具摺人才能打開。這種設置起於雍正朝，但沒有得到普及。到了乾隆朝，擁有報匣的官員越來越多。但在後期，對於報匣的管理也逐步趨於嚴格。乾隆四十二年（一七七二），各省督撫有一些被賞給報匣，但在離任之時需要向軍機處上繳。郝碩在擔任山東巡撫時曾受到封賞報匣，當他調任江西巡撫後，報匣被收回，只得奏請重新賞給報匣。

千萬不能小看這個報匣，更不要把它當成一個普通的盒子。由於產生在特定的歷史條件之下，這個報匣就是權力和地位的象徵，也是和皇帝關係密切的證物。誰擁有了報匣，就意味著他可以和皇帝直接對話。

在雍正朝，報匣使用範圍尚且很小，尤其顯得重要。乾隆施政過程之中，逐漸意識到各地督撫其實都很重要，於是規定各省督撫都有賞給報匣的資格，而且遇有升遷調任，原來所賞報匣可以帶往新任備用。

對於密摺的書寫，乾隆也做出了更為嚴格的規定。為方便其閱讀，乾隆帝要求書寫奏摺必須字跡清晰、字體整飭、大小適中，同時嚴禁粗劣字跡、丟字漏字現象出現。如有違反，就會受到處分。對於奏摺的書寫格式，乾隆也有嚴格的統一規定。乾隆曾傳諭各省督撫，凡奏摺文辭，必須都「空一格繕寫，以清眉目」[46]。各地官員在具摺之時，落款和稱謂曾有不同，有稱臣者，也有稱奴才者。針對這種情況，乾隆也特別下令進行整齊劃一，他嚴命各地督撫在公務摺內一律只能稱「臣」[47]。

一切為了保密

此外，乾隆進一步加強了密摺的保密管理。奏摺的最大特點就是保密性強，這也是它區別於題本的一個重要特點。陳情言事，他人無從知曉，使得奏摺獨具優勢，也由此而越來越受到重視。雍正朝圍繞奏摺有著很嚴格的保密規定。在乾隆朝，相關奏摺的保密制度更趨於嚴格。除了前朝舊規之外，乾隆還採取了一些新舉措。

乾隆規定，滿族官員書寫奏摺一律使用滿文，禁止使用漢文書寫。和雍正一樣，乾隆也強調具摺官員在書寫密摺之時，不得與任何人商議，即便是自己的上司，也不得知曉密摺的內容，如果有誰膽敢違反，將會視情節輕重，受到不同的懲罰。至於皇帝的朱批，更是「不許輕洩一字」，否則就會遭到更為嚴厲的懲罰。

對於軍機處，乾隆也加強了管理，更加強調了保密要求。乾隆說：「軍機處係機要重地，凡事俱應慎密，不容宣洩。」[48]除了選拔人員有著苛刻要求之外，乾隆也進行了制度上的改進措施。比如說，對於重要奏摺，乾隆也做了嚴密的防範措施，防止奏摺內容在錄副過程中由軍機處人員洩露出去。為了做好保密，乾隆除了專門委派御史對軍機處入值情況進行稽查之外，還特地讓不識字的幼童擔任軍機處聽差。這些幼童大多十五歲以下，有了基本的傳遞文件能力，卻因為不識字而對公文內容無從瞭解。此外，乾隆也對那些想方設法從軍機處套取情報的各地督撫嚴加處理，不許任何人對軍機處的情況有所窺探。

為了防止密摺在傳遞過程中發生洩密，乾隆擴大了報匣的使用範圍，對於密摺也按照機密程度分等級傳遞。尋常事務可以交由具摺人差遣家人、兵丁傳遞，機要事務和緊急事務則必須使用驛站投遞。為防止機要密摺和普通奏摺因混淆而發生洩密事

46《清高宗實錄》卷一〇八九。

47 清代對於自稱「奴才」有著規定，一般人做不成「奴才」，甚至漢族大臣都沒有資格自稱「奴才」，只有滿族大臣才能向皇帝自稱「奴才」。參陳垣，《釋奴才》，《陳垣史學論著選》，上海人民出版社，一九八一年版。

48《樞垣記略》卷一。

故，乾隆對於使用驛站投遞奏摺有非常苛刻的規定，對那些濫用驛站投遞的官員也進行相應的處罰，嚴令禁止具摺人將普通事務的奏摺擅交驛站投遞。

為了防止密摺在馬上飛遞過程中出現差失，乾隆還出臺規定，驛站傳遞報匣，不得只用一人。乾隆指出：「軍機要務，非尋常事件可比，若只用一人，或偶爾墜馬，或偶遇疾病，必至貽誤。」[49]所以，在這之後，對於遞送報匣密件就有了更為嚴格的規定，而馬上飛遞則必須有兩人或三人同時執行。

通過一系列制度建設，密摺在乾隆時期不僅使用範圍日益擴大，在政務處理過程中的作用也越來越重要。正是由於奏摺的地位越來越高，到了乾隆十三年（一七四八），奏本終於被廢止。奏摺成為除了題本之外最為重要的上行文書。按照清廷決策體制設計，奏摺朱批尚且不是正式決策，正式的最高的決策還需要通過題本上報實現，但在實際操作過程中，由於奏摺已經事先到達皇帝御前，皇帝對於相關事件已經有了明確處理意見，那麼題本只是一種程序而已。從這個角度來看，奏摺的作用實際更加重要，而且遠在題本之上。

簡單來說，按照乾隆的設計，奏摺經過皇帝朱批發往軍機處時，也會面諭軍機大臣擬旨，這之後再由軍機處轉交內閣，再由內閣召集相關部門抄錄辦理。相關部門用題本奏報處理意見其實只能按照皇帝諭旨辦理，而且還需要經過軍機處奏報乾隆皇帝。如果部議結果與軍機處面奉諭旨有不同之時，那麼軍機處還是會將乾隆帝諭旨隨同題本同時進呈御前。在這個時候就可以看出，事件該如何處理，所謂部議已經失去意義，題本也只是在走程序。軍機處也就此而成為決策中樞中的重要一環，其地位和作用實際上已經超越了內閣。

乾隆加強公文制度和密摺制度的改革，只是他重建軍機處的一個方面。與之相比，乾隆花了更大力氣推動中樞決策機構的變革。當初作為臨時輔政機構的軍機處，在經過一番制度化和規範化建設後，逐漸成為決策中樞的重要一環，議政王大臣會議在乾隆朝逐漸變得名存實亡，內閣也是漸漸形同虛設。

對軍機大臣的有效管理

乾隆首先是對軍機處的規模進行調整，軍機大臣和軍機章京在人數上有了很大擴充。雍正朝，軍機大臣人數基本限定在三人，但在乾隆朝，入值軍機處者已經多至六到七人。當然，人數上的擴充，並不表示軍機大臣的任用標準有任何的降低。恰恰相反，乾隆對軍機大臣的選用原則有著非常明確而嚴格的規定。

第一，軍機處繼續保持非正式、不列編、無衙署的特點。也就是說，軍機大臣和

49《清高宗實錄》卷三二九。

軍機章京都是兼職。這從表面上看，是對雍正朝的繼承，但其中也體現出乾隆關於機構設置的思想。總體上看，乾隆對雍正的做法既有繼承，也有改變。繼續保持軍機處非正式，尤其可以看出乾隆的用心。簡單說來，此舉可以有效控制軍機大臣的權力，可以順帶降低和打壓軍機處的地位。軍機大臣如果膽敢有異心，也便於隨時進行撤換。軍機大臣永遠只能充當高級祕書的角色，並不能興風作浪。

第二，宗室成員一定不能入值軍機處，謹防宗室勢力抱團結黨，從而對皇權構成威脅。雍正朝，允祥作為皇室成員，曾經入值軍機處。由於允祥對於雍正格外忠誠，而且早早去世，所以並沒有對雍正構成任何威脅。但乾隆即位之後，從允祿等人的干政行為中吸取了深刻教訓，就此態度鮮明地確立了「排斥宗親」的這條原則，這對保證皇權是非常有利的。這一條原則此後幾乎成為定制，得到嘉慶以後各朝的遵守，鮮有打破者。

第三，挑選軍機大臣，只需看是否皇帝親信和是否能幹，至於資歷深淺，則屬其次。雍正朝，軍機大臣多為正一品和從一品官員，但在乾隆朝，入值軍機處官員只需是從二品以上官員，這樣便大大增加了皇帝挑選軍機大臣的餘地。比如妻舅傅恒，就是因為得到了乾隆的賞識，從政壇一躍而起。乾隆也因此將軍機處完全置於自己的掌控之下。

第四，軍機大臣可以滿漢官員共同擔任，以收互相牽制之效，但首席軍機大臣必須由滿人擔任，以此保證滿人對於軍機大臣的控制之力。其實雍正朝就已經有了這種做法，張廷玉再能幹，只能位列鄂爾泰之後。乾隆更是堅持滿人優先的原則，所以繼續堅持這種做法，而且這一規定在此後也形成定制，為嘉慶、道光各朝所墨守。

乾隆也對軍機處職守和工作日程繼續進行規範，軍機處的基本職責也在乾隆朝得以逐步定型。

就軍機大臣而言，其主要職責就是協助皇帝處理政務，當得到皇帝允許之時，可以部分參與議政。在任何情況下，軍機大臣都需要謹守自己的職責，不得有絲毫逾越。在軍機大臣的日常事務中，最為重要事務就是協助皇帝處理奏摺並撰擬上諭。當皇帝閱過奏摺之後，會根據需要完成朱批並發往軍機處。遇有朱批，軍機大臣首先需要根據朱批來進行辦理，如果沒有朱批的，則需要候旨辦理。等得到皇帝旨意並撰擬上諭之後，軍機大臣根據需要採取明發或廷寄。明發上諭需要軍機處述旨後下發內閣。廷寄則需由軍機大臣密封發出，交兵部捷報處完成遞送任務。

當然，皇帝終究需要就一些政務與軍機大臣商議。這就要求軍機大臣熟悉各方情況，甚至提前做好各種準備。張廷玉之所以每天都需要早朝，就是需要預留時間設想皇帝會有什麼事情詢問，預先做好各種準備和預案，為皇帝準備好各種參考資料，以資決策之需。在皇帝處理政務期間，軍機大臣不離左右。甚至皇帝外出巡視，軍機處也隨行跟進，這其實已經在陪同出遊之餘，也負責跟蹤保障，做皇帝的隨身祕書。軍機大臣必須要熟悉和瞭解地方各級文武官員的大致情況，以便為皇帝任免使用提供參考。這種情況下，軍機大臣漸漸也有一些人事任免的建議權。總之，軍機處就是因為太靠近皇帝，使得其地位慢慢超越內閣，從而漸漸成為真正的中樞機構。

為防止軍機大臣利用職務便利弄權，乾隆規定軍機大臣需要共同覲見皇帝承旨，而且這一項制度在乾隆主政初期就已經確立，可知乾隆執政之初，就已經對軍機處的設置等有了較為明晰的主意。乾隆在有效利用軍機處集中皇權的同時，也想了種種辦法避免軍機大臣弄權的局面出現。

就軍機章京來說，其職責也得到明確。軍機章京負責軍機處的文書事務，包括繕寫諭旨、記載檔案、查核奏議等。撰擬諭旨的工作在雍正朝皆由軍機大臣負責，乾隆初年仍然保持這個局面。但隨著軍機處經辦之事日益增多，軍機大臣已經難以招架，這一職責漸漸也可由軍機章京擔當，軍機大臣則只需要完成審查工作。因為這個緣故，皇帝對於軍機章京的挑選，也是非常嚴格的。一般人根本沒有這種機會。此故，為了保證挑選到更為合適的人選，軍機章京的遴選範圍也逐步擴大，內閣及各部院衙門司員均可以得到選用機會。由此而帶來的一個結果就是，軍機處人員便漸漸囊括了清廷各重要部門的精英，這樣倒也促進了各部門之間的協調分工，使得相關政務的處理變得更為順暢。

總之，經過乾隆的精心設計，軍機處變得日漸成熟。由於軍機處功能得到逐漸加強，乾隆在強化皇權的同時，也實現了順暢處理政務的目的。議政王大臣會議由此漸漸淡出中樞決策體系之外，直至最終被廢止。而內閣雖在名義上與軍機處雙軌並行，但在表達決策意志方面已經完全不能與軍機處相提並論了。

權力的擴張

乾隆在完成這些設計之後，雖然面對的奏摺越來越多，但處理起來反倒變得順暢而又輕鬆。乾隆仍然像父親雍正那樣親自閱覽密摺，自行決斷重要事務，自主瀟灑地處理政務，但完全不必像父親那樣手不停批、勞累不已。所以，他可以將更多精力用來思考解決一些重大問題，做到分身有術。雍正和乾隆都是非常勤政的皇帝，很多人說雍正皇帝是累死的，至少他的短壽與他的一貫強調親力親為有著一定連繫，而乾隆則可以一邊瀟灑賦詩、愜意巡遊，一邊很好地掌控帝國的統治權。從日常行政職能到臨時事務辦理，乃至於官員生殺大權，都由皇帝一手掌握，任何人都無從插手。在乾隆朝，密摺制度一直施行不斷，但乾隆皇帝居然能夠得享高壽，直至在八十九歲高齡去世，「與軍機處的得力配合密不可分」[50]。

---

50 楊珍，《歷程・制度・人——清朝皇權略探》，學苑出版社，二〇一三年版，頁五二。

軍機處的權力在乾隆朝得到極大擴張，但這其中也有個過程。在恢復成立的初始階段，軍機處也是以辦理軍務為主，偶爾才受命辦理皇帝特別交代之事。比如說苗疆治理之事[51]便交由軍機處直接辦理。本來這該是苗疆事務王大臣的職守，但從乾隆四年（一七三九）之後，由於乾隆皇帝對於軍機處的職權和設置越來越明晰，軍機處的權力便迅速擴張。不僅軍機大臣獲得議政機會增多，經過軍機處所撰寫的廷寄諭旨數量也明顯增加。事實上，軍機處逐漸侵占內閣權力，也正是從這個時期開始。

軍機處和奏摺制度的緊密相連，是乾隆所有相關政權體制設計中一個最重要內容。正是這二者的有機結合，為乾隆實現大權獨攬、乾綱獨斷起到了至關重要的作用。而軍機處和軍機大臣也因為和密摺發生了緊密連繫，所以才地位日隆。

軍機處是負責奏摺轉發的機構。一般內容的奏摺遞至御前，乾隆會有簡單批示，比如「交部議奏」、「另有旨」、「覽」等。在這之後，皇帝會將奏摺發交軍機處，由軍機處根據奏摺內容和皇帝朱批草擬具體處理意見，或者按照朱批意見轉發其他機構。這種方式漸漸成為定制，也是乾隆皇帝對於軍機處規範管理的一部分。奏摺該如何轉，往哪裡轉，軍機處在處理上也漸漸形成較為固定的模式。皇帝朱批是軍機大臣草擬諭旨的依據。舉例來說，如果摺內所奏朱批是「知道了」，軍機處可以根據奏摺內容，繕寫諭旨夾片封入摺內，然後發回原具奏衙門辦理；如果朱批是「交部辦理」，則由軍機處抄錄一份，發至內閣傳抄。

乾隆三十七年十月十九日奉
上諭據勒爾謹奏乾隆甲午年伊犂等處應需貿易綢緞照
例開明各項色樣數目請勅江寧蘇州杭州三處織造依
期解送甘省以便分運等語著傳諭寅著舒文寅保即照
勒爾謹單內所需各紬緞妥協製辦務使質地重厚顏色
鮮明不得稍有粗率輕減致滋挑駁干咎並著遴委妥員
如期解運以資新疆貿易之用所有勒爾謹原摺清單俱
軍機大臣遵
旨傳諭蘇州杭州織造

乾隆三十七年軍機大臣遵旨傳諭蘇杭織造如期解運伊犁等處所需貿易綢緞的上諭。

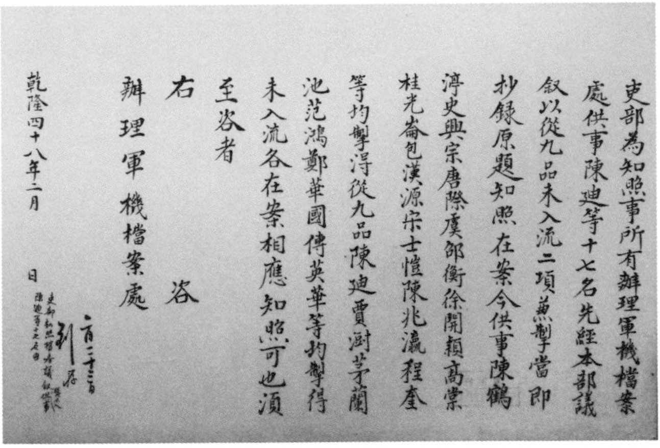

吏部為知照事所有辦理軍機檔案
處供事陳廸等十七名先經本部議
敘以從九品未入流二項籤掣當即
抄錄原題知照在案今供事陳鶴
溥史興宗唐際虞邵衡徐開頴高棠
桂光崙包漢源宋士愷陳兆瀛程奎
等均掣得從九品陳廸賈澍茅蘭
池范鴻鄭華國傅英華等均掣得
未入流各在案相應知照可也須
至咨者
右 咨
辦理軍機檔案處
乾隆四十八年二月 日

乾隆四十八年兵部關於辦理軍機檔案處供事官員品級事的咨文。

由此可見，軍機處雖然無法對決策內容構成實質性的影響，但它卻一直在奏摺運轉中起著承上啟下的作用，是決策過程必不可少的一個中間環節，地位非常獨特，而且無法替代。此外，所有朱批原摺都需存貯軍機處，年底匯交。而且，凡是奏摺奉有朱批，均由軍機處另外抄錄一份，以備稽查。

軍機處漸漸獲得輔助皇帝處理奏摺的機會，這也令軍機處權力呈增長之勢。在康雍兩朝，奏摺都需皇帝親筆御批，不容別人插手。但乾隆朝奏摺數量大大增加，以皇帝一人之力顯然已經難以應對。既然軍機處成員都是心腹之臣，那就不妨借助軍機處，加快奏摺的處理。即便是在日常奏摺處理過程中，軍機處也是皇帝批答奏摺的一個非常重要的諮詢機構，在某種程度上起到了參謀作用，因而可在一定程度上影響皇帝的決策。

軍機大臣如何影響最高決策

軍機大臣每日入值軍機處之後，需要隨時聽候皇帝召見。尤其是在遇到朱批「另有旨」的奏摺和未奉朱批的奏摺，軍機大臣需要將其放入特製的黃匣，然後捧著面見皇帝請旨，這叫「見面」[52]。這種見面是家常便飯，或一次，或數次，「召見無時」[53]。君臣見面之時，如果皇帝此時已就摺內事務有了處理意見，軍機大臣只需根據皇帝旨意擬旨，如果皇帝尚且沒有形成處理意見，經常會就奏摺內容與軍機大臣進行討論。在這個過程中，軍機大臣的意見就很可能會對皇帝的最終決策形成非常重要的影響。

軍機處負責皇帝諭旨的撰擬及發布，而諭旨一直是清廷決策最主要的輸出方式，也是皇帝日常發布政令的專用文書。雍正時期，軍機處已經獲准代替皇帝撰擬諭旨。到了乾隆朝，這已經正式成為軍機處的主要職掌之一。只是出於防止軍機大臣專擅的目的，乾隆才將這項工作改由軍機章京草擬。軍機大臣在閱定之後，奏呈皇帝審閱，經皇帝同意或改定之後，就可以按照要求下發。

除了能在有些場合對皇帝朱批奏摺和最終決策發生影響之外，軍機處偶爾也有直接批答奏摺的權力。這雖說不是替代皇帝批示，但也是權力的象徵。皇帝有時候會直接將奏摺交發軍機處，並不對奏摺發表什麼具體意見，而是令軍機處就奏摺內容直接草擬諭旨，然後再將擬好的諭旨進呈御覽。軍機處在草擬諭旨過程中，固然也有請示

51 雍正去世之前，苗疆因為改土歸流之事侵犯土司利益，引發苗疆叛亂，又因為處置不力，導致事態越發嚴重。之後，心力交瘁、身體虛弱的雍正甚至一度產生棄置之念。乾隆即位之後，果斷採取措施，撤換將領，平息了苗疆之亂。

52《樞垣記略》卷二一。

53《大清會典》（嘉慶朝）卷三。

和奏報，但它在決策過程中所發揮的作用，是其他部門所遠遠不能比擬的。

除此之外，軍機處還可以通過對朱批進行審核來構成對朝政的影響。如果奏摺所奉朱批不是非常明晰，或是朱批沒有涵蓋摺內所涉及全部事務，軍機大臣會提出自己的意見並上奏皇帝，請示辦理。當然，這和前面的情形一樣，需要向皇帝請示，也要看皇帝是否對軍機大臣有著足夠的信賴，而且軍機大臣所作所為都必須是在皇帝的允許範圍之內，不得有絲毫踰矩。

總之，軍機處正是由於在奏摺運轉過程中占據了極為特殊，而且是不可替代的位置，才能對政治決策發揮出影響力。在這之後，在清廷的中樞決策過程中，軍機處始終是不可或缺的一環。軍機處也由此得以插手政務，從而確立在中樞決策中的獨特地位。

除了密摺之外，軍機處也對題本的處理過程擁有話語權。票擬題本本是內閣協助皇帝處理政務的主要方式，也是證明內閣權力之所在。但在乾隆朝，隨著軍機處的坐大，內閣票擬題本的權力開始逐步被軍機處掌握，題本的運轉程序發生了變化，軍機處開始替代內閣參與題本的批答，協助皇帝處理題本，甚至有權暫存待辦題本，等待合適時機再提奏皇帝處理。總之，由於自身特殊地位所決定，軍機處有著多種方式影響題本的處理。成立之初，軍機處一度被視為「內閣之分局」，就是因為題本的許可權盡在內閣。此後，為了就近處理和快捷處理的需要，更是為了皇帝掌控之需要，乾隆將這一許可權也移交軍機處。而內閣對於皇權的牽制，也就可以自此消除。

由於受到皇帝的青睞和信任，軍機處在清廷中樞決策體制中的地位逐漸凌駕於內閣之上，至於議政大臣，更是被完全無視，終於被乾隆一道諭旨裁撤[54]。軍機處在各種場合都是皇帝的貼心祕書，有時候也扮演著皇帝代言人的角色。此後軍機處經管政事的範圍越來越廣，甚至擴大到監察和審判等各個領域。對弟弟弘瞻的審判，乾隆就是交給軍機處完成的，而審判結果居然牽扯出軍機大臣。這件事情說明軍機處職權獲得擴大的同時，軍機大臣們之間並非鐵板一塊，而是存在著互相牽制，否則遇到這種情況多少會有所掩蓋。

權力的平衡與輪迴

當然，軍機大臣之間的內鬥顯然也是乾隆所需要的，甚至是出自他的精心設計。乾隆一朝，包括雍正朝晚期，軍機大臣之間的內鬥就一直沒有停止過。這固然是軍機處職權擴大、軍機大臣地位上升所帶來的一個直接的副產品，但也與皇帝本人有著直接關係。至少皇帝對於這種內鬥也是心知肚明的，甚至是樂見其成。發生內鬥不可

54《嘯亭雜錄》卷四。

怕，就看如何調停。正是在這種左右調停和最後裁決的過程中，皇權進一步得到伸展。說到底，處於內鬥中的軍機大臣，終究需要歸附到皇帝這裡找靠山，這也正是皇帝體現威嚴的時候，同時也是皇帝展現皇權的時候。可能正是因為這個緣故，乾隆可以在設置軍機處的同時，也很好地對其進行掌控。軍機處職權雖廣，終究是皇帝的祕書班子，只能「傳述繕撰」，而不能「稍有贊畫於其間」[55]。從這個角度來看，「軍機處權力的加大，僅僅是乾隆皇帝個人權力的加大。」[56]

應該看到，乾隆圍繞軍機處的所有設置，都是在雍正朝的基礎之上完成的。執政之初，乾隆一度撤銷軍機處，以總理事務王大臣取而代之，只能說是權宜之計。複雜的政局之下，一旦皇權受到威脅，為掌控大局之計，乾隆最終仍然只能選擇走回頭路，重新回到雍正當初所設計的路線上來。對於構建皇權、加強帝國統治這一點，他和父親雍正，乃至祖父康熙都是一脈相承的。乾隆深深懂得雍正，就像雍正深深懂得康熙一樣。皇權的完整，帝國的統一，都需要他矢志不渝地努力完成。當然，在經過一些年月悄無聲息的努力之後，或者說，在完成祖孫三代的接力之後，凜然而又不可侵犯的皇權終於在乾隆朝得以最終實現。其中一個重要標誌就是，軍機處的地位得到進一步確立，職權得到進一步規範，而且也進一步為乾隆所掌控。

軍機處是什麼，乾隆的答案是：它是一個隨身祕書，同時也是貼心管家，是輔助其管理帝國的助手，同時也是帝國運轉的中樞。有了它，不僅可以很好地擺脫宗室的掣肘，也可以就此避開祖先留下的臃腫機構的羈絆；不僅可以任由己意地推行各種政務命令，更擁有君臨天下、唯我獨尊的皇權。

善與惡

客觀地說，年輕時候的乾隆和其父雍正一樣，勇於任事、敢於承擔、精力充沛、勤於政務，同時也學到了其父雷厲風行的執政風格，所以才可以迎來清王朝的一段盛世光景。雖說雍正時期的強勢整頓吏治、大力清理財政也為這段盛世打下了牢固的基礎，但乾隆作為接力人員同樣也有很多功績。至於在捍衛疆土完整、維護民族統一方面，乾隆的強勢要遠遠超過雍正。

應當看到，乾隆的這些強硬措施，有效地維護了帝國江山的完整和統一，至少在一段時期之內有效地遏制了沙皇俄國侵占中國領土的野心。在這期間，軍機處作為貼心祕書，為乾隆的強勢施政起到了一定的保障作用，也可說是為清朝的盛世做出了貢獻。曾有歷史學家對清朝發出如此感嘆，這樣一個內外封閉、結構失衡的朝代，「居

55《簷曝雜記》卷一。
56 白新良，《乾隆皇帝傳》，百花文藝出版社，二〇〇四年版，頁五八。

然可以存活三百年，也是一個可悲的奇蹟」[57]。其實細究起來，以軍機處為代表的集權統治，對於維護清帝國的完整和統一，多少也起到一些作用。而且，有一個顯而易見的道理就是，權力如果是被一個好皇帝所掌握，也能起到一些積極作用，產生一些良好效應。從雍正到乾隆，在盛世的締造過程中，這種高度集權多少也曾起到了還算不錯的效果，至少會對高效推行吏治和嚴厲懲處貪腐有所助益。

但是，一旦這種集權換成暴君掌控，後果則不堪設想。同樣是乾隆，早期和晚期，表現出迥異的面貌，也是這個原因。

乾隆在即位之初，一度試圖在執政理念上擺脫雍正的影響，至少是嘗試改變雍正那種不留餘地的殘酷打壓風格，沒想到後期的乾隆，態度竟然比雍正更為激烈。一個接一個的殘酷的文字獄，終於導致「避席畏聞文字獄」的可悲現象出現。這種殘酷打壓的手法，貌似暫時化解了矛盾，卻是非常愚蠢的治標不治本的短視行為。當這些社會矛盾和民族矛盾得不到有效化解，便會積澱到深處，在適當時機漸漸發酵，就此釀成更加深重的社會危機，甚至引發各種民變和大規模起義。至於盲目的狂妄自大，更是成為乾隆標誌性的缺陷。拒絕進步思想，遏制科學精神，長期推行閉關鎖國政策，都與這種狂妄自大有著直接的連繫。

至於軍機處在這其中所起到的作用，無非是助紂為虐。由於皇權的設計過程中，軍機處始終只是一個助手和祕書身分，所以根本起不到制約皇權的作用。從某種角度來看，軍機處既像是皇權的組成部分，充當著皇帝的幫凶和打手，也像是皇權制度下的一個寄生蟲，在依附皇權的同時，也會適時對皇權造成一定的損害。

57 許倬雲，《中西文明的對照》，浙江人民出版社，二〇一三年十二月第一版，頁二一四。

陸

鄂張黨爭

沒有硝煙的戰場

相信乾隆每次視察軍機處，看到父親所書寫的「一堂和氣」牌匾時，都會忍不住在心中暗自發笑。長期以來，軍機處兩位重臣——鄂爾泰和張廷玉，不僅從沒有過片刻的和氣，反而在各種場合都要明爭暗鬥、互相傾軋，而且這在朝臣中間幾乎成了一個人所共知的祕密。乾隆對此更是心知肚明，但他還是決定不動聲色，任憑二人一直纏鬥下去，直到有一天自己失去耐心為止。

鄂爾泰和張廷玉在雍正朝就已先後做成軍機大臣。乾隆即位之初，曾得到他們二人的鼎力相助，所以一度對二人青睞有加。那個時候，乾隆信不過宗室，信不過親兄弟，卻信得過他們倆。而且，即便是明知他們互相不睦，內鬥不已，卻仍然對他們委以重任。此故，當乾隆重新設置軍機處之後，允祿、允禮兩位皇叔都被排除在軍機處之外，而鄂爾泰和張廷玉卻可以穩穩地做著他們的軍機大臣。

當然，一段時間之後，尤其是當乾隆對朝政有了牢固的掌控力之後，兩位軍機大臣的命運都先後發生了翻天覆地的變化。從這種變化可以看出，軍機大臣之間的互相鬥法，即便是掀起再大的風浪，在掌握著更大權力的皇帝看來，終究還是蛐蛐罐中的蟋蟀。皇帝與軍機大臣之間不可逾越的主僕關係，永遠無法改變。只要皇帝輕輕施展一下高明的御臣之術，他們就逃不出皇權的手掌心。

首揆鄂爾泰

鄂爾泰，滿洲鑲藍旗人，西林覺羅氏，字毅庵。他出生在一個貧寒之家，二十歲中了舉人，自此步入仕途。但他的官場之路顯然不是非常順暢。康熙六十年（一七二一），鄂爾泰已經四十二歲，仍然看不出有什麼升遷的機會，所以曾作詩自嘆：「攬鏡人將老，開門草未生。」在另外一首詩中，他也是顯露出一派悲觀惆悵之氣：「看來四十猶如此，便到百年已可知。」很顯然，這個時候的鄂爾泰完全沒有想到自己會有出將入相的那一天。

據說鄂爾泰的發跡與他的一次不識抬舉有關。當時，尚且是普通皇子的雍正曾向鄂爾泰索取財物，沒想到的是，他只是得到了鄂爾泰大義凜然的回絕。那是個特殊的年代，皇子之間的殘酷傾軋，令康熙皇帝不得不對皇子們施以嚴密的監控，同時也嚴防朝臣圍繞皇子營私結黨。鄂爾泰為什麼會拒絕雍正，料想是出於避禍的本能。有意思的是，雍正就此記住了鄂爾泰，認為他是不徇私情、剛正不阿的好官。因此，當雍正即位之後，鄂爾泰很快就被提拔為江蘇布政使，三年後又升任雲貴總督。

鄂爾泰比許多漢族文士還要善於吟詩，只是他的詩歌不會用來書寫什麼文人氣

軍機處所懸掛的匾額

陸

141　鄂張黨爭

節。除了抒發一下失意情懷之外，他最擅長的就是運用詩歌來拍馬屁[58]。有意思的是，在雲貴總督任上政績平平的鄂爾泰，正是這樣獲得了升遷的機會。雍正六年，正當各地都在傳說雍正依靠不法手段奪取皇位並質疑皇帝執政的合法性時，鄂爾泰及時上報祥瑞之徵，奏稱雲南出現祥雲，並藉機獻詩頌揚雍正的德政。此舉不禁令雍正龍顏大悅，鄂爾泰也自此成為雍正的重要心腹和股肱之臣，並最終成為首席軍機大臣。

鄂爾泰對待屬下一貫頗有長者之風，更以「知人善任，賞罰明肅」著稱。手下臣僚凡有擅長之技，他都能過目不忘，並及時地給予獎勵和提拔。這個緣故，不僅僅滿人願意前來依附，漢官如張廣泗等人也都樂意為其所用。到了雍正朝後期，雍正的特別寵眷和重用也給了朝臣以結黨營私的方向。受到鄂爾泰賞識的官員，提升速度也會飛快。比如說張廣泗就是因為輔佐鄂爾泰征討苗亂有功，被超擢為雲貴總督，哈元生則由把總升至揚威將軍，董芳自補千總升任湖廣提督[59]。這種效應，巴望升官之人和消息靈通人士自然會很快探知，在鄂爾泰的周圍便也自然地聚集起一幫趨炎附勢之人。

鄂爾泰所到之處，官員都需要出城很遠前來迎接。到了乾隆即位前後，像史貽直、尹繼善、仲永檀這樣的重要官員都會主動前來攀援，而且鄂爾泰的整個家族也隨著皇帝的恩寵而越來越具勢力，漸漸形成滿門貴胄的大家族。甚至連鄂爾泰的弟弟鄂爾奇也被任命為工部侍郎，後官至戶部尚書，其他一些親屬也都得到或高或低的提拔。這不免讓人有「一人得道，雞犬升天」的感覺。

我們不妨看看鄂爾泰這個顯赫家族的為官情況：弟弟鄂爾奇官居戶部尚書、步軍統領；長子鄂容安曾任軍機章京，後升任河南巡撫、兩江總督；次子鄂實也曾擔任參贊大臣；三子、四子也都是巡撫一級的大官；五子鄂忻則是莊親王允祿的女婿。可以說，這鄂氏一族已經滿門都是高官，權勢逼人，何況還有位居一人之下萬人之上的首席軍機大臣鄂爾泰。

桐城張廷玉

與鄂爾泰不同，張廷玉出生在一個官宦之家，父親張英即為當朝大學士。由於自幼承受良好的家教，張廷玉養成了謹慎和謙恭的性格。康熙三十九年（一七〇〇），他考中進士，步入仕途。在康熙年間，張廷玉已經開始受到康熙的賞識和信任。雍正元年（一七二三），張廷玉受命入值南書房，拜內閣大學士。因為辦事嚴謹、勤奮而又不遺餘力，雍正對他越來越器重。雍正創立軍機處，舉凡章程規定等，都無不經過

---

58 在擔任江蘇布政使期間，鄂爾泰還曾組織一幫文士幫助自己拍馬屁，撰寫詩歌歌頌雍正皇帝的德政，這些詩歌被匯集成冊，稱《南邦黎獻集》。

59 賴惠敏，《清代的皇權與世家》，北京大學出版社，二〇一〇年版，頁一六〇。

張廷玉手定。是故，當雍正病危之時，他也成為承受遺命輔政的重臣之一。此外，張廷玉和乾隆還有一層特殊的關係：他還曾長期擔任乾隆的師傅，對乾隆皇帝的成長有過不少輔導之力。

就家族勢力而言，張廷玉這邊也毫不遜色。桐城張氏自張英成為大學士以來，就一舉成為名門望族。張氏子孫中，登入仕途者多達數十人，入翰林者也多達十二人[60]。因為張廷玉身居要職，家門漸而大盛，子孫皆列顯要，清代甚至有「桐城張、姚二姓占卻半部縉紳」的諺語。乾隆六年（一七四一），左都御史劉統勳就曾上書皇帝：「官場和輿論都已經掌握在桐城張、姚二姓手中，朝廷官僚半數出自他們的門下……姚氏和張氏還一直是親家。」由此可見，張廷玉當時確實勢力強大，黨羽眾多。張廷玉的親屬也有不少做成高官的。比如弟弟張廷璐、張廷瑑以及兒子張若靄、張若澄、張若淳均在朝中為官。長子張若靄、次子張若澄先後入值南書房，為內閣學士。少子張若淳亦自內閣學士起家，歷任軍機章京、侍郎、尚書等職，所以，張廷玉同樣堪稱滿門貴冑。

對立的陣營

毫無疑問，在雍正朝，尤其是雍正朝的後半期，鄂爾泰和張廷玉堪稱政壇兩顆最亮的政治明星，誰都要敬重他們三分。就連乾隆在即位之前，也不得不借重他們的力量，並通過贈詩的方式主動示好。為了酬答他們的功勞，雍正皇帝還特別批准他們二人可以在死後和開國功臣一樣配享太廟，並且將這個決定寫入遺詔，命令乾隆皇帝奉行。很顯然，這不是一般大臣所能獲得的待遇。

同為軍機大臣的兩位重臣，關係並不融洽。據說二人同朝十餘年，往往一天之內都不會互相說一句話。這個原因，雍正一度書寫「一堂和氣」牌匾懸掛在軍機處，示意二人在軍機大事面前必須要以大局為重，保持團結。看到這個情形，鄂爾泰與張廷玉雖則矛盾已經非常明顯，但也能儘量保持克制，而且一定不能惹惱雍正皇帝。但是，一旦得到時機，就一定會有落井下石之舉，試圖將對手置於死地。有時即便本人不出面，也會有門下子弟出面推波助瀾。總之，一定要爭，一定要鬥。

乾隆即位之時，朝臣眼看新皇帝地位尚且不夠穩固，鄂爾泰、張廷玉是有擁戴之功的元老，便開始公開攀援。於是，在這之後，鄂、張兩黨「分朋引類，陰為角鬥」[61]的趨勢越發明顯。

鄂爾泰身為首席軍機大臣，自然會有更多滿人依附，張廷玉身居次席，漢官也

---

60 賴惠敏，《清代的皇權與世家》，北京大學出版社，二〇一〇年版，頁一六三。

61《嘯亭雜錄》卷一。

能多來攀援。對於這個情況，乾隆其實也非常清楚，他曾經有過這樣簡明的總結：「滿洲則思依附鄂爾泰，漢人則思依附張廷玉，不獨微末之員，即侍郎尚書中亦所不免。」[62]所以，鄂、張黨爭更像是一場滿漢之爭。從康熙朝開始，為了皇權的集中，皇帝便有意重用漢官來打壓滿族貴族，漢官勢力就此抬頭，這種情形甚至一直延續到清末。包括乾隆，在處理滿漢黨爭之時，雖說會在一定程度上偏向滿人，卻仍然會對漢黨採取一定的寬容態度。

帝王心術

由於祕密建儲的特殊規定所限，乾隆從父親手中接過皇位之時，並沒有真正屬於自己的心腹大臣。相比之下，在身邊老臣中，數來數去，也就數鄂、張較為親近。所以，當他們二人各立門戶、相互傾軋的行為沒有威脅到皇權穩定之時，乾隆頂多只會給予適當的告誡，表現出優容包涵的態度，而不會施以重拳嚴厲打擊。鄂爾泰和張廷玉倒也非常識趣，雖則在軍機處互相內鬥，但對於乾隆推行新政還是能夠保持目標一致，給予足夠的支持。乾隆二年（一七三七），朝鮮使臣在回國後的奏報中曾有這樣的評價：「新皇帝政令沒有大的失誤。閣老張廷玉身負天下眾望，曾要求告老回鄉，遭到乾隆拒絕。人們都認為只要有張閣老在，天下就不會發生什麼大事。」

在沒有培植起親信股肱之前，乾隆也只能表現出安於現狀的架勢，樂得周旋於兩黨之間，倚仗他們二人幫助自己處理國政，至少是使得國家機器能夠正常運轉下去。同是軍機大臣，同是滿門貴胄，對於鄂、張之間的矛盾，如果處置不當，一定會帶來難以預料的局面出現，對此，乾隆不得不多加一分小心。打擊鄂爾泰、張廷玉的計畫，只能等待更好的時機出現。

有意思的是，張廷玉雖在眾人面前一向表現謙卑，卻一直對鄂爾泰寸步不讓。鄂爾泰出任軍機大臣之初，尚且受命總督西北軍務，張廷玉自居京城，二人之間尚且不會發生直接衝突，但自從雍正十年（一七三二）鄂爾泰奉旨還京，而且是以首席軍機大臣的身分出現在張廷玉面前，二人的矛盾和不快便就此出現，並逐漸公開化。一直負責策劃和設計軍機處的張廷玉，一定會有一個永遠解不開的心結：之前軍機大臣排名，允祥排在前面，畢竟因為他占了皇室宗親這個便利，你鄂爾泰憑什麼資格可以坐擁首席？這之後，鄂爾泰如果偶有過失，必定會遭到張廷玉的冷嘲熱諷。由於張廷玉更會咬文嚼字，而且善於抓鄂爾泰的小辮子，所以經常會在口角之爭中獲勝。當然，清朝政權畢竟是由滿人掌控，皇帝借重漢官只是看重其牽制之力，並不會改變重滿輕漢的根本傾向，所以二虎之爭，鄂黨總會占據上風，至少是受到皇帝更多的袒護。

62《清高宗實錄》卷一一二。

鄂爾泰早期曾任雲貴總督，多次奏請雍正皇帝推行「改土歸流」，取消當地土司的世襲制，和內地一樣設官並定期任免。應該說，這對維護國家統一、實現政體統一很有好處，所以得到了雍正的支持。但是，鄂爾泰在具體操作過程中，卻發生了一些失誤。由於選派官員失當，加之官軍擾民太甚，苗民不堪忍受各種攤派和賦稅，最終造反起事，而且規模浩大。雍正不免怪罪鄂爾泰「改土歸流」政策的實行不當。鄂爾泰自覺理虧，便請求罷官離職，回家養病，得到雍正皇帝的允准，鄂黨也因此一度失勢。

鄂黨失勢，便意味著張黨得勢。就在這時，本屬於張黨的刑部尚書張照被任命為新的苗疆大臣，主持平叛。張照早先探知雍正皇帝有放棄苗疆的想法，便打算順著這條路走下去，眼見鄂爾泰失寵，也想藉機報復。所以，張照一到貴州，便設法給鄂爾泰羅織罪狀，陳說「改土歸流」本屬倒行逆施、禍國殃民之策，建議皇帝儘快廢除。

沒想到的是，恰好就在這個時候，雍正去世，乾隆即位。隨著皇帝的更替，圍繞苗疆的人事發生了變動，政策發生了改變，甚至所有的一切，都由此而發生了改變。

乾隆在即位之前曾奉父皇之命督理苗疆，所以對苗疆的情況非常清楚。他一直非常贊成鄂爾泰的改土歸流之策，對父親放棄苗疆的做法也不能認同。所以，當看到張照為迎合父皇呈上的主張——放棄苗疆的奏摺之後，乾隆不由得勃然大怒。他認為，正是張照出任苗疆大臣以來心機不純，用兵不力，才致使整個苗疆地區局勢越發糟糕。雍正十三年（一七三五）九月，乾隆頒旨痛斥張照：「連篇累牘的奏摺，竟然以巧詞猜度，有意迎合……新辟苗疆因為叛亂不斷而要求我下旨放棄，實在是錯誤之極。」

乾隆對張照因門戶之見藉機整人的做法更是感到非常不滿。乾隆嚴厲斥責張照，說：你看到父皇訓斥鄂爾泰，解除鄂爾泰職務，便私下裡揣測父皇的意思，藉機落井下石，言辭過於激烈了吧……鄂爾泰是自請解職，並不是被我革職，鄂爾泰的功過如何，將來自有定論。從這些言辭之中我們可以看出，乾隆已經有了重新起用鄂爾泰的打算，對於張照的憤怒也是溢於言表。兩個月後，乾隆便以「挾詐懷私，擾亂軍機，罪過多端」[63]的罪名，下令將張照革職下獄。而鄂爾泰的心腹張廣泗則隨即被派往貴州，繼續處理苗疆事務。

其實，就在雍正臨終之前，鄂爾泰處理苗疆的失誤已經得到雍正諒解。鄂爾泰仍是以大學士的身分輔佐新皇帝。只是張照當時並不知道雍正皇帝突然駕崩，更不知道鄂爾泰重新得勢，冒冒失失的行動便只能換來結結實實的一跤。鄂、張兩黨這個回合的交鋒，以張黨的失敗而告終。

63《清高宗實錄》卷二一。

再次交鋒

眼見形勢轉好，鄂黨便開始展開全面反攻。鄂黨心腹張廣泗到達貴州之後，決心以牙還牙，羅織罪名，打擊張照。

張廣泗此前曾長期在苗疆任職，非常熟悉當地情況，鄂爾泰改土歸流政策的推行也曾得到張廣泗的大力幫助。因此，他雖是一名漢官，卻一直深為鄂爾泰所器重，漸漸成為鄂爾泰手下得力幹將。鄂爾泰則投桃報李，為張廣泗的晉升鋪平道路。張廣泗獲得朝廷的特別提拔，與鄂爾泰有著緊密連繫。熟悉苗疆事務的張廣泗到達貴州之後，很快改變了被動局面，僅僅半年之後，各地起義都先後得到平息和鎮壓。張廣泗也由此而得到乾隆皇帝的稱許和嘉獎。

春風得意的張廣泗當然不會忘記抓住時機對張照進行報復和還擊。乾隆元年正月，張廣泗向皇帝奏稱張照此前曾任意揮霍軍餉。乾隆本來就對張照非常不滿，立即下令戶部嚴查，並責成張照賠償。不滿歸不滿，這之後，乾隆對張照的處理仍是非常慎重。他很清楚，圍繞苗疆事務的爭鬥多少夾雜了鄂、張兩黨的私怨，張廣泗的彈劾更是帶著復仇心理，而張照是張廷玉的紅人，不能不給這位重臣幾分薄面。很快，乾隆做出一個讓所有人都大感意外的決定：張照被開恩釋放，而且第二年被重新授予內閣學士，並逐漸官復原職。針對張廣泗所提出的軍費問題，乾隆也逐步查明，完全是張廣泗誣陷，當初張照經手的軍費，都分發各路作為軍需之用，沒有應賠之項。

鄂、張兩黨這一回合較量，以鄂派張廣泗誣陷失敗告終。乾隆在關鍵時刻完全否定了鄂爾泰的意見，不但沒有處置張照，反而是主動釋放，並恢復官職。乾隆說：「鄂爾泰欲置伊（指張照）於死地。朕若聽其言，張照豈獲生全。」[64]可以說，解救張照並恢復舊職的這一做法，正是乾隆高明御臣之術的具體體現。圍繞苗疆事務的黨爭事件，鄂、張兩黨各有勝負，這與兩黨勢力浩大、難分勝負有關，更與乾隆的調停和平衡有關。

乾隆深知自己剛剛即位不久，手下並無可用之人，也只得在鄂黨和張黨中選拔人才。但他又不想讓任何的一方太過強勢，所以便借助打壓張照而打壓張黨，借助打壓張廣泗而打擊鄂黨。在對張照的關押和釋放過程中，乾隆顯示了他高明的權衡之術。在乾隆看來，勢均力敵的兩黨最終只得等待自己的裁決，便正好可以從容駕馭，把握好平衡，不容其中任何一派壓倒另外一派。這一層意思，乾隆後來在寫懷舊詩時表達得更清楚：「鄂爾泰、張廷玉素不相得，兩家亦各有私人……余非不知，既不使一成一敗，亦不使兩敗俱傷，在余心固自有權衡。」[65]乾隆通過這種平衡和打擊，讓兩黨

64《清史列傳》卷一九。
65《御制詩四集》卷五九。

一直形成互相牽制之勢，從而為己所用，直到培植出自己的心腹大臣。

在調停兩黨的同時，乾隆不時地對大小臣僚發出警告，嚴令禁止他們朋比結黨。他對臣僚們說：如果你們一定要依附和逢迎鄂爾泰、張廷玉，遲早會對你們造成危害啊！與此同時，他也不失時機地告誡鄂、張二人：你們兩人應該體諒我的心思，必須要非常小心謹慎才是。乾隆的這些警告並非完全沒有效果，不少官員選擇了避開，但仍有不少官員還是會基於個人利益需要而前去攀附，畢竟鄂、張二人對他們的仕途等方面能產生很重要的影響。

蹩腳的戰友

乾隆六年（一七四一），一向敢於直言的監察御史仲永檀向乾隆呈上一份奏疏，報告朝廷中有不少官員藉參加京城富豪俞氏喪葬之機大量收受賄金，甚至大學士張廷玉也曾差人送帖，也有收取賄金的嫌疑。其時，仲永檀看到的朝廷高官更多是張黨成員，便果斷出擊，具摺彈劾。他沒有想到其中還有屬於鄂黨的步軍統領鄂善也曾接受賄銀，數額高達一萬兩。所以仲永檀此舉雖則是將矛頭直接指向了張廷玉，卻意外地嚴重傷及鄂黨。

除了提供這個重要線索之外，仲永檀還彈劾張黨的洩密問題，試圖徹底擊倒張廷玉。仲永檀稱：「向來密奏留中事件，外面很快就能夠知曉。這一定是有人串通左右，暗地洩露出去。如果權要有耳目，朝廷將不再有耳目。」很顯然，仲永檀這裡所說的「權要」就是指張廷玉。仲永檀所奏密摺事關重大，而且涉及「權要」，不能不讓乾隆為之一驚。但乾隆很快也意識到這可能是鄂張黨爭使然，是鄂黨藉機報復生事，不能不慎重對待。

這之後，乾隆命鄂爾泰、張廷玉、訥親以及和親王弘晝等人共同負責查審此案。查成立這樣一個專案組，乾隆可謂煞費苦心，主要目的就是防止有人從中徇私舞弊。查審的結果，卻完全出乎乾隆意料之外。鄂善被查出確有欺君枉法、收受賄金的行為，而張廷玉送帖弔奠則根本無法查實。至於「權要」洩密之事，結果也是對鄂爾泰更加不利。所謂洩密，只能是在鄂爾泰身上發生。事實上，張廷玉一向辦事嚴謹，鄂爾泰則相對粗疏，甚至乾隆自己都已經形成這一印象：鄂爾泰縝密之處，不如張廷玉。

乾隆一向痛恨臣僚洩露機密，對於軍機大臣的辦事不周，更是不能容忍。所以，相比之下，張黨成員違規參加弔喪之事便顯得不再重要，何況所收禮金與鄂善相比也是小巫見大巫。此故，仲永檀具摺彈劾張廷玉和張黨，本想對張黨來個致命一擊，卻沒想到最終落得個引火焚身。乾隆很快便宣布此案的處理結果，鄂黨成員鄂善被賜自盡，張黨的禮部侍郎吳家駒和詹事陳浩被革職，其餘則全部得到從寬處理。而仲永檀則因為舉報有功，被提升為左副都御史。

在此案的處理過程中，乾隆同樣明顯表現出折衷和調停的態度。在成立專案組時，他就注意吸收各方成員，防止辦案人員因為黨爭的原因將辦案過程引向打擊報復。最終處理結果，乾隆也是對鄂黨和張黨各打一大板。當然，就鄂黨而言，鄂善遭到處決，相比之下損失更大。在處決鄂善的過程中，乾隆本人也非常痛苦，甚至一個月都寢食難安，但他也只能如此了：面對鄂黨咄咄逼人的態勢，他必須施以重拳，予以警告。

乾隆的目標是建立一個滿漢一家的帝國，但他在骨子裡還是會對於滿人更多一重倚重，而對漢人則更多一層防備和歧視。此故，鄂張兩黨的爭鬥中，鄂黨一直是處於上風。仲永檀彈劾張廷玉讓乾隆更加注意到鄂黨的抬頭。他不能不對此有所警惕，對鄂黨採取警告和控制措施，防止其勢力極度膨脹。

與張廷玉的謹慎相比，位居群臣之首、權傾朝野的鄂爾泰更容易給人以傲慢的感覺。如果稍有不慎，自然會得罪皇帝。雍正生前曾有意將他擔任雍親王時所居住的藩邸改建為廟宇，沒想到雍正帝死後，鄂爾泰為博弘晝歡心，主張將該王府賜給弘晝。這種肆意插手皇室內部事務並且無視父皇遺願的做法，讓乾隆感到極為不滿。乾隆不僅斷然拒絕了鄂爾泰的建議，還就此將該王府改為禮佛的喇嘛廟，稱「雍和宮」。乾隆三年（一七三八），廷議設立「三老五更」之事，效仿古代帝王禮敬老者。其時，只有鄂爾泰和張廷玉可以擔當三老之位，但張廷玉不願招搖惹事，故此一直謙讓，甚至是堅決反對舉行此禮。沒想到的是，鄂爾泰卻表現出非常積極的態度，希望由此博取美名。而這也引起了乾隆的極度反感。乾隆認為鄂爾泰是居功自傲，貪慕虛榮，甚至直到晚年仍然耿耿於懷[66]。至於此事的最終結果，則是因為張廷玉的極力反對，在進行廷議之後宣告終止。

鄂爾泰就這樣在有意無意中一點點突破著他本不該去觸碰的防線，乾隆則一直在這條防線的另外一端冷眼打量著。

鄂黨失勢

借助仲永檀彈劾張黨之機，乾隆也對軍機處保密情況進行徹查。這期間，乾隆不由得想起鄂爾泰早先為邀買人心不惜洩密的一件事。當時是審理永州總兵崔起潛的一件案子，乾隆起初本想從嚴懲處，後來忽然降旨從輕發落。意外的是，當詔旨下達之後，朝廷內外都傳說這是因為鄂爾泰的建議。乾隆也確實看到過鄂爾泰為崔起潛請求寬釋的密摺，他不能不懷疑是鄂爾泰的洩密，導致朝臣議論紛紛。身為軍機大臣，膽

66 四十年後，六十八歲的乾隆在見到廷玉當年所作《三老五更議》時，仍然感觸頗深地撰文指責鄂爾泰「因好虛榮，近於驕者」。可見此事給乾隆已經留下極為深刻的印象。

敢洩密邀買人心，乾隆對於鄂爾泰的這一做法十分不滿，只是因為當時剛剛即位，尚需倚重鄂黨力量，才沒有深加追究。然而，這一次徹查「權要」洩密之事，倒是讓乾隆有了舊事重提的機會。他立刻當眾抖出鄂爾泰當初洩密買好的惡行，公開予以批評，而且是與張廷玉進行對比：鄂爾泰縝密之處，不如張廷玉。

乾隆第一次以一種高壓和威嚴之勢公開點名批評鄂爾泰，至於連繫張廷玉的縝密，一抑一揚之間，令鄂爾泰更受刺激。鄂爾泰明白自己在與張廷玉的較量中已經處於下風，甚至已然失寵，不得不自此多加小心。但是，面對一個集權思想越來越成熟的皇帝，鄂爾泰即便是再謹小慎微，也會在不經意中開罪於乾隆。不久之後，鄂爾泰又一次惹惱了乾隆皇帝。

就在乾隆六年（一七四一）的夏天，乾隆皇帝出巡視察，並檢閱軍隊戰力。當他看到古北口鎮官兵軍容嚴整，展示出一派威武豪邁之氣時，內心十分滿意，當即決定賞賜四川提督黃廷桂戰馬兩匹，並準備提升其為甘肅巡撫。沒想到的是，恰恰就在這個時候，鄂爾泰卻找到一個罪名要將黃廷桂降級調用。原來，鄂爾泰一向非常討厭這個黃廷桂。為了躲開皇帝的出面干預，他勾結刑部官員，試圖趕在乾隆返京之前以最快的速度審理結案。鄂爾泰天真地以為乾隆在外巡視，批閱奏摺會馬虎一些，可以藉機蒙混過關。沒想到他完全失算了。當奏本送到乾隆手中之後，心細如髮的乾隆皇帝很快便意識到，這是鄂爾泰利用他出巡之機，挾私報復。對於這種行為，乾隆感到異常氣憤。他嚴厲斥責鄂爾泰的擅自行事，膽敢背著自己幹起徇私枉法之事。緊接著，他一面宣布對黃廷桂免除處分，一面下令對鄂爾泰等人嚴行申飭。

從不久前的公開點名批評，到這次更為嚴厲的斥責，鄂爾泰如同被人猛擊一掌，總算從迷夢之中徹底清醒過來。他完全沒有想到自己的一舉一動全都無法逃過乾隆的眼睛，在佩服皇帝精明強幹之餘，也只能變得更加老實、更加本分。

正所謂「樹欲靜而風不止」，正當鄂爾泰準備收心做他的太平宰相之時，依附在他周圍的黨徒卻又製造出風浪，把這位已經處在風口浪尖的權臣進一步推向危險的漩渦之中。

原來，鄂黨幹將仲永檀官至左副都御史之後，不免有些得意忘形，並四處留下劣跡。乾隆七年（一七四二）二月，他奉命擔任會試副考官，在由貴州趕赴京師的路上，他仗勢欺人，任由家人鞭打平民，結果遭到河南巡撫雅爾圖參劾，被處罰俸，但這個處罰沒有對仲永檀起到任何懲戒作用。就在這年年底，仲永檀與鄂爾泰長子鄂容安串通密謀對付張廷玉一事敗露。根據一份供詞顯示，他們二人在未上密摺之前先行商議，既奏之後，又互通情報反覆商議。這種行為既無視密摺制度，又純屬結黨營私，尤其令乾隆感到憤怒。一個是兒子，另一個是門徒，鄂爾泰自然難逃干係。乾隆對鄂爾泰的不滿，由此也達頂點。他嚴厲斥責鄂爾泰既不善選擇門生，又不能教訓兒子，而且犯有營私結黨之過。

見此情形，張黨開始躍躍欲試，企圖落井下石，圖謀報復。他們要求嚴懲仲永檀和鄂容安之餘，也應對鄂爾泰予以嚴密審查。沒想到張黨的這些激烈行為反倒喚起了乾隆對鄂黨的同情之心。他忽然下令從寬結案，除了將仲永檀革職下獄之外，對於鄂容安，乾隆只是給予薄懲。在乾隆的內心深處，暫時不想造成一黨獨大的局面，所以他必須努力維持兩黨之間的均勢。當然，他也不忘趁機給予鄂爾泰嚴厲告誡：如果日後膽敢再犯，絕對不會寬恕。

經過這番折騰之後，鄂爾泰可謂是威風掃地、顏面盡失。至於鄂黨，也不能再持續當初的那種強勢。乾隆九年（一七四四）冬，鄂爾泰患病臥床，手腳不能動彈，疑似得了中風。在與病魔艱難抗爭一段時間之後，他最終還是在第二年春天病故。

得知鄂爾泰去世的消息之後，乾隆皇帝忽然心生憐憫之情。他按照父親當年的遺詔，特別頒旨准許鄂爾泰配享太廟，諡文端。乾隆皇帝特地親臨鄂爾泰的葬禮，在祭文中，他稱鄂爾泰為「國家之柱石」，給予這位首席軍機大臣很高的評價。

鄂爾泰的去世給鄂黨帶來沉重打擊，群龍無首的鄂黨在朝廷中的勢力已經大不如前。張黨則趁勢發力，企圖一舉將鄂黨剷除。但此時，乾隆尚未培植起足夠強勢的親信，只能繼續保持平衡策略，鄂黨仍然保持一定的餘威。乾隆十一年（一七四六）九月，鄂爾泰的弟弟，戶部尚書鄂爾奇因多項罪名遭到彈劾，被革職罷官。張黨主張加倍嚴懲，但乾隆以鄂爾泰對國家貢獻很大為由拒絕嚴懲。兩年之後，鄂爾奇帶著一種鬱悶的心情在獄中死去。

至於鄂黨的最終消亡，還要等到十年之後，至少是等到張黨的魁首張廷玉終於老死的那一天。

乾隆二十年（一七五五），鄂爾泰的門生胡中藻所著《堅磨生詩鈔》遭到查抄，捲進一場文字獄中。在胡氏所著詩集中，官員很快就查出其中含有攻訐張廷玉和張照的句子。其實，此時的張廷玉既無法對乾隆構成任何威脅，更不是皇帝所寵幸的權臣，至於張黨也已經遭到乾隆的多次打壓，如同驚弓之鳥。這樣說來，胡中藻含沙射影攻擊張廷玉，似乎並不能構成什麼大罪，但乾隆卻據此咬定胡中藻有結黨營私之舉，嚴厲斥責其「依附師門，甘為鷹犬」，並不願將他輕易放過。

此案很快結案，不僅鄂黨分子胡中藻遭到處決，還牽連到了鄂爾泰侄子甘肅巡撫鄂昌，甚至此後進一步牽連到鄂爾泰的其他子侄。乾隆查出鄂昌與胡氏唱和的詩篇《塞上吟》中有「奈何奈何」這樣的感嘆，認為鄂昌破壞了「遇有行師，必踴躍爭先」的滿洲舊俗，是破壞滿族勇敢尚武風氣的敗類，屬於大逆不道的行為。在另外一首詩中，乾隆發現鄂昌將蒙古稱為「胡兒」，對此表現出更加強烈的不滿。乾隆認為蒙古與滿洲本屬一體，既然鄂昌視蒙古為胡兒，那就等於是自加詆毀，把滿族也視同胡兒。憤怒的乾隆絲毫沒有顧及鄂爾泰的任何情面，竟然下令讓鄂昌自盡。

胡中藻被處決，鄂昌被賜死，這當然對鄂黨造成了很大打擊，但這還不是乾隆對於鄂黨的最後一擊。同樣受到胡案牽連的鄂容安和鄂實，在此之後被勒令前往邊疆履職。這多少是因為鄂昌幾句「奈何」的連累，乾隆逼迫鄂家子弟找回尚武精神。而這在邊境動盪的歲月，無疑等於是讓他們送死。果然，就在鄂容安抵達西疆後不久，他就遇到準噶爾部叛變。在一場戰鬥中，鄂容安和另外一位戰將班第被賊兵一路追趕，在耗盡所有氣力之後，雙雙拔劍自刎。鄂實也於乾隆二十三年（一七五八）戰死在葉爾羌城東黑水河畔。除了他們二位之外，鄂爾泰另外一個兒子鄂樂舜曾經因為在浙江任上索賄遭到彈劾和逮捕，乾隆絲毫不講情面，同樣給予嚴厲懲罰，逼迫其自殺。

曾經滿門榮貴的鄂家，因為胡中藻一案的牽連，竟然遭到乾隆如此嚴厲的打擊，顯然與當初鄂黨勢力過於強盛有著直接連繫。乾隆雖說一直平衡鄂張兩黨實力，還不惜借助抬高張黨的力量對其進行了有效打壓，但還是對滿族貴族組成的鄂黨保持了足夠的戒備之心。雖說魁首已死，乾隆還是一直擔心鄂黨會在某個時候重新抬頭，於是乾脆抓住個機會，來個釜底抽薪式的打擊。事實證明，在威嚴的乾隆面前，無論鄂爾泰和鄂黨分子如何強勢，終究只是在如來佛祖手心蹦躂的猴子。看到乾隆剷除鄂黨的意願如此堅決，鄂黨分子紛紛偃旗息鼓，曾經不可一世的百足之蟲，就此銷聲匿跡。

柒

軍機元勛之死

能否無嫌到考終

就在打壓鄂黨的同時，乾隆也在有計畫地展開對張黨的清剿行動。乾隆也想畢其功於一役，徹底消滅黨爭，但鄂、張兩黨長期以來已經形成盤根錯節之勢，讓他不得不思慮周全，小心處置，等待最佳時機。在很長一段時間之內，乾隆都是在兩黨之間保持著公允態度，維持二者的均勢，讓兩黨相互牽制，以此求得皇權穩固。一旦時機成熟，乾隆一定會堅定地對兩黨予以毀滅性打擊，徹底收回大權。所以，張黨遲早也會迎來覆滅的一天。

其實，在與鄂黨的長期較量過程中，張黨也是損傷慘重。由於與鄂黨鬥爭的需要，張黨需要互相支援，抱團行動，尤其是向魁首張廷玉經常請示，以求實現內外聯絡。而這個過程，正好也給乾隆打擊張黨提供了機會。乾隆打擊張黨，非常注意借用鄂黨的力量，同時也運用了「擒賊先擒王」的策略，把矛頭直接對準張廷玉。

張廷玉堪稱軍機處當仁不讓的一位元勛。雖然因為漢族的身分讓他始終無法取得首席軍機大臣之職，但他卻做成了有清一代唯一一位配享太廟的漢族官員。從這個角度來看，張廷玉其實恰好借助於清廷推行皇權政治之機，徹底地融入了滿族貴族所建立的政權機構，直至成為其核心成員之一。

張廷玉對軍機處有著創建之功，對於軍機處相關制度的完善，尤其是奏摺制度的改革，也有著重要貢獻。所以有句話說，「軍機處初設，職制皆廷玉所定」[67]，這並不是過譽之辭。

雍正即位之初，在辦理康熙喪事期間，張廷玉始終不離雍正左右。當雍正需要下達詔旨之時，就會命令張廷玉入內，然後雍正口授大意，張廷玉「或於御前伏地以書，或隔簾授几，稿就即呈御覽，每日不下十數次」[68]。這種簡捷的理政方式，直接啟示了雍正繞開內閣理政的想法，並最終創立了軍機處。而張廷玉作為雍正的貼心祕書，也當仁不讓地成為首批軍機大臣。入值軍機處期間，張廷玉的縝密和細緻，都令雍正格外放心。雍正八年（一七三〇）之後，由於雍正皇帝身體不好，西北戰事又非常緊急，所以雍正每天都要召見張廷玉多達十幾次，甚至不分晝夜。三更燈火，五更雞鳴，都可以看到張廷玉忙碌的身影。軍機處讓張廷玉成為機器人一樣的工作狂。

張廷玉在軍機處任職多年，深知身處機要之地，言多必失，所以處處都非常小心謹慎。他特別欣賞宋代黃山谷所說「萬言萬當，不如一默」一句，遇事一直秉持少說多做的原則。如果事成，則歸功於主人，如果事敗，則自己承擔責任。這個緣故，他贏得雍正的特別器重。張廷玉曾經患病在身，離開職守幾日，雍正就非常不適應。他告知近侍說：「朕股肱不快。」當左右爭來問安之時，雍正笑著說；「大學士張廷玉有疾，豈非朕股肱耶？」[69]張廷玉在雍正心目中的地位，君臣二人之間的關係，由此可見一斑。

張廷玉對主子忠心耿耿，雍正對張廷玉也是寵愛有加。得知張廷玉最嗜飲茶，雍正就將各地精選的進貢之茶賞賜於他，而且會附帶賞賜精美茶具。至於賞給帑金，則更是數不勝數。當然，雍正對張廷玉最重要的賞賜，就是在死前發布遺詔，允許他可以在死後擁有配享太廟的待遇。按照雍正皇帝的遺詔，張廷玉死後，其神位可以安放於太廟的前殿西廡，接受後代皇帝每年一次的祭祀大典。

太廟是皇帝祭祀祖先的地方。能夠配享太廟之人，除了皇族成員之外，必須是對朝廷建有特別功勛之人。終清一世，漢族官員中能夠獲得這一待遇的，只有張廷玉一人而已。而張廷玉也深知這一禮遇來之不易，生怕會得而復失，因此也顯得特別在意。而乾隆則正好抓住了他的這一心理，利用配享太廟問題，與張廷玉巧妙周旋，藉此實施打擊，甚至不惜讓這位元勛老臣斯文掃地。所作所為，都不免令人嗟嘆。

67《清史稿．張廷玉傳》。
68《清史稿．張廷玉傳》。
69《清稗類鈔．恩遇類》。

柒

你是下一個目標

俗話說，一朝天子一朝臣。雍正喜歡的，乾隆未必喜歡。被雍正視若股肱的張廷玉，甚至不為乾隆所欣賞。在乾隆的眼中，張廷玉至多只是一位幫助雍正撰寫諭旨的文人而已，除此之外，再沒有什麼出息和作為。乾隆甚至說：我之所以能夠容忍張廷玉，不過是因為他曾長期擔任朝廷重臣，他是一件需要放在櫃子裡陳列的古董，僅僅是一種陳設。包括張廷玉遇事謹慎、為人謙卑的性格，雍正非常欣賞，乾隆卻多少有些不以為然，故而對張廷玉有過「善自謹而近於懦者」[70]的評價。

當然，因為乾隆施政之初，確實也離不開張廷玉等一干老臣的支持，所以他對張廷玉只能說是一邊打擊，一邊利用。或者說，當他需要張廷玉的時候，就會善加利用；當張廷玉成為實施新政的阻力，尤其是張黨勢力尾大不掉，形成氣候的時候，乾隆便會毫不留情地予以堅決的打擊。

乾隆不欣賞張廷玉，和他深惡朋黨直接相關。乾隆即位之後，很快便發現，朝臣圍繞張廷玉已經形成了勢力極大的張黨。基於這個原因，乾隆在利用鄂黨與之周旋的同時，也注意適時予以打壓。張廷玉曾與鄂爾泰同封伯爵，在深以為榮的同時，他請求乾隆將伯爵封號由其長子張若靄承襲。乾隆為了遏制張家勢力膨脹的勢頭，也是為了壓制張廷玉本人，斷然予以拒絕。乾隆宣布，伯爵銜只封給張廷玉本人，到他死為止，子輩不能世襲。

乾隆不欣賞張廷玉，多少也是因為他的滿漢之見極深。長期以來，乾隆對於漢人一直不能委以完全的信任。故此，張廷玉雖說是在前朝久居高位，但他終究只是一位漢族官員，資歷再深，也始終無法獲得首席軍機大臣之職。這個現象很能說明，張廷玉始終沒有得到乾隆的完全信任。乾隆只是在確實無人可用之時，部分倚仗張廷玉。但在這個過程中，乾隆也一直在培養自己的親信，並且利用張廷玉的反對勢力，來對張黨實施嚴厲打擊。

在很長時間之內，乾隆都是借助鄂黨勢力對張廷玉和張黨進行打擊。在鄂黨魁首鄂爾泰死後，鄂黨分子史貽直一度引起乾隆的注意。

反張鬥士史貽直

史貽直，字儆弦，江蘇溧陽人，康熙三十九年（一七〇〇）進士，善於辭令。當年，雍正對年黨進行清剿之時，發現史貽直既與年羹堯同年考中進士，而且還是年羹

70《欽定日下舊聞考》卷六七。

堯所推薦任職。雍正帝就召見史貽直：你也是年羹堯所推薦的嗎？這句話本來就是帶有一番問罪之意，換別人早已嚇趴下了，沒想到史貽直卻表現得非常鎮靜自若。只見他平靜地回答說：不錯，當初的確是年羹堯推薦我的，但最終決定使用我的卻是皇上您啊。

雍正對史貽直的鎮定和機智非常欣賞，決定不再追究他和年羹堯的任何干係。此後，雍正不僅不對史貽直進行問責和治罪，反而一直予以重用，這倒並非完全是由於史貽直善辯，更主要的還是因為他確實是可用之才。在這之後，史貽直的官越做越大，到乾隆年間已經累遷至吏部尚書兼文淵閣大學士，也算是出將入相的老臣了。

當然，如果與張廷玉相比，史貽直的這些官職顯然就算不得什麼了。史貽直十九歲就考中進士，與張廷玉是同科進士，又一同被欽點為翰林，甚至還在雍正元年一同入值南書房。與張廷玉相比，史貽直擁有年齡上的優勢，他比張廷玉小了足足有十歲之多。可沒想到的是，早期尚且能在官場保持同步的這二人，自從接近皇帝之後，仕途便完全發生變化。張廷玉平步青雲、扶搖直上，官至吏部尚書，並以大學士的身分出任軍機大臣，成為雍正皇帝的心腹重臣。而史貽直則始終是官居侍郎，直到雍正去世前才做成兵部尚書，乾隆七年（一七四〇）才晉升為協辦大學士，而且始終沒有入值軍機處，也就是意味著他一直沒有進入政治權力最為核心的圈子中。

或許正是這種巨大的反差，讓史貽直對張廷玉一直不是非常服氣，心底那種嫉妒心理似乎永遠揮之不去。以此之故，雖是一名漢官，他最終決定轉投鄂爾泰門下。早期，在鄂黨和張黨的交鋒過程中，由於鄂爾泰尚且健在，所以，凡事都輪不到史貽直來出頭露面。等到乾隆十年（一七四五）鄂爾泰死後，史貽直便從幕後走到臺前，於是，朝廷之中就此形成史貽直與張廷玉分庭抗禮的局面。

在張廷玉配享太廟之事上，史貽直也是一直非常不服氣。乾隆十三年（一七四八），張廷玉以身體衰老為由上疏，請求退休返鄉，史貽直便趁機就張廷玉配享太廟一事大做文章。他其實也是多少揣摩了乾隆的心理，所以就指責張廷玉對於清王朝其實沒有什麼巨大貢獻，根本不配享有配享太廟的待遇。他上奏密摺，希望乾隆能夠改變雍正遺命，阻止張廷玉配享太廟。

對於史貽直的這番用心，乾隆當然非常清楚。事實上，乾隆對於張廷玉配享太廟一事也是一直抱有成見。只是在需要拿出具體處理意見之時，乾隆還是採取了相對折衷的態度，沒有完全聽從史貽直的意見。這件事情說明，史貽直只是乾隆藉以利用的棋子，最終決策之時他完全不會為大臣所左右。借助於史貽直的彈劾，乾隆可以嚴厲申斥張廷玉，給張黨以嚴厲警示，並且做出順從己意的處罰，但他在過後是不會承認史貽直之功，反而會說：史貽直曾長期在我面前陳奏張廷玉不應配享太廟，史貽直本不應如此陳奏，那個時候我就不聽他的話，知道史貽直一直與張廷玉不和，不容他對張廷玉肆意加以陷害。

張廷玉的心結——配享太廟

在處置鄂張黨爭的過程中，乾隆的政治韜略表現得越來越成熟。不管是任由二虎相鬥，還是選擇性地予以打壓，乾隆都能很好地獨操權柄，用力既狠又準。此後，乾隆在張廷玉配享太廟問題上仍然是搖擺不定，甚至故意讓其出醜，對於這位軍機處元勳表現出非常刻薄的一面，卻在幾番曲折之後，又終於准許張廷玉配享太廟，這都說明乾隆對於政權有了足夠的掌控之力，可以隨意地將元勳之臣玩弄於股掌之上。

張廷玉申請退休的理由其實非常充足：其時他已經七十六歲，很快就要年滿八十，成為耄耋老人。任何人到了這個年紀都會出現身體衰弱、體力不濟的情況，張廷玉自然也不能免。想到自己偌大年紀，還會不時地受到年輕皇帝的訓斥，他更是下定決心請辭。所以，張廷玉以身體無法再適應軍機處工作為由，就此提出退休的請求。乾隆十一年（一七四六），張廷玉的長子病故，白髮人送黑髮人，張廷玉倍感傷痛，思鄉之情由此更熾。

由於年歲已高，張廷玉做出退休之請本屬人之常情，但乾隆卻不這麼認為。乾隆仍然抓住他配享太廟的問題，故意加以阻攔。乾隆對張廷玉說：人臣事君，只能是鞠躬盡瘁，死而後已。何況你張廷玉身受兩朝厚恩，甚至按照先皇遺命，將來可以配享太廟，豈有回歸故鄉終老的道理？

張廷玉退休的請求得不到批准，只好繼續極力陳奏。張廷玉找到乾隆皇帝，當面陳情，說到動情之處，甚至不禁淚流滿面。面對張廷玉的再三懇請，乾隆仍然固執地和他反覆講道理，勸說他不該這麼早就引退，而是以江山社稷為重，留下來繼續輔助朝政。沒想到的是，張廷玉還是不肯就此甘休，反而繼續倔強地向乾隆懇求。

走不掉的軍機元勛

畢竟年歲已老，健康狀況不佳，張廷玉辭職本無可厚非，但他選擇請退的時機顯然沒有把握好。乾隆十三年（一七四八），正是金川之戰異常膠著之時。這年的正月，軍機大臣訥親奉命前往前線指揮作戰。沒想到的是，訥親的指揮十分糟糕，最終因罪被殺，同時被殺的還有慶復，這也是一位滿族大臣，和訥親有親戚關係。此外，鄂黨張廣泗也論罪被斬。

軍機處內部，滿人一直占據首席之位，處於明顯強勢，訥親的被殺，包括鄂黨張廣泗的被斬，都令張黨長出一口惡氣。甚至連乾隆都可以感受到漢族大臣，尤其是同為軍機大臣的張廷玉、汪由敦的暗自竊喜。汪由敦一直是張黨幹將，乾隆不能不提出嚴厲訓誡：國家不能沒有軍旅之事，從軍報國，不分滿漢。身為大臣，誰都應當竭誠效命，拚殺疆場，不辭艱苦。如果漢人見到兩個滿族大臣獲罪被殺，暗自慶幸能夠逃離艱苦，優游於事外，甚至是冷眼嘲笑，這種居心豈不是太讓人感到寒心！

接下來，乾隆乾脆將矛頭直接指向張廷玉和汪由敦。他說：「即如大學士張廷玉久歷仕途，幸而保全至今，亦由未遇此等事耳！又如汪由敦諸凡不肯奮勉向前，遇此等事，更不知若何矣！伊等捫心自問，當抱歉之不暇，尚可存訾議之見耶！」[71]乾隆的這道諭旨，特別點了張廷玉、汪由敦的名，此外還點了剛剛擔任軍機處行走的陳大受的名字，乾隆對張黨和漢官的不滿躍然紙上。

就在訥親被殺之後，另外一位滿族官員傅恆迅速取而代之，成為新的領班軍機大臣。很多人認為訥親的被殺是由於乾隆的有意安排，乾隆在明知金川之役必敗的情況下，還是執意要派不懂軍事的訥親前往，只能說是蓄意謀殺，是乾隆誅殺權臣的巧妙手段。一段時間之內，由於張廷玉年逾花甲，行動諸多不便，乾隆漸生排斥之意，形成經常由訥親獨自面承聖旨的局面。乾隆只得繼續尋找人選，就這樣小舅子傅恆進入其視野。傅恆很快成為乾隆著力提拔的對象，訥親已經變得不再重要。但在訥親奔赴前線的特殊情況之下，只有張廷玉仍然可用，故此乾隆堅決反對張廷玉此時告老還鄉。其時，張廷玉行走已經不便，經常需人攙扶。乾隆特意命令其次子庶吉士張若澄在南書房行走，以便照料。很顯然，乾隆做出這種特別安排，應當是因為政務需要。

早在幾年前，乾隆對於張廷玉已經明顯不如之前那麼倚重，遇到一些重大事情的決策，也不再像以往那樣喜歡諮詢一下張廷玉，徵詢閣老的意見。但在新舊交替的節骨眼上，乾隆還是希望張廷玉能夠留一陣子，至少是輔助一下他的小舅子，好讓這位新的領班軍機大臣儘快熟悉情況，迅速進入角色，並不是要對張閣老委以什麼重任。

此外，乾隆極力挽留張廷玉其實還有一個顧慮，卻無法說出口。乾隆非常清楚這個張閣老長期處於權力機構的核心，知道他們皇室的祕密太多太多，而張廷玉的老家桐城文風太盛。乾隆不能不擔心這個三朝元老會受什麼人鼓動，最終留下諸如皇宮祕史之類的文字在江湖上流傳。所以，乾隆一心要把張廷玉留在京城，便於控制。只要把他留在京城，張廷玉就一定會小心翼翼，守口如瓶，不敢洩露朝廷的任何機密。

胳膊永遠擰不過大腿，乾隆希望張閣老留下，張閣老最終也就只能選擇留下，至於張閣老個人的願意，便只能靠邊兒站。

張廷玉固然是留下了，但乾隆皇帝卻早已被此事惹得極為不快，而且張廷玉也只留下不到一年時間。就在乾隆十三年（一七四八）的年底，返鄉心切的張廷玉再次以患病為由提出了申請。

張廷玉這一次的申請，至少在策略上要比上一次高明很多。這位閣老經過深思熟慮之後，提出了「休病假」的請求，而且宣稱是「暫歸」，不是一去不回，而且他還

71《清高宗實錄》卷三二九。

給乾隆做出保證：如果下一年皇帝南巡，他一定會趕赴江寧府迎駕。看到張廷玉做出種種保證，而且也親眼看到這位閣老實已老態龍鍾、步履維艱，乾隆總算動了惻隱之心，同意張廷玉在第二年冰雪融化的時候，休假返鄉。

昏聵

有點蹊蹺的是，就在張廷玉滿心歡喜地積極做著返鄉準備之時，他又忽然糾結於自己能否配享太廟的榮譽，並且在與皇帝溝通的方式上出現了很大問題，由此而直接惹惱了乾隆皇帝，也將自己弄得灰頭土臉。

原來，就在張廷玉申請返鄉的時候，鄂黨分子史貽直再次伺機而動，悄悄奏請乾隆，建議取消張廷玉配享太廟的資格。而張廷玉一直是將配享太廟視作光宗耀祖的象徵，內心非常看重。對於史貽直的這種舉動，便不能不擔著小心，做好應對準備。

張廷玉經過一番思慮之後，還是決定進宮面見皇帝，計畫請求乾隆賜給自己一張書面文書作為憑據。前面說過，乾隆在接到史貽直的奏請之後，也曾經有過幾分猶豫，但終究因為配享太廟是出自父親的遺詔，而且久成定命，所以最終還是取消了收回之意。但他完全沒有料到張廷玉竟然對自己如此不信任，甚至會對皇帝提出書寫「書面保證書」這種近似要脅的請求，心中自然十分不快。令乾隆更加惱火的是，史貽直密摺陳情，張廷玉居然知道相關內容，這顯然是有軍機人員洩密。那麼，到底是誰向張廷玉洩密的呢？乾隆不用多想，自然會立即猜到張黨分子汪由敦這裡來。

當張廷玉乞請退休之時，乾隆曾經禮貌性地詢問張廷玉誰可以接替他繼任大學士，張廷玉毫不猶豫地推薦了自己的門徒汪由敦。對於張廷玉這種不避嫌的舉薦，乾隆也一度非常不悅，但最終還是聽從了閣老的建議，任命汪由敦為協辦大學士。

從這件事情來看，乾隆當時對於張廷玉還是有著足夠的信任，但令乾隆萬萬沒想到的是，張廷玉反倒是信不過自己，並且提出立字為據的無理之請。而且從張廷玉的舉動來看，張黨分子顯然有互相勾連、互相串通消息的行為，這也引起了乾隆的警惕。

就這樣，乾隆在一種非常不快的心情之下，為張廷玉寫下了一張字據。乾隆的意思是，明代劉基乞休之後仍然可以配享太廟，張廷玉可以此為例。

乾隆勉強從其所請之後，心中惱怒之氣終是難消，於是又接著寫了一首詩送給張廷玉：

造膝陳情乞一辭，動予矜惻動予悲。
先皇遺詔唯欽此，去國餘思或過之。
可例青田原侑廟，漫愁鄭國竟摧碑。
吾非堯舜誰皋契，汗簡評論且聽伊。

乾隆一生留下詩作雖多，有影響的則很少，能讓人熟悉和記誦的更是少之又少，但毫無疑問，這首詩是寫出了乾隆當時複雜的情感和深刻的寓意。

乾隆首先解釋說，是你張廷玉來到我面前，跪地陳情，懇求我為你寫一個保證。你的這一行為，讓我在悲傷之餘也起了一番惻隱之心。接下來，乾隆表態：先皇的遺詔，我當然會嚴格遵守，不會有任何疑問，等你離開京城回到老家的時候，你應該會心有所思，思忖自己的行為是否妥當。

這些句子尚且比較溫和，但接著乾隆就借助於歷史典故非常嚴厲地對張廷玉提出了警告。借助於劉伯溫的典故，乾隆說可以特准張廷玉像劉伯溫那樣在退休之後享有配享的恩遇。但這個典故只是個引子，接下來，乾隆就借助於唐太宗和魏徵的故事警告說，你難道是怕我會像唐太宗那樣，給魏徵親手寫了碑文之後，又親手砸了？

當乾隆寫下這樣寓意深遠的詩句之後，他在之前為張廷玉寫下的所謂書面保證書其實也沒有了什麼實質性意義。至少乾隆含有了一層警告之意，自己其實也可以像唐太宗那樣隨時做出反悔之舉。

最後，乾隆仍然是一句負氣的話：我並不是什麼堯舜之君，可我也不知道誰可以配得上做我的皋夔之臣？至於將來歷史如何評價我們君臣二人，也只能交由時間決定。這句話明顯是再次警告張廷玉：你的功績也不過如此，至少與古代的賢臣相比還是有差距，你張廷玉只是得到了父皇的認可，並沒有得到我的認可。甚至於父皇讓你配享太廟，我也說不清是對是錯。

乾隆這首詩帶有明顯的負面情緒，以張廷玉的文學功底，應當能立即看出其中充滿著不祥之感。但是，由於手裡已經拿著皇帝親手寫就的保證書，張廷玉只有喜悅和興奮，情緒並沒有受到這首詩的影響。

張廷玉自以為心中的石頭落地，在睡了一個安穩覺之後，卻立即招致大禍。按理說，乾隆皇帝已經破例施恩，至少張廷玉應該親自進宮謝恩才對，可張廷玉沒有這麼做。第二天清晨，他鬼使神差一般，以身體欠佳為由，只是派自己的兒子張若澄代替自己進宮謝恩。

這顯然是一個嚴重疏忽，理所當然地引起乾隆的嚴重不滿。對於一生嚴守君臣之禮的張廷玉而言，這個疏忽也顯得極其愚蠢。

乾隆一定以為張廷玉在得到自己的天賜恩寵之後，一定會感激涕零、喜不自禁，並在第二天一早就趕來當面謝恩。沒想到的是，他只是看到張若澄一人前來，不由得勃然大怒。大概在乾隆眼中，張廷玉已經徹底變成了一個藐視皇帝和君權的權臣，完全沒有把自己放在眼中。當自己的要求得到滿足之後，甚至連見皇帝一面都不願意，這豈不是太過猖狂？

積怨就在這一刻徹底爆發。乾隆很快就命令軍機大臣擬旨，準備責問張廷玉為何做出如此欺君罔上之舉。沒想到這之後還有更讓乾隆生氣的事情發生：就在第二天清晨，張廷玉竟然跑到宮中，向乾隆叩頭請罪。

這個舉動顯然更加愚蠢。首先，這等於是把前面自己所說的身體欠佳的理由否定了，犯了欺君之罪；其次，這也等於是明白地告訴皇帝，有人暗中向他傳遞情報，洩露了皇帝發怒的消息。

當時汪由敦正在軍機處值守，乾隆立即懷疑到他。乾隆認為，這顯然是結黨營私的行為，而且是在自己眼皮底下，屬於膽大妄為。就這樣，乾隆的怒火升騰到了極點。

乾隆當面對張廷玉嚴厲痛責，歷數罪狀：第一，信不過皇帝，無理索要書面保證；第二，配享太廟乃皇帝非常恩典，但張廷玉在得到皇帝手諭之後，不親自至宮廷謝恩，明顯視配享為自己應得；第三，在尚未衰老之時，就圖謀返鄉退養；第四，舉薦不避親，重用門生親戚；第五，暗中指使門徒汪由敦藐視綱紀，公然洩情……

欲加之罪，何患無辭。這對君臣互相之間太熟悉不過了，只要隨便找找，罪名就可以找到滿籮筐。在所有的罪名之中，最為嚴重的應該數結黨和洩情。乾隆一向對軍機大臣洩情最為痛恨，於是繼續嚴厲痛斥張廷玉：你將得意門生安插在朝廷為你充當耳目，這使得你即使是在退出朝廷後仍然消息靈通，但這樣的伎倆豈能瞞得過我？你應該想想大學士是個什麼樣的官，怎麼可以徇私引薦，將自己的門生舉薦進來？你再想想我是個什麼樣的皇帝，怎麼能容忍大臣們公然結黨營私？

也許是前面剛剛寫完書面保證，乾隆雖然盛怒不已，口氣嚴厲，但最後還是下令讓張廷玉仍以大學士銜休致，身後仍可以配享太廟，僅僅削去伯爵之位。而汪由敦則被革去協辦大學士，但暫時仍留在軍機處。

可嘆鬚髮皆白的三朝元老張廷玉，就這樣被乾隆罵得體無完膚、顏面盡失。辛苦一生的他，本想留住光宗耀祖的資本，希望能夠平安回鄉，萬萬沒想到在最後時刻招來如此尷尬難堪的局面。膽戰心驚之餘，他心裡所能想的只是趕快回鄉，嚴格遵守乾隆「明春回鄉」的旨意，儘早遠離這個是非之地。

接二連三的失誤

乾隆十五年（一七五〇），剛剛露出春天的氣息，張廷玉便已經開始收拾行裝，準備隨時踏上返鄉之路。沒想到的是，就在這個時候，又有意外發生：就在張廷玉向乾隆寫好啟程奏摺之時，皇帝的長子永璜去世了。

由於張廷玉曾經做過永璜的老師，二人有師生之誼，因此必須參加喪禮，而且，按照常例，他必須等所有的祭禮結束之後才可以返程。但是，張廷玉顯然太想早點離開這個是非之地了，剛剛熬過了初祭，他便向皇帝提出請求，希望能夠馬上啟程返鄉。

人到中年的乾隆已經不是第一次遭受喪子之痛，十二年（一七四七）冬天，皇七子也因為出痘而亡，加上之前還有喪妻之悲[72]，而且金川之役也是損兵折將，可以說，在乾隆十三年（一七四八）前後，這位皇帝的心情一直不好。而此刻損失的是最為鍾愛的皇長子，這種壞心情已經糟糕透頂。張廷玉這道不合時宜的奏摺的出現，當然會很容易惹惱他。張廷玉便只好再次充當倒楣鬼，成為乾隆的出氣筒。

在乾隆看來，皇長子才過初祭，喪服未除，身為老師的張廷玉就要匆匆還鄉，說明其內心沒有傷悲，對皇室也沒有忠誠可言。乾隆痛責道：「甫過初祭，（張廷玉）即奏請南還……漠然無情，一至於此，是謂尚有人心者乎？」[73]乾隆接著指出：張廷玉於君臣大義及平日師傅恩誼之所以漠不關心，只不過是因為自己的志願已達，更無可圖，所以便只想榮歸故鄉。說到這裡，乾隆不免有幾分痛心：「人臣如此存心，於國家無幾微系屬依戀，國家安賴有此臣也。」[74]

於是，乾隆降下諭旨，認為毫無忠心的張廷玉根本沒有資格配享太廟。乾隆毫不客氣地指出：張廷玉在雍正朝的貢獻也乏善可陳，只不過是一個稱職的祕書而已。在乾隆朝，他更是毫無建樹。朕之所以對他一再姑息寬容，只不過是因為他資格較老。

在這篇諭旨之後，乾隆還將歷代配享之臣的名單送給張廷玉閱看，並令其明白回奏，檢討一下自己到底是不是配得上這個配享之榮，到底有沒有資格索要這個配享之榮。

備受羞辱的張廷玉到了此刻彷彿才算徹底明白，所謂配享太廟的榮譽只不過是皇帝給他畫的一張餅，到如今終究只是竹籃子打水一場空。乾隆皇帝的或喜或悲，或陰或晴，都可以隨時把這個「餅」收回，而自己只能被其玩弄於股掌之上。很快，他就寫下這樣的奏摺：

「臣老耄神昏，不自度量，於太廟配享大典，妄行陳奏。皇上詳加訓示，如夢方覺，惶懼難安……臣既無開疆汗馬之力，又無經國贊襄之益……如此負恩，必加嚴譴，豈容更侍廟廷？敢懇明示廷臣，罷臣配享，並治臣罪。」[75]

在張廷玉寫下如此懺悔之詞後，乾隆召集群臣商議，討論張廷玉配享問題，就此修改雍正遺詔之事。朝臣對於君臣之間的過節已經非常清楚，一致奏請就此罷免張廷玉配享的資格。就這樣，張廷玉孜孜以求的榮譽，與他擦肩而過，他只得灰溜溜地回到老家。地方大員也很清楚前後情況，為了避嫌，紛紛避而不見，只有幾位家人出面，將其接回老屋。

72 乾隆十三年三月，皇后富察氏因病去世。這些變故顯然都嚴重影響了乾隆的心境，甚至於在處理朝政時，不時發生遷怒大臣的現象，也有不少朝臣因此無辜受到重責。
73《清高宗實錄》卷三二九。
74《清高宗實錄》卷三二九。
75《清高宗實錄》卷三二九。

最後的時光

伯爵被削，配享被奪，倉皇逃回老家的張廷玉只求安心度過殘年。此後，他深居簡出，閉門謝客。沒想到的是，噩運還不肯將他放過。不久之後，他的親家四川學政朱荃因為隱瞞喪事不報等不端行為而被告發，再次牽連到張廷玉。朱荃能夠在仕途平步青雲，就是因為得到張廷玉的舉薦之力，何況二人結為兒女親家。乾隆將張廷玉牽連治罪，下令收回過去三代皇帝給予張廷玉的一切賞賜，以示懲罰。

很快，乾隆的親信德保率領兩百兵丁來到了張家。張廷玉早已率領全家，跪在門口迎接，並且將三朝皇帝賞賜給他的字畫、珠寶等統統聚集起來，準備交給德保。德保不給這位軍機大臣任何情面，不僅照單全收，還以查找遺漏賞賜為名，開箱砸鎖，掘地三尺，將張家鬧騰得雞犬不寧。

除了自己受罰之外，在軍機處行走的門生汪由敦也受到了乾隆的嚴厲懲罰。乾隆認定汪由敦犯有包庇朱荃之罪，被降職為侍郎。因為張廷玉的名譽掃地，門生故吏都各尋出路，恰如樹倒猢猻散，甚至連吳士功這樣的死黨也選擇投奔了史貽直。乾隆打擊張黨的行動，至此已經取得全勝。

經過這場變故之後，張廷玉變得更加沉默，經常獨自坐在家中發呆，終日不發一語。乾隆二十年（一七五五），這位元勛重臣在家中苟活五年之後，終於病逝。得到這一消息，乾隆皇帝忽然擺出眷念之態，除了宣布寬恕其一切過失之外，還宣布張廷玉可以配享太廟，諡文和。

當然，對於張廷玉寬容，不代表張黨分子也可以獲得寬容。恰恰相反，張黨此後持續得到清剿。張黨和鄂黨一樣，雖是百足之蟲，也最終在乾隆的打擊之下，漸漸從政壇消失，甚至張廷玉的後代也都受到持續排擠和打壓，最終從官場完全隱跡。

其實張廷玉晚年所糾結的，就是一個配享太廟的榮譽問題，沒想到因此遭到乾隆的百般戲耍。如果張廷玉能夠超脫一些，把配享看得淡一些，晚景肯定會發生很大變化，至少不會遭到如此不堪的羞辱。很多年之後，乾隆對於張廷玉有這樣的一句評價：「古所謂老而戒得，朕以廷玉之戒為戒，且為廷玉惜之。」[76]很顯然，乾隆對張廷玉「貪得」的性格特點太過瞭解，但他如此戲耍老臣的做法，顯然也是非常過分之舉，與其貴為人君的身分很不符合。

乾隆還曾在一首懷舊詩中提及張廷玉，認為張廷玉雖有過失，自己仍然沒有做出嚴厲懲處，甚至在他去世之後，仍允許他配享太廟。自己對張廷玉如此優容寬厚，如果他地下有知，不知道會怎麼樣感激涕零[77]？

76《清史稿．張廷玉傳》。

柒

配享太廟的榮譽，張廷玉果真能在地下有所感知嗎？乾隆透露出的是自信，但地下的張廷玉卻未必領情。張廷玉一度位極人臣，也在軍機處任上為大清帝國殫精竭慮操勞一生，卻在人生暮年收穫無盡的淒涼。而乾隆在打壓張廷玉的過程中始終駕輕就熟，自信從容，完全不顧這位耄耋老臣的感受，無外乎是因為掌握了無上的皇權。不管如何，身為三朝元老和軍機元勛，張廷玉用一生的謹小慎微，只是換得一段卑微屈辱的晚景，乾隆的處置手段無論多麼高明，都為自己留下了一段話柄。

77 詩名為〈故大學士張廷玉〉，載《樂善堂全集》。全詩為：「風度如九齡，祿位兼韋平。承家有厚德，際主為名卿。不茹還不吐，既哲亦既明。述旨信無二，萬言頃刻成。續皇祖實錄，記注能盡誠。以此蒙恩眷，顧命配享行。及予之蒞政，倚任原非輕。時時有贊襄，休哉國之楨！懸車回故里，乞言定後榮。斯乃不信吾，此念詎宜萌。臧武仲以防，要君聖所評。薄懲理固當，以示臣道貞。後原與配食，遺訓敢或更？求享彼過昭，仍享吾意精。斯人而有知，猶應感九京。」

捌

尋找真正的親信

無法逾越的鴻溝

乾隆和張廷玉這對君臣之間的恩怨，有著很多複雜的背景和原因，但其中有一點不容忽視，那就是乾隆對於這位漢族大臣始終沒有過足夠的信任。不要說乾隆，即便是雍正，對於張廷玉的信任也始終有所保留，至少一直沒有讓他擔任過首席軍機大臣，就說明對其多少還是存有戒防之心。與雍正相比，乾隆對於漢人的防備之心更勝一籌。鄂張黨爭過程中，乾隆雖也試圖保持兩黨平衡，但只是出於維持皇權的需要，而且在這過程中，他對滿人還是明顯地有所袒護。就鄂張兩派力量對比而言，鄂派總是占據上風，而張派則總是稍處下風。

在乾隆朝，有一個路人皆知的事實就是，上層權力圈內，始終是滿族官員占據多數，漢族官員總是少數，權力也是更多掌握在滿族官員手中。翰林院編修杭世駿曾因為說出「天下巡撫尚滿漢參半，總督則漢人無一焉」的實情，惹得乾隆極為惱怒，杭世駿獲罪去職[78]。如果與康熙朝對比，更可以明顯看出乾隆歧視漢官的傾向。朝鮮官員李彝章曾奉命出使北京，在回國後的報告中，他寫下這樣一段話：「康熙之時，兵

78 戴逸，《乾隆帝及其時代》，中國人民大學出版社，二〇〇八年版，頁一一六。

權委之清人，吏治委之漢人，宥密之任，清漢參半矣。今則兵權、宥密專委清人，治民之職，漢人僅參其半，而如客如奴，以此之故，仇怨太甚。」[79]

正是對於漢人的不信任，乾隆才會在骨子裡認為張廷玉根本不配擁有配享太廟的資格，只有滿族大臣才有這個資格。至於首席軍機大臣，則也理所當然地只能是在滿族官員中選出。

親信訥親

乾隆執政初期，因為不滿宗室親王干政太多，便果斷借用鄂爾泰和張廷玉重組軍機處。但他深知，這兩位畢竟還是前朝重臣，也不是自己親手提拔，始終會和自己隔著一層。在經歷一段時間之後，隨著鄂黨和張黨先後都被打壓下去，乾隆終於可以放手提拔和使用自己的親信之臣了。

其實，自從乾隆即位之後，他就一直非常注意尋找和提拔親信。至於軍機處和軍機大臣，尤其是首席軍機大臣，則更需要他重點關注和重點培養。初始階段，乾隆著力培養的是訥親，但到後來，訥親忽然被棄用，乾隆轉而重點培養傅恆。

訥親在雍正晚年便入值軍機處，但終究是年輕位卑。雍正對這位青年才俊非常賞識，用心對其進行培養。這一點，乾隆也非常清楚，他曾說：「訥親向蒙皇考嘉獎，以為少年大臣中可以望其有成者。」[80]應該看到，訥親更像是雍正特意培養留下來輔助乾隆的人才。

這位青年官員出身於滿族貴族世家鈕祜祿氏，其曾祖額亦都為赫赫有名的開國元勛，祖父遏必隆則是康熙朝四個輔政大臣之一，父親尹德則是雍正朝授領侍衛內大臣，姑母則是康熙帝的皇后。從這些可以看出，訥親是出生在一個滿門顯貴的世家中。這種顯赫出身，非常符合乾隆的用人標準。因為乾隆選用官員，無論滿漢，大多很講究出身。相對而言，世族大家子弟容易登科，寒門子弟則鮮能擢升高位。

乾隆即位之初，既需要防止宗室勢力抬頭，又眼見鄂、張兩黨相爭，訥親便很自然地成為他所需要的力量。在一幫顧命大臣中，訥親不僅最為年輕，而且辦事勤奮麻利，也非常廉潔自律，更沒有結黨營私的惡行。因此，訥親很快受到乾隆的垂青。在雍正大喪期間，訥親尚且是以都統和領侍衛內大臣的身分協辦總理事務，第二年便被授予兵部尚書兼議政大臣。乾隆二年（一七三七）十一月，乾隆出於加強皇權的需要，恢復軍機處，訥親就此進入軍機處，成為六名軍機大臣之一。

訥親起初階段只能排列鄂爾泰、張廷玉之後，但隨著鄂張黨爭惹得乾隆越來越心

---

79 戴逸，《乾隆帝及其時代》，中國人民大學出版社，二〇〇八年版，頁一一六。
80《清高宗實錄》卷九。

煩，訥親便漸漸成為軍機大臣中最具實權的一位。這正如曾經擔任軍機章京的趙翼所說：「（乾隆）初年，唯訥公親一人承旨。」[81]可以說，訥親雖無首揆之名，卻已經有了首揆之實。

乾隆雖給予訥親足夠的權力，卻也注意不時地給以訓誡。當時，左都御史劉統勳疏劾訥親權重、「領事過多、任事過銳」[82]之時，乾隆表示：如果有擅權營私行為，朕必定會有所洞察……最近訥親已經知道恪守和尊奉朕的訓誡了。

其實，劉統勳說訥親「領事過多」，是乾隆有意授予權力的結果，而「任事過銳」也是訥親辦事風格敏捷的體現，正為乾隆所欣賞，但乾隆卻樂得順著劉統勳的參劾給訥親以適當訓誡。訥親雖然說一直是皇帝所欣賞的重臣，甚至「料事每與上合」[83]，卻一直克己奉公，絕無行私之舉。趙翼說他「最蒙眷遇，然其人雖苛刻，而門庭峻絕」[84]，也是實事求是的評語。

辦事敏捷而又公正的訥親，正是躊躇滿志的新皇帝所急需的輔政大臣。當乾隆立志打壓宗親時，便恢復設立了軍機處。同樣地，當乾隆決心逐步裁抑鄂爾泰、張廷玉等一干權臣之時，便有了訥親的發跡。因為這個原因，軍機處和訥親註定要發生更為緊密的關係。重用訥親，是乾隆培植親信、追求大權獨攬的一個關鍵步驟。

乾隆十年（一七四五），當首席軍機大臣鄂爾泰艱難走完人生最為暗淡的歲月時，訥親正逐步迎來一生中最為顯赫的時刻。這一年，他官階連升，三月晉升協辦大學士，五月已成為保和殿大學士。不久之後，鄂爾泰的死訊傳來，乾隆隨即任命訥親為軍機處領班大臣，就此成為權傾朝野的重要人物。

所謂盛極必衰，當訥親的仕途到了最為通達、地位最為顯赫之時，也便意味著他只能開始走下坡路。在強勢的乾隆皇帝面前，只有皇權政治的存在，絲毫容不得權臣的存在。乾隆的意志，隨時都會改變一切。乾隆既然能給訥親一切，同樣也能全部拿回去。果然，隨著金川戰事的不順，訥親的命運就此發生了徹底的改變。

不歸之路

乾隆十三年（一七四八），乾隆皇帝接連迎來喪妻失子之禍，就在這節骨眼上，金川戰事失利的消息也是接踵而至。接連不斷的壞消息，使得乾隆心煩意亂，對他施政和決策也帶來不利影響。不懂軍事的訥親被推向前線，註定了這次戰爭在尚未開始之時就已經可以預知結局。

81《簷曝雜記》卷一。
82《清史稿》列傳八八。
83《嘯亭雜錄》卷一。
84《簷曝雜記》卷一。

乾隆先是任命川陝總督張廣泗擔任金川前線的指揮，但張廣泗的分兵作戰計畫，在金川險要地形和當地土司所設置的堅固壁壘面前，絲毫不起任何作用。不僅如此，他的賞少罰多的治軍之術，也嚴重影響了軍隊的士氣和鬥志。所以，任用張廣泗之後，清軍非但沒有改變局面，反倒是進一步陷入了戰爭的泥潭之中，變得更加不可收拾。

出現這種局面，乾隆不能不對張廣泗的指揮能力產生懷疑。張廣泗的無能，讓他覺得金川前線最缺的就是一個能夠統籌指揮的官員，於是，領班軍機大臣訥親臨危受命，被派往金川督戰。

乾隆本以為派出訥親既可以察明軍中實情，又可以相機指揮，將自己的旨意很好地貫徹下去，也好早點收穫捷報。沒想到的是，乾隆的這一舉動，竟然就此將訥親推上了絕路。

訥親雖然是滿洲世家子弟，卻完全不懂兵事，並不是什麼統軍之才。驟然得到領軍機會，他那種自負更加暴露無遺。訥親「自恃其才，蔑視廣泗」[85]，對於軍中將士也非常嚴厲殘酷，這些都註定了他在金川之役必將遭到失敗。在一番胡亂指揮之後，軍士損傷很多。親眼目睹戰爭殘酷之後，訥親又變得畏首畏尾，將一切都歸之於張廣泗，「每臨戰時，避於帳房中，遙為指示，人稱笑之也，故軍威日損」[86]。清軍的戰鬥力嚴重衰減，曾有三千軍士攻打一座碉堡，遇到對方數十人阻擊，便立刻作鳥獸散。這種情況下，如何能求得一勝？在這之後，還有人傳說訥親曾祈請達賴喇嘛和終南道士來為之助戰。這位在朝廷威風凜凜的軍機大臣，在戰場上隨處留下笑話。
軍中主將張廣泗先是對訥親極盡逢迎，但遇到訥親的這種盛氣凌人、專橫跋扈的作風，也只能充滿畏懼和忌憚，而不敢肆意妄為。接下來，等他看到訥親受挫之後推諉責任的種種舉動，張廣泗又開始以其不懂兵事而對他異常輕視，甚至是處處設難。
乾隆很快便意識到訥親確實是指揮乏術，軍事上是個低能兒。除了對金川戰事毫無進展感到沮喪之外，乾隆也為訥親和張廣泗之間的互相拆臺、互相牽制之舉感到震驚，同時也為訥親不聽自己交代的離間計而大為光火。氣急敗壞的乾隆只得召集軍機大臣商議對策，不久之後便命令訥親、張廣泗返回京師述職，並撤去訥親經略之印。此刻，乾隆終於想起長期被貶的岳鍾琪和傅爾丹，決定將他們重新起用：岳鍾琪任經略，傅爾丹為川陝總督。與此同時，兵部尚書班第也被派往金川協助料理軍事。

棄子

訥親遭到乾隆的痛斥，先是被革職，後又遭囚禁。在乾隆看來，訥親是他一直備

85《嘯亭雜錄》卷一。
86《嘯亭雜錄》卷一。

受重視重點培養的重臣，竟然表現得如此無用，讓自己丟盡臉面，如果不從重治罪，朝廷內外一定會當作一場笑話來看待。

就在訥親連遭聲討之際，他的隨員富成又將他怯戰觀望等隱情揭發出來。乾隆得知，訥親一直就對金川之役存有異議，只是畏懼皇帝的威嚴不敢上奏。他這種消極而又推卸責任的說辭，激起乾隆更大的憤怒。他認為訥親私下指責他用兵之誤，被直接點到痛處。乾隆因而大罵訥親，認為這種說辭尤其巧詐。史書記載乾隆申斥訥親的罪責洋洋千言，比如乖張畏縮，未嘗臨敵、先機撤退，歸過朝廷、嫉人成功，等等。總之，乾隆將金川之役所產生的惱怒一股腦兒地傾瀉到訥親身上。乾隆十四年（一七四九）一月，訥親被正法。乾隆一度想將訥親押回京師受審，但很快又改變主意，命令鄂實就在途中執行軍法。

由於一個月前張廣泗已經被斬，這樣一來，負責金川之役的一文一武兩位最高指揮官全部被殺。其餘如慶復、紀山、班第等一批高級官僚和將領，也都先後受到處置，或被處斬，或被革職。

對於金川之役的失利，訥親確實負有不可推卸的責任，但是乾隆本人明顯也有用人不察的過失。乾隆在明知訥親毫無作戰經驗的情況下，卻仍然命令其趕赴一線督師，指揮作戰，失敗其實早就註定。從這個角度來看，訥親的被殺，只是被乾隆當做替罪羊處置。只不過訥親的驕愎和無能，正好為乾隆治罪提供了很好的口實。

乾隆實際上早已圍繞軍機處完成了決策中樞的重新構建，更多地賦予軍機處軍事之外的職能，但是，從訥親到傅恆，再到阿桂，首席軍機大臣都曾先後參與軍事行動，而且親自擔任一線的軍事指揮。或許在乾隆心目之中，軍機處的軍事職能不能丟失，軍機大臣不應該僅僅是寫寫畫畫的文士，而是必須要懂得軍事。既然有這種職能定位，乾隆派訥親奔赴前線也便有理有據：既然你訥親是軍機大臣，便理所當然地應當具備一定的軍事才能，能領兵打仗才行，甚至在危急關頭也需要衝在前面，勇於擔當。然而，實際情形卻是：訥親真的不懂軍事，既不懂軍機處理，更不擅長軍事指揮。

明知訥親不懂如何領軍作戰，乾隆仍然將其派往金川督師，這顯然是將訥親往火坑裡推。所以，也有人認為，乾隆只是藉機誅殺權臣而已。這種觀點其實也有一定道理。就在訥親督師金川之前，傅恆在朝廷的地位也明顯呈上升勢頭。訥親經略金川一直隱隱顧慮到朝廷地位，並不能安心用命。訥親幾次急於返京，請求面見乾隆，除了當面謝罪之外，或許也與此事有關。他不能不擔心自己的地位不保，傅恆會趁機取而代之。

當然，也有人認為，當訥親被處斬之後，乾隆必須再樹立一位親信，這才開始重用傅恆。也就是說，訥親之死和傅恆的受到重用，二者之間沒有必然連繫。傅恆只是在恰當的時間出現在乾隆的眼前。既然訥親有負眾望，那就只能重點培養傅恆了。

捌

傅恆崛起

乾隆在執政十四年前後，迎來了一系列喪親之痛。從皇后之死，到皇二子、七子、九子之死，乾隆備受打擊，無比哀傷。巨大的悲痛讓乾隆變得易於暴怒，一反常態，對很多官員的處罰也趨於嚴酷，甚至整個施政政策都趨於嚴厲。以此為契機，乾隆加大了對官場的整頓力度，並且加快廷臣的換班和權力的交替，鋒芒則更多指向「舊人和老臣」，「擢用了一批新人以代替舊臣」[87]。傅恆則是這些新人中最重要的代表。通過這種整頓和輪換，乾隆更好地掌控了朝政，權力更加集中到他一個人手中。

傅恆，富察氏，字春和，滿洲鑲黃旗人，高宗孝賢皇后之弟。也許正是因為貴為乾隆的小舅子，傅恆的仕途格外順利，所受恩寵，更是無人能及。乾隆殺掉訥親之後，傅恆立即接任首席軍機大臣，時年不過二十六七，是有清一代最為年輕的首揆。

傅恆的先祖曾追隨努爾哈赤起兵，曾祖在太宗與世祖兩朝位列議政大臣，祖父也被康熙皇帝任命為戶部尚書，列議政大臣。包括幾位伯父都是康、雍兩朝地位顯赫的人物。這些都決定了傅恆必然是乾隆朝舉足輕重的人物，何況他還有一個姊姊成為皇后。

由於傅恆幼年喪父，姊姊孝賢皇后早早承擔起撫養、教育幼弟的責任。姊弟情深，加上乾隆與孝賢皇后感情也非同一般，所以傅恆入仕之前就得到了重點培養。至於步入仕途之後，傅恆更是得到乾隆的格外關照，更有平步青雲、扶搖直上的感覺。乾隆十三年（一七四八）前後，當訥親和張廣泗等文武重臣都先後迎來厄運，只有傅恆是唯一例外。這段時間，正是他時來運轉、飛黃騰達的時候，是傅恆一生命運發生重大轉折的時期。尤其最受乾隆寵信的訥親因為指揮金川之戰不力，被乾隆處斬，直接騰出了首席軍機大臣的位置。訥親在關鍵時刻所表現出的無能，註定了他可悲可嘆的人生悲劇。

當訥親操持軍政大權、逐步成為乾隆眼中紅人之時，傅恆尚且只是個普通的藍翎侍衛。當訥親取代鄂爾泰成為新的領班軍機大臣之時，傅恆也才剛剛獲得進入軍機處行走的機會。然而，傅恆進入軍機處後這短短三年之中，訥親與乾隆之間的關係逐漸發生微妙的變化。對此，作為皇親國戚的傅恆不能不敏銳地有所察覺。乾隆十三年（一七四八），當金川失利的消息傳來，乾隆皇帝憂心如焚之際，傅恆首先請命前往疆場，表現出為國分憂的積極態度，但乾隆在經過再三權衡之後，還是決定派位高望重的訥親前往。當然，有一點完全出乎訥親和傅恆的意料，也出乎很多人意料：就在訥親剛剛離京之後，不知道是不是因為傅恆的主動請纓打動了乾隆，還是乾隆早已經有了撤換訥親的主意，傅恆開始加官晉爵，升任協辦大學士，步伐之快，大有取代訥親

87 戴逸，《乾隆帝及其時代》，中國人民大學出版社，二〇〇八年版，頁一四五。

捌

之勢。

在皇帝身邊多年的訥親對於傅恆的一躍而起，不能不有所感觸，也不得不仔細揣摩一下乾隆的用意。訥親此後在金川表現得畏首畏尾，不知是否因為感受到了某種潛在的危險。訥親可能會想到自己被撤換，但無論如何也沒有料到，乾隆皇帝會這麼心狠地讓他馬上就死，而且是在押解回京的路上。一切的變化都在電光火石之間完成，相信訥親除了覺得眩暈之外，還是眩暈，連當面祈求皇帝寬恕的機會都沒能獲得。

乾隆十三年九月，乾隆命傅恆暫管川陝總督，隨即就晉升其為保和殿大學士，並被賦予經略金川的重任，接手經營爛攤子。這個時候的傅恆尚且未滿二十七歲，雖說血氣方剛，卻也多少會因為年輕而缺少威信。為了幫助傅恆在軍中儘早樹立威信，確保將士聽命，乾隆也做出打破常規之舉。他特地賜給傅恆花翎二十、藍翎五十、白銀十萬兩，讓傅恆用來嘉獎軍前立功將士。

這年十月，當傅恆正式出征之時，乾隆除了在重華宮大擺宴席之外，還命皇子及大學士來保等送行至良鄉。隆重的出師之禮，也在無形之中增加了傅恆的威望。乾隆還命令各地積極做好後勤補給，除了之前劃撥的十萬兩犒賞官兵的銀兩之外，又從戶部和各省撥銀四百萬兩補給軍需。乾隆還從各地調集滿漢官兵三萬五千人，加上原來六萬大軍，已接近十萬之眾，聲勢可謂浩大。此外，為了保障軍情通暢，從京師至成都的各處驛站，也都整飭一新。

就這樣，傅恆帶著天子的萬千寵愛和滿目期待上路了。接下來，當傅恆已經踏上南征的旅途時，乾隆的關愛還在一路跟隨。乾隆對這位小舅子的健康狀況給予了特別關注。他吩咐傅恆身邊人員留心觀察大學士的身體情況，如果行走從容就不必勸阻，如果稍有勉強，就應當竭力勸阻，不要讓大學士累著。乾隆還擔心連續工作會對傅恆的健康有所損傷，特地諭令傅恆只能每天工作到戌刻，也就是晚上七點至九點。一旦超過這個時間，手下就應當進行勸阻，把傅恆的公文收起來，勸他等到次日再作處理。

兩個月後，當傅恆率軍剛剛抵達四川，乾隆就頒布了對他的嘉獎令。諭旨稱讚這位經略大學士「自奉命經略以來，公忠體國，殫竭悃忱，紀律嚴明，軍行甚速」[88]，此外還誇獎傅恆「一秉丹誠，心堅金石」[89]。四川山路較多，騎馬乘車或有不便，傅恆只能和士卒一樣徒步行軍，而這也令乾隆皇帝讚不絕口。很快，傅恆便晉銜太子太保，加軍功三級。大學士傅恆出師尚未立功，便驟然拔至三公之位，出人意料的恩賜也是接踵而至。

受到優厚恩寵的傅恆自然會奮不顧身，甚至是捨命相搏。乾隆十四年（一七四九）正月，傅恆親自督師攻下金川險碉數座，在將奏報遞達京城的同時。傅恆還表示

88《清高宗實錄》三二一九。
89《清高宗實錄》三二一九。

要親臨前線，直搗巢穴，力爭在四月間奏捷。

乾隆的苦心

乾隆閱讀傅恆的奏摺，已知前線缺糧缺馬，軍需供給乏力，當他聽說傅恆誓與金川戰爭相始終時，唯恐年輕氣盛的傅恆因為求功心切而深陷戰爭漩渦。當傅恆率軍出征之時，乾隆就非常明白金川之戰的獲勝是非常渺茫的，僅是巨大的戰爭消耗就令乾隆非常撓頭。乾隆用傅恆督師的本意，只是想用這種特殊的歷練幫助其樹立威望，其意不在於收復金川。因此，當傅恆剛剛小有收穫，乾隆便下令班師，召傅恆還朝。

很快，乾隆頒發諭旨說：傅恆自奉命督軍以來，忠誠勞積，超出等倫。辦事也是巨細周詳，鋤奸更是令番蠻懾服，軍隊紀律嚴明，士氣踴躍。大學士因為終宵督戰，不避風雪，所以聲威大著。所以，經略大學士傅恆乃朝中第一宣力大臣，豈可因為若干荒微小丑而久久淹留在外？

乾隆之所以不厭其煩地為傅恆評功擺好，目的無非一個：幫助年輕的軍機大臣早點樹立威望，使得傅恆真正成為朝中第一「宣力大臣」。對此，昭槤所述非常清楚：「上既誅訥親，知大權之不可旁落。然國無重臣，勢無所倚，以傅文忠恆為椒房懿親，人實勤謹，故特命晚間獨對，複賞給黃帶、四團龍補服、寶石頂、雙眼花翎以示尊崇。」[90]

傅恆除了被封為一等忠勇公，還受賞紅寶石帽頂以及親王才能用的四團龍補服。沒有特別戰功的傅恆已經得到了出乎尋常的賞賜，不僅令滿朝文武瞠目，就連傅恆自己也是百感交集、誠惶誠恐。是故，當他接到乾隆要求班師的聖旨之後，也多少誤會了皇帝的旨意。乾隆本希望聖旨一到，傅恆即可立即回朝，沒想到傅恆除了力辭公爵之外，反而上疏請求繼續進兵。在傅恆看來，得到皇帝如此重賞，唯有肝腦塗地、殞命沙場，方能報效浩蕩皇恩。

眼見傅恆沒有理解自己的一番苦心和深遠用意，乾隆心急如焚。他只得再次手諭傅恆，反覆諭令其即刻班師。乾隆說：經略大學士傅恆奏稱此番作戰必定成功，深知宣誓若不能消滅丑類，便無顏以見眾人。朕看到這些話，很不以為然。輾轉思之，竟至徹夜不寐。接下來，乾隆苦口婆心地勸說道，大學士秉心之堅定，朕已經知曉，但也希望能以國事為重，不能執一己之見而不計國體。他擔心傅恆仍然不能明白自己的心意，乾脆明確表態：由於太過勞民傷財，自己並不願繼續這場戰爭。乾隆繼續苦口婆心地表示自己已經對發起戰爭有所反悔：「朕改過不吝，經略大學士當恢宏見識，為國家遠大計。」[91]

90《嘯亭雜錄》卷一。

意外的收穫

傅恆接到乾隆如此諭令，雖說抱定必勝信念，也已不敢再有絲毫躊躇之意，開始計畫撤兵。讓他感到意外而又欣喜的是，恰好在這個時候，大金川土司莎羅奔因久戰乏力前來乞降。

原來，大金川叛軍在清軍的長期圍困之下，雖說堅持了一年八個月，但已經到了彈盡糧絕的地步，其實已經無力繼續和清軍進行抗爭。莎羅奔起初在戰場上喊降之時，傅恆一度以為其中有詐，也試圖設計對其進行誘捕。但乾隆得知傅恆的這一意圖後，表示出堅決反對。他要求傅恆不如就此接受叛軍的投降，一方面可以顯示天朝包容之量，另一方面也可以藉此收買人心，收取金川的長治久安之效。

傅恆雖然再不情願撤兵，但見到乾隆皇帝如此設計，也只能聽從聖命，同意了莎羅奔的乞降請求。為了確保求降成功，莎羅奔利用和岳鍾琪熟悉的土司，求岳鍾琪出面向傅恆求情。傅恆同意了和談，而且批准岳鍾琪帶隨從四十餘人深入敵營與土司會談。莎羅奔看到當夜岳鍾琪解衣酣睡，完全沒有防備之心，終於放下心來，感受到朝廷和解的真誠意願。莎羅奔就此宣誓永遠不再侵犯周邊諸番，並送回此前掠奪的所有財物，而且獻出槍炮軍器以表誠意。

被乾隆稱為「三朝武臣之巨擘」的岳鍾琪，曾在雍正朝遭鄂爾泰參劾，很快便成為雍正西北用兵不利的替罪羊，差一點就被處斬。直到乾隆即位，才將他從監牢中釋放出來。以平民身分賦閒在家多年的他，直到金川之役終於被重新起用，被破格提拔為四川提督。就這樣，一代名將重新回到他熟悉的沙場。帶有一番欣喜之情的岳鍾琪當然會拚死效命，但他很快便發現，他在金川的處境一如當年的西北，一樣過得憋屈，一樣無法施展才華。無論是訥親的剛愎自用，還是張廣泗的專橫跋扈，都令岳鍾琪慼嘆英雄無用武之地，再合理的用兵之策都始終不為採納。直到傅恆出任經略之後，這種局面才得到根本改變。岳鍾琪出色的軍事才能終於得到施展。在關鍵階段，迫使金川土司俯首就範的，仍然是岳鍾琪。最後階段，冒著生命危險，深入虎穴和對手談判的，還是岳鍾琪。岳鍾琪得以在烈士暮年再次成就輝煌，與傅恆的高度信任和鼎力拔擢有著直接的關係。

功成名就

歷時近兩年的金川之役，雖說岳鍾琪等人也做出重要貢獻，但畢竟是乾隆皇帝欽

91《清高宗實錄》卷三三三。

點的大學士傅恆督師，所以，更多的戰功自然會記在傅恆的身上。而乾隆皇帝也非常樂於看到傅恆的功成名就，於是舉行了盛大的典禮歡迎王師凱旋。在北京，乾隆準備了一場最為隆重的歡迎大典，命皇長子率諸王大臣早早於黃新莊迎接。從此，傅恆便以本朝第一功臣的形象，在朝廷中樹立起崇高威望。之後，他完全取代了訥親的地位，長期擔任軍機處領班大臣，一直到乾隆三十五年（一七七〇）七月病歿為止。

從訥親到傅恆，其實是乾隆一直尋找和培養親信的過程。訥親再親，終究是前朝舊臣，所以一旦出現了什麼不滿意，乾隆馬上就會找個合適的機會堅決予以撤換。至於傅恆，則完全不一樣。除了和乾隆有妻舅之親外，傅恆既年輕又聽話。這一點，不僅與小心謹慎、暮氣深沉的張廷玉有天壤之別，也與辦事銳利、太露鋒芒的訥親有很大不同。在傅恆身上固然體現出一種咄咄逼人的新生力量，但這種力量卻是在乾隆可以完全掌控範圍之內。是故，傅恆取代訥親，便也是合乎情理之舉。

傅恆入主軍機處之後，很快便以他所獨有的謙和個性，使得軍機處的面貌和辦事風格都為之一新，甚至令乾隆也不得不暫時做出一些回應，適應傅恆所帶來的一些變化。

比如說，軍機大臣共同進見皇帝就是從傅恆開始。據乾隆朝軍機章京趙翼記載：「軍機大臣同進見，自傅文忠公（傅恆）始。」[92]乾隆初年，只有訥親一人承旨。訥親雖然有著很好的強記能力，但卻不甚通文義，每傳一旨，都令汪由敦撰擬。訥親唯恐不甚得當，總會令他們反覆修改，有的時候改來改去的，最終還是會改用初稿。這種情況讓汪由敦感到非常痛苦，卻又不敢計較，只得忍氣吞聲。傅恆看到這些情況，總會在心中為他們忿忿不平。也正是這個原因，當傅恆擔任首揆之後，以自己擔心有所遺忘的原因，乞求皇帝下令讓軍機大臣一同進見承旨，竟然得到了乾隆的批准，甚至成為慣例。這個改變使得微末之員因為參與了機密要務而感到榮幸，而傅恆也可以自此擺脫單獨記錄的勞苦。這種改變，讓軍機大臣及軍機章京都立刻對傅恆刮目相看。

君臣唱和

這個小小的改變，貌似小事一樁，卻是一個改變多年傳統的新做法，所以必須要得到乾隆皇帝的支持才行。起初階段，乾隆對傅恆尚且要表示支持，正好就同意了傅恆的這個請求。乾隆既然同意了軍機大臣共同進見的做法，便不得不另外安排每天晚上再單獨召見傅恆一次，就一些重要問題再進行認真商議，這在當時被稱作「晚面」。由於這種「晚面」的存在，確保了傅恆首席軍機大臣的權威。這種安排非常巧妙，既能看出這對君臣關係非同一般，也足可反映出乾隆的務實和變通。

92《簷曝雜記》卷一。

值得注意的是，在康熙朝和雍正朝，皇帝尚且需要通過設置機構來向議政大臣和內閣爭奪權力——這便有了南書房和軍機處的設立。到了乾隆朝，情況已經發生很大改變。乾隆雖然也在執政之初廢除軍機處，但之後的日子忙碌更多的是撤換軍機大臣，為的是找到最適合自己，同時也和自己最為貼心的軍機大臣，找到最為乖巧、最聽指揮的軍機大臣。這個緣故，到了乾隆朝中期，皇權真正發展到一個高峰，不但軍機處在決策中樞中的地位越來越穩固，而且首席軍機大臣也因為太過年輕而成為皇帝呼來喝去的祕書。在此之後，乾隆和傅恆這一對君臣一唱一和，乾隆也因此而可以更為牢固地把握住朝政。

解決西北邊患的平準和平回之役之所以能發起，就是這君臣二人齊心協力的結果。當時，由於受雍正朝西北敗績的影響，滿朝文武多「不願勞師動眾」[93]，對乾隆決議發起戰爭產生很多的議論。就在這個時候，正是傅恆挺身而出，幫助乾隆下定了決心。

當然，在獲得乾隆的批准之後，傅恆便立即全身心地投入到繁忙的軍務之中。他帶領軍機處官員，積極收集和整理軍情，協助乾隆制定戰略戰術和調兵撥餉等，為最後的獲勝起到了重要作用。對此，乾隆也曾深表賞識，大加稱讚。等乾隆二十年（一七五五）清軍最終攻克伊犁之時，乾隆再次回想起前面決策用兵之時，傅恆敢於力排眾議的堅決態度。對此，乾隆不能不充滿讚賞之情地再次對其進行犒賞，授予傅恆一等忠勇公。不料傅恆稱自己在金川之役已經得到太多恩寵，所以上疏力辭。但乾隆還是下令對傅恆予以獎賞。不久之後，乾隆在紫光閣陳列百名功臣畫像，將傅恆排在首位。

其實，對於致力追求「十全武功」而且極富主見的乾隆而言，即便是滿朝文武都來反對，他也很可能會堅定地發起戰爭。傅恆長期身處乾隆近旁，對於乾隆的這一性格和脾氣非常瞭解。所以，當他看到滿朝文武都在反對，他不太可能再站出來說一個「不」字。事實上，正是因為他一直是乾隆最為堅定的支持者和追隨者，傅恆才能有機會成為首席軍機大臣。而且，這樣的傅恆才是乾隆所需要的，否則他就會像鄂爾泰、張廷玉一樣下場悽慘、晚景淒涼，甚至會和訥親一樣，死得冤屈而又難看。

從某種角度來看，傅恆之死和訥親也很有一比，都是以首席軍機大臣的身分，被乾隆派出去打一場很難取勝的戰爭，然後便陷進戰爭泥潭不可收拾。二人的不同之處在於，傅恆不是被乾隆追責殺死，而是自己患病而死。

93《嘯亭雜錄》卷三。

傅恆的敗績

乾隆三十年（一七六五），緬甸軍隊多次侵擾雲南。雲貴總督劉藻不諳軍事，指揮作戰不得其法，屢吃敗仗。乾隆不得不撤掉其總督之職，沒想到的是，年逾七旬的劉藻經不住丟官降職的打擊，就此自刎而亡。接替劉藻的楊應琚在收復被占領土之後，禁不住部下慫恿，發動了征緬戰爭，結果再次兵敗失地。楊應琚舊病復發，臥床不起，不料部屬虛報戰果，還被遠在萬里之遙的乾隆發覺。龍顏震怒之下，乾隆下令將楊應琚調回京師調養，隨後命其自盡。伊犁將軍明瑞繼任雲貴總督，發動第三次征緬戰爭。明瑞長驅直入，一度攻入緬甸的心臟地帶，但終因後勤補給不力而被對手擊退。戰敗之後，明瑞同樣自縊而死，第三次征緬戰爭至此以失敗宣告結束。

劉藻自盡、楊應琚賜死、明瑞自縊，三位雲貴總督相繼身敗名裂，讓乾隆一籌莫展，但他還是決心報仇雪恥，挽回顏面。首席軍機大臣、一等忠勇公傅恆在乾隆眼中是個福將，僅剩的王牌，於是被乾隆欽點出馬，收拾殘局。

乾隆三十四年（一七六九）的早春，寒風尚且凜冽，傅恆已經踏上征程。在傅恆的指揮下，清軍神速開進，對緬軍發動突然襲擊。此後，清軍抓住對手忙於收割的時機，深入緬甸腹地，給對手以迅猛一擊。沒想到的是，就在這之後，形勢開始急轉直下。因為氣候惡劣、煙瘴彌漫等原因，清軍官兵紛紛病倒。原定的水陸並進的進攻計畫，也中途遇挫，緬甸之戰再次陷入僵局。

相比之下，疫疾的侵襲更為可怕，連傅顯、吳士勝等一批重要將領，都被惡性傳染病奪去生命。可以說，清軍完全被疾病所擊垮，徹底喪失戰鬥力。作為主帥的傅恆，也未能倖免，很快染上惡疾。這之後，他也出現了腹瀉症狀，而且一天比一天厲害，以致一病不起。

乾隆聞訊大驚，急令傅恆班師回京。傅恆深知戰爭並未取得預期戰果，自己作為主帥負有不可推卸的責任，於是主動向乾隆請罪。但乾隆帝並沒有將傅恆當成訥親那樣的替罪羊而立即問斬，而是主動地為他開脫責任。乾隆三十五年（一七七〇）二月，傅恆班師回朝。三月，傅恆帶病趕赴天津，覲見正在天津巡幸的乾隆皇帝。君臣見面之時，乾隆沒有看到他所期待的緬甸國王臣服的文書，心中多少有點窩火，但是，當他看到傅恆重病纏身的模樣時，又不忍心將他治罪。在這之後，傅恆病情持續惡化，到了七月十三日，終於不治，時年未滿五十歲。傅恆的英年早逝，令乾隆帝非常悲痛。除了命令戶部舉辦高規格的喪事之外，還允許其進入賢良祠，並賜諡號「文忠」。

傅恆得以逃脫戰爭問罪，除了和身患重病有關之外，也多少因為他是乾隆一直重點培養的親信和重臣。身患惡疾，死得也早，但在雍正朝到乾隆朝幾位首席軍機大臣

捌

中，僅從保全名譽的角度來看，傅恆是除允祥之外，難得的又一位能善始而且善終的人。

玖

乾隆御臣有術

傅恆擔任首席軍機大臣期間，乾隆更加牢固地把握了朝政，皇權由此而更加集中統一。傅恆雖然極受乾隆信任，終究還只是皇帝手中可以隨意擺布的一顆棋子。這和乾隆執政之初的情形有很大不同。在那段時間，鄂張兩黨實力雄厚，乾隆多少會有所顧忌。當然，乾隆很快就學會平衡兩黨勢力，借助於他們之間的內訌，來實現操控的目的。隨著時機的成熟，乾隆對他們就不僅僅是操控，而是逐漸對其進行打擊，直至完全徹底將兩黨消滅。

有意思的是，若干年後，軍機處再次出現大規模內訌的局面。至於這次內訌的時間，也非常長久。內訌主角——阿桂與和珅，分別是乾隆皇帝的舊愛新寵。其時，大清帝國已經由盛世逐漸轉衰，和珅成為乾隆晚年惡政的幫凶，阿桂縱是賢能，極力與和珅抗爭，卻也無法阻止這種敗政的出現。

當然，雖說無法保持帝國強盛，乾隆還是充分掌握著御人之術，牢牢地把持著朝政，並努力維持著皇權的集中統一。直到自己完全垂老之時，他才失去了這種能力，令和珅就此坐大。

阿桂的成功史

讓我們首先來看看阿桂是如何一步步爬上首席軍機大臣之位的。

阿桂，姓章佳氏，康熙五十六年（一七一七）出生於一個達官顯貴之家。父親阿克敦是乾隆朝協辦大學士、刑部尚書，深受乾隆器重。乾隆三年（一七三八），阿桂中舉，第二年補授兵部主事。乾隆八年（一七四三），阿桂以郎中身分擔任軍機章京，進入權力中樞機構。沒想到的是，就在他春風得意、步步高升的時候，卻忽然遭受到接二連三的打擊。

乾隆十一年（一七四六），在阿桂出任戶部銀庫郎中期間，庫房被竊，阿桂以失察獲罪，被降職為吏部員外郎。乾隆十三年（一七四八）初，金川戰事吃緊，阿桂隨兵部尚書班第赴金川前線。但是金川之役因經略訥親、川陝總督張廣泗指揮不力，清軍接連受挫。訥親、張廣泗被追責處斬，一大批武將被殺，阿桂也以「勾結張廣泗，蒙蔽訥親」治罪，交刑部審訊。就在阿桂將要身陷囹圄之際，乾隆皇帝念及其父年老，阿桂為其膝下獨子，才法外開恩，破例將阿桂釋放。如果考慮到這次破例是在乾隆接連喪失親人、脾氣暴躁的情況下獲得，便更覺得險之又險、來之不易。

乾隆不但沒有將阿桂治罪，甚至在第二年就重新起用，重新任命阿桂為吏部員外郎。不久之後，又被任命為內閣學士兼禮部侍郎，經過一番劫難之後的阿桂，仕途仍然不順。前期阿桂仕途之所以順利，多少和他顯赫的貴族世家有關，後期阿桂因為父親病逝喪失這種優勢，一切只得依靠他自身努力，如果得罪皇帝仍然會遭受處罰。

阿桂建功立業的起點是西北，和乾隆決心經營西北有著直接的關係。乾隆二十年

（一七五五），乾隆得知準噶爾部發生內亂，決心對其發起進攻，阿桂因此被派往西北疆場。起初，阿桂奉命在烏里雅蘇臺管理臺站，負責往來公文的傳遞。由於他辦事謹慎，先後被授予參贊大臣、鑲紅旗蒙古副都統和工部侍郎等職。在這期間，由於父親突然病故，阿桂被特准回京奔喪，但很快便重返西北。

乾隆這次用兵，吸取了康熙和雍正的教訓，進攻果斷，補給得力，戰術得當，所以取得了非常不錯的戰果。到了乾隆二十二年（一七五七）底，除少數殘餘分子還在負隅頑抗之外，重要戰事都已基本結束。阿桂奉命率軍追擊敵軍殘部，戰果頗豐。不僅如此，在此後平定天山南路維吾爾族地區叛亂的過程中，阿桂身先士卒，親率精銳之卒迂迴出擊，給叛軍以沉重打擊，為清軍平定天山南路做出突出貢獻。此後，阿桂先後奉命前往阿克蘇和伊犁，在處理善後事宜的同時，也在當地積極開展屯田活動，尋求充分的補給。

當時，想要在伊犁駐兵和屯田皆非易事。由於戰爭剛剛結束，殘餘叛亂分子不時前來搗亂，但乾隆堅持令清軍在伊犁長期駐紮屯田。此舉除了可以保障補給，更可防止分裂叛亂分子重新起事，同時也能有效遏制沙俄吞併伊犁的企圖。阿桂對乾隆皇帝的戰略意圖有著很深的領會，除了慷慨陳詞、堅決支持皇帝的屯田主張之外，還向乾隆提出了七條治邊建議[94]，這些建議對清朝維持對這一地區的統治至關緊要，很快得到乾隆的批准，並付諸實施。此後，阿桂在新疆地區下大力氣推廣和製造農業器具，大力推進士兵和農民從事農業生產，當年就獲得豐收。乾隆對此極為讚賞，甚至親自撰文稱讚阿桂，在紫光閣懸掛功臣畫像時，阿桂也位列其中。

阿桂在伊犁地區屯田的成功展開，對穩定和開發邊疆，密切西北與內地的連繫，具有重要意義。乾隆二十六年（一七六一），他被擢升為工部尚書、議政處行走和鑲藍旗漢軍都統等職。隨後，又被授予騎都尉，並奉命返京。乾隆二十八年（一七六三）正月，阿桂回到北京後不久，就被任命為軍機大臣，七月，又被補授正紅旗滿洲都統，晉太子太保。

坎坷的仕途

阿桂入值軍機處之初，很得乾隆信任，經常被委派外地辦理緊急事務，而且大多辦得非常妥當，令皇帝無比滿意，但還是在乾隆二十九年（一七六四）因為處置天山南路民變不力而遭到乾隆的處罰。當時，天山南路烏什地區維族民眾不滿清軍壓榨，舉兵反擊。阿桂因為熟悉當地情況，受乾隆之命趕赴烏什。結果他指揮清軍猛攻數月，仍不能克。這之後，阿桂只得選擇長期圍困的辦法，最終拿下烏什城，但這種低效率卻不能令乾隆滿意。很快，乾隆便以阿桂「剿辦遲延，示怯損威」為由，對其進行懲處，阿桂就此被留在伊犁。直到三年之後，也就是乾隆三十二年（一七六七），阿桂被任命為伊犁將軍，處境才有所好轉。

傅恆征討緬甸之時，阿桂也曾參與其中。由於遭遇頑強抵抗和水土不服，經略大學士傅恆和副將軍阿里袞先後染病而亡，阿桂是三名主將中唯一一位倖存者。阿桂只得擔負起籌劃撤軍重任，並與緬甸議和。到了乾隆三十五年（一七七〇）八月，乾隆以緬甸不遣使臣進貢為由，將阿桂的領侍衛內大臣、禮部尚書和鑲紅旗漢軍都統等職統統革去。

因為辦理緬甸事務不力，阿桂屢遭貶斥，仕途再度迎來衰運，直到金川形勢再趨緊張時，阿桂才獲得洗刷舊恥、建功立業的機會。

原來，在清軍平定金川十年之後，當地各土司之間又是時起爭端，由此而引發了更大規模的叛亂。乾隆迅速命大學士率兵征討。溫福知道阿桂熟悉四川情況，就將他帶到金川前線，很快便令其代理四川提督。在攻打小金川的戰鬥中，阿桂隨溫福自西路發起進攻，表現異常英勇，連下巴郎拉、達木和巴宗各寨，又攻占資哩山和阿喀木雅等地，因功被授予參贊大臣。八月，阿桂乘著半夜起霧之機，悄悄進兵，以迅雷不及掩耳之勢攻占甲爾木山。阿桂因為此功，被乾隆封為內大臣。十一月，再被提升為

---

94 這七條建議主要內容包括：第一，增派更多的維吾爾族農民到伊犁；第二，增派數量更多的士兵，從事駐防屯田；第三，逐步增加駐軍的數目；第四，陸續修建城堡；第五，籌集馬匹和駱駝，沿途設置臺站；第六，調運糧食到伊犁，緩解軍隊急需；第七，選派能工巧匠赴伊犁，傳授內地先進的生產技術。

玖

副將軍。

正當清軍在戰場上節節獲勝，阿桂也連連獲得提拔之際，溫福被擊敗，小金川再告失守。乾隆其時正在熱河行宮，得到兵敗的消息，他十分震驚。於是，金川戰場上戰無不勝的阿桂被乾隆授予定西將軍，阿桂則不負厚望，很快就率兵收復了小金川全境。這之後，他迅速移師大金川，在經過兩年的鏖戰之後，逼迫叛軍投降。

阿桂用人，不拘一格。他發現下屬中有一位名叫興奎的將校，相貌魁偉，氣度不凡，隨即命他領兵擔任主攻任務，果然大獲全勝。阿桂用兵，多謀善變。每次戰前，他都要在帷幕中獨自飲酒，甚至秉燭竟夜，思考作戰方案，當他拍案大呼、愀然長嘯、持酒旋舞之時，次日必有奇謀。阿桂遇險，鎮定自若。有一次偵察敵情時，他只率領十數名騎兵被敵軍發現，旋即被困，但阿桂毫不慌亂。他命令隨從全部脫下戰袍撕碎後懸掛樹上，敵軍以為是清軍旗幟，估計人數眾多，就此不敢前進，阿桂得以從容逃脫。

阿桂征伐大小金川，戰無不勝，使他的地位得到大大提高，乾隆就此封其為協辦大學士、吏部尚書，並且重新進入軍機處擔任軍機大臣。

全能型「救火英雄」

此後，阿桂職權越來越大，先被授予武英殿大學士，管理吏部兼正紅旗滿洲都統，接著又是鑲白旗滿洲都統、鑲黃旗滿洲都統，管理戶部和理藩院事，兵部尚書，上書房總師傅……在經過一番令人眼花繚亂的擢升之後，阿桂終於被特別任命為軍機處首席軍機大臣。這一年是乾隆四十五年（一七八〇）。經過短短幾年時間，阿桂忽然成為清廷「綜理部務，贊襄樞要」的第一重臣。

當然，就在阿桂連連獲得擢升的這段時間，阿桂繼續在各地扮演著救火隊員的角色。可以說，哪裡有緊急情況和棘手難題，哪裡就有阿桂的身影，涉及軍事、政治、經濟各個領域。

早期的阿桂更多地充當軍事將領的角色，而且正是靠他出色的軍事才能最終贏得翻身的機會。換句話說，這位軍機大臣和軍事貼得更為緊密，一如當年的鄂爾泰。但他在擔任首席軍機大臣之後，阿桂不僅僅是軍事指揮員，經濟領域，甚至是防洪和水利等，都需要阿桂出面擔當指揮。阿桂掌管範圍的不斷擴大，正好可以充分說明軍機處職權的不斷擴大，也充分說明乾隆皇帝其時對軍機處更加信任。

由於乾隆的信任，阿桂甚至一度成為水利專家。當然，這也是乾隆朝後期水情不斷的形勢所迫。乾隆四十四年（一七七九）正月，黃河河南決口，阿桂奉命前往治理。經過艱苦努力，成功堵住了決口，於是這年年底，他又被派赴浙江治水。有意思的是，當阿桂半途引薦富有治水經驗的河南督辦時，乾隆果斷予以拒絕。乾隆說：最近朝臣中經理河務較有把握者，除了阿桂難道還有別人？乾隆帝對阿桂的信任，由此可見一斑。

就在乾隆對阿桂越來越信任的時候，清代歷史上另外一位赫赫有名的權臣和珅，也開始逐步進入乾隆的視野，並越來越得到乾隆的重視。二人之間難免會直接發生碰撞。

阿桂金川凱旋時，和珅已經非常得寵。但阿桂在朝中見到和珅，只是笑著開了個小玩笑說：以前在軍中曾經聽說朝廷之中有個叫「小和大人」的，莫非就是足下？言語之中其實含有輕視之意。

當阿桂在金川搏殺之際，和珅也開始了他非常獨特的官場軌跡，而且與阿桂的軌跡截然不同。阿桂的發跡，更多依靠的是其戰場打拚，也就是以命相搏。在戰爭之外的和平時期，阿桂也是乾隆的一位救火隊員，舉凡急、重、難、險之事，到處都可見到阿桂忙碌的身影。而和珅的發跡則完全是另一種路數，更多依靠的是苦心經營和溜鬚拍馬。所以，阿桂對和珅從骨子裡含有輕視之意，也屬情理之中。

將者國之輔，智信仁勇，合群策群力冶而用之，是之謂大將。由是道也，佐天子辨章國政，豈有二術哉？乾隆間，國軍屢出，熊羆之士，因事而有功；然開誠布公，謀定而後動，負士民司命之重，固無如阿桂者。還領樞密，決疑定計，瞻言百里，非同時諸大臣所能及，豈不偉歟？（《清史稿》卷 三一八）

玖

和珅的成長經歷

和珅，鈕祜祿氏，滿洲正紅旗人。其先祖因投歸太祖，建立戰功，所以家族中不少人在朝廷擔任文官武將，而且官越做越大。高祖父在太宗時從征，被授三等輕車都尉，到了祖父這一輩，官階已達到正二品，位列高級將領行列。父親常保也承襲世職，所以和珅也是出生於官宦之家。只是父親常保為官清廉，而且多年在外征戰戍邊，很少顧及家裡，沒有留下什麼產業，甚至由此導致和珅家境窘迫。而且，和珅的母親也在生下和琳之後病逝，所以只留下和珅兄弟披風淋雨，甚是悽苦。此後，兩兄弟相依為命，互相扶持，一人學文，一人學武，先後發跡。至於和珅，則更是成為一代權臣。

和珅由於世職獲得了接近乾隆皇帝的機會。乾隆三十七年（一七七二），和珅當上相當於正五品的三等侍衛，有擔負隨侍皇帝出巡的職責，也因此獲得接近乾隆的機會，這為和珅以後的飛黃騰達創造了條件。

據說，在一次和珅隨駕護衛的過程中，乾隆因為看到奏摺報告有要犯脫逃，不禁生起氣來，用《論語》中「虎兕出於柙」一語訓話，別人都不知道這句話的意思，但和珅知道，不僅知道，而且大膽地接話。乾隆感到非常意外，便馬上問和珅：你讀過

《論語》？看到和珅儀表俊雅，便接著又問及和珅家世和年歲，和珅不卑不亢作答，聲音清亮，令乾隆非常讚賞，在這之後，和珅的命運完全發生了改變，自此青雲直上，不斷升遷，直至擔任首席大學士和領班軍機大臣，兼管吏部、戶部、刑部、理藩院等，官階之高、兼職之多、權勢之大，皆為清朝所罕見。

和珅固然精明能幹、善於應變，還精通滿、漢多種文字，也具備一定的處理政務能力，但畢竟距離治國名相還有很大距離，那麼他為什麼會迎來平步青雲的機會呢？這與他長期以來處心積慮和周密計算有著緊密連繫。工於心計的他抓住了稍縱即逝的機會，贏得了乾隆的歡心，自此改變了命運。倘若乾隆生氣之時，他不敢站出來應對，便不可能會有後面的飛黃騰達了。

當然，和珅要想獲得乾隆皇帝更進一步的寵愛，一定要有一些非常特別的手腕才行。論文治武功和資歷，和珅都與其他大學士和軍機大臣有很大的差距。當時名臣，尚有阿桂、王傑、福康安等等，皆係多年軍國重臣，論軍功政績、才幹人品，無不比和珅出色。尤其是阿桂，無論是在軍界和政界，都有顯赫成績，也為當時所公認，這些都是和珅無法企及的。

那麼和珅又是如何一步步獲得乾隆信任的呢？

和珅首先是擅長裝嫩和裝純。據說和珅粉面朱唇，男生女相，聲音脆亮，柔媚如同女人。甚至有人說他和雍正的某位妃子長相頗為接近，而這位妃子恰因為乾隆而被皇后賜死。乾隆為此一直非常內疚，完全是為了償還年輕時的孽債才對和珅寵愛有加。善於逢迎的和珅，縱是面對咫尺天威，也能應對自如，舉止自在，不受拘束。

據《嘯亭雜錄》記載，和珅雖位極人臣，但殊無大臣體度，喜歡市井諺語，引以為嬉笑。可以想像的是，對於威嚴的天子，臣子一定是敬而遠之，不敢絲毫踰矩，久而久之，估計乾隆自己也感覺乏味。這個與眾不同的和珅，多少讓乾隆有一些重回人間的感覺，而善於察言觀色的和珅便正好樂得使用這種方法取媚於乾隆。

和珅非常注意迎合乾隆的喜好。他深知乾隆喜愛作詩，便努力記誦他的詩作，並悉心揣摩，對乾隆的寫作風格和用典習慣等，都一清二楚。為了迎合皇帝，和珅也下功夫學詩、寫詩，陪著乾隆一起附庸風雅，刻意迎合乾隆的審美趣味，風格也和其非常接近。這個原因，乾隆很多時候都會命和珅即景賦詩，自己也好省去力氣搜腸刮肚。

與其他重臣相比，和珅更加擅長揣摩皇帝的心思，更加善於玩弄權術，更加擅長為乾隆聚斂錢財，非常成功地迎合了乾隆晚年好大喜功、愛聽諂媚之言的特點，由此而成為乾隆皇帝的重要心腹。而和珅也因為有了乾隆皇帝的寵信和庇護，得以位極人臣，掌控人事、財政等多方面權力，可以自此肆無忌憚地攬權索賄，甚至是亂政禍國。

此外，和珅還巧妙地通過和皇室聯姻，來實現穩固自己政治地位的目的。在一次會見中，和珅哄得皇帝高興，乾隆竟然做主將自己寵愛的小女兒指配給和珅之子。作為回應，和珅則將自己的女兒嫁給康熙的曾孫，侄女則嫁給乾隆的孫子。就這樣，和珅和乾隆之間的關係，不再是簡單的君臣關係，還成了緊密的姻親關係。自此之後，乾隆成了和珅更為堅實的保護傘，和珅便可以理所當然地為所欲為。

阿桂與和珅的纏鬥

乾隆一朝，專制和集權已經達到空前的高度，皇權高度集中統一，而且延續數十年之久。只是到了晚年，由於寵幸和珅，才使得皇權有所下降。和珅作為首樞，獲得了更多的權力，標誌著相權和軍機處職權得到了某種程度的伸展。也正是在這前後，以專制政治為代價換來的盛世，正在悄然消逝。此後嘉慶等朝，雖然竭盡氣力，也仍然不能避免內憂外患頻頻出現。這在後面還將作更為詳細的介紹，眼下我們還是回到阿桂與和珅糾纏紛爭的軍機處。

地位極隆、功績顯赫的阿桂，對於皇帝的這位新寵並不買帳，二人不睦是路人皆知的事情，甚至發生一些或明或暗的衝突。當然，朝臣之中，除了阿諛之徒外，能與和珅保持關係和睦的也屬鳳毛麟角。

乾隆四十六年（一七八一），甘肅撒拉族、回族發生民變，甚至一度打敗了陝甘總督勒爾謹派來鎮壓的大隊清軍，造成很大聲勢。乾隆得知這一消息之後，急忙調遣精銳之師奔赴甘肅，並命令救火英雄阿桂和當時已是軍機大臣兼戶部尚書的和珅合力前往甘肅督師，沒想到二人就此埋下結怨的種子，而且終生不能化解。

由於阿桂當時正在河南督辦河工，乾隆命和珅先行。和珅此前曾因查辦雲貴總督李侍堯貪汙案比較得力，在回京的途中就被乾隆提升為戶部尚書。但和珅畢竟毫無作戰指揮經驗，缺少軍事指揮才能，在軍中也缺乏威信。和珅到達甘肅之後，叛軍轉移到距蘭州三十里的華林山一帶，搶占了有利地形。而和珅完全是盲目指揮，毫無戰術可言。清軍在他的指揮下貿然發起進攻，卻遭到了對方的頑強阻擊。叛軍用精準的火器伏擊清軍，給清軍造成了很大傷亡。包括固原總兵圖欽保在內的近千名官兵，被叛軍擊斃。

出現這種局面，終究還是需要等阿桂來收拾殘局。阿桂迅速抵達甘肅軍營，指揮乏術的和珅將戰爭失利的責任完全歸結為將士不聽調遣。和珅甚至說：「將帥皆傲慢不為吾用，公請試之。」[95]

和珅這句話其實多半為推卸責任，同時也多少帶有一些挑釁。阿桂卻對此很不以為然。他一方面指出，如果遇到不聽從指揮的情況，就應當果斷地以軍法論處，一面告訴和珅，可以看看他是怎麼調兵遣將的。隨後，阿桂與和珅一起，召集將領，部署作戰方案。阿桂向將士發出一道道指令，都立即得到響亮的應答。阿桂轉頭對和珅說：看看哪位將領不聽從指揮，又該將誰按軍法論處呢？這也是很好地回答了和珅的挑釁之語，也是明擺著不給和珅面子，而和珅此時則是又羞又恨，完全說不出話來。

遠在京城的乾隆帝對和珅的無能也有所察覺，並且嚴厲斥責他未能如實上報軍情，甚至推脫責任。乾隆還將阿桂督軍的情況與和珅進行對比，說：「自阿桂至軍，措置始有條理，一人足辦賊；和珅在軍，事不歸一。」[96]這之後，乾隆下令讓和珅立即返回京城。寸功未立的和珅，由於受到乾隆一頓斥責和羞辱，並且被降級處理，不由得更加嫉恨阿桂。

等和珅回京之後，阿桂開始獨自指揮戰事。他從四川調來一千名善於山地作戰的藏兵和七百名蒙古兵，並切斷了叛軍水源，採用圍困戰術，終於平息了這次民變。非但如此，當幾年之後，甘肅回民再次生變之後，阿桂同樣採用了鐵腕手法迅速平息。就這樣，阿桂因為戰功，被乾隆皇帝授予輕車都尉世職。

阿桂與和珅，一個是威名顯赫的名將、治理國家的良臣，另外一個則是乾隆皇帝的眼中紅人。二人之間如果發生碰撞，自然不是小事。有意思的是，此後二人直接對峙的機會並不是很多。阿桂雖說是首席軍機大臣，但他經常外出處理急務，很少有機

95《嘯亭雜錄》卷一〇。
96《清史稿》列傳一六〇。

會留在京城。首席軍機大臣長期在外，這種局面的出現也屬少見，也可視為乾隆後期敗政局面出現的原因和具體表現。

也許正是因為阿桂長期不在京城，這才使得和珅可以乘機竊取大權。而一旦這種局面形成之後，即便是能力出眾的阿桂，也已經無法扭轉，只剩下徒嘆奈何的份兒了。

無法控制的局面

乾隆五十四年（一七八九），當阿桂結束視察荊州堤壩工程返回北京之後，很快便發現朝政已然被和珅及其同黨所把持，自己已經很難插手。和珅輔政，非常善於窺伺乾隆皇帝的心思，「因以弄竊作威福」[97]，藉機結黨營私。對於那些不願意附從自己的所謂異己分子，他尋找一切機會進行打擊報復。很多朝臣出於避禍，便只能轉而投靠於他，甚至不惜作奸犯科，依靠剝削下屬和民眾來滿足和珅的欲望。然而，和珅的貪欲永遠沒有止境，會一直貪得無厭地索取下去，這除了導致民生凋敝之外，也必然地敗壞綱紀，導致朝政日益衰敗。

阿桂對和珅這種專權亂政行為非常痛恨，但他也礙於乾隆對和珅過於寵信，始終無可奈何。事實上，回到京城的阿桂已經年屆古稀，即便是想與和珅對抗，也多少有些力不從心了。

即使無法與之相抗衡，阿桂也始終不願與和珅同流合汙。二人共同入值軍機處期間，阿桂非常注意與和珅保持距離，有時甚至是相隔幾十步之外。和珅非常明白阿桂的心思，有時會策略性地與阿桂打聲招呼，說一些無關痛癢的話，但阿桂仍然只遠遠站著泛泛作答，不會向前挪動一步，刻意保持與和珅的距離。無論和珅如何對其進行拉攏，阿桂始終不為所動。

阿桂說：我已經年屆八十，位列將相，所受皇帝恩遇也無人可比，其實是可以死了，但我之所以不願意死，就是想等到皇上親自處理政務。言語之中，不僅是對和珅人品非常輕視，也對和珅專權亂政感到痛心。阿桂一度宣誓：此人為欺上瞞下之輩，我早晚必為國除之！但他最終還是沒有能夠實現這個願望，嘉慶二年（一七九七）八月，阿桂病死，終年八十一歲。

和珅在軍機處的處境

除了阿桂之外，軍機處其他幾位軍機大臣也不願意與和珅接近，甚至是敬而遠

97《清史稿》列傳一六〇。

之，但這也無法撼動和珅的地位，無法改變和珅對於朝政的干預和影響。曾擔任軍機大臣的于敏中對和珅有過這樣的評語：此人奸險古來少有，所以希望除之而後快。但他也承認，因為和珅非常善於揣測皇上的心思，寵幸遠遠超過其他人，也確實難以剷除。

王傑也在乾隆朝擔任軍機大臣，一直以清正廉潔聞名。當他看到和珅位高權重、專橫跋扈，內心也是非常不滿，甚至發誓永不與之交好。上朝議政之時，王傑也有意遠離和珅。有一次，和珅忽然走到王傑面前，主動搭腔。王傑起初尚且不冷不熱地隨便應付，沒想到和珅找到臺階就往前上。只見他拿起王傑的手捏了又捏，非常猥瑣地笑道：您老的手可是真柔軟啊！對此，王傑再也無法忍受，於是很不客氣地說道：「王傑手雖好，但不能要錢耳！」[98]和珅聽到這句話，頓時張口結舌，面含羞澀之色。

和珅嗜好書畫，有一次手持水墨畫軸，正好被王傑看到。王傑沒好氣地罵道：今日貪墨之風，為何竟然達到這個境地！王傑絲毫不給和珅面子，所以和珅對於王傑也非常痛恨，一直想除之而後快。但由於王傑一身正氣，和珅始終找不到合適的藉口，只能拿他沒辦法。到了嘉慶朝，王傑終於得以長出惡氣。在嘉慶的授權之下，他擔任審問和珅的主審官員，親手將和珅送上絕路。

當時同時擔任軍機大臣的還有董誥，對於和珅專權也是極度不滿，面對和珅排除異己、肆意打壓報復等行為，董誥常常需要做出補救。董誥曾經因為母喪返鄉，恰巧碰上金川兵事緊急，乾隆想召見他，所以每見大臣，乾隆便會問：「董誥何時來？」有時還會連問幾次。可見當時乾隆對於董誥非常器重。等董誥葬母回到京師，和珅故意阻止這一消息，不讓皇帝知道，用心不可不謂險惡。

在和珅擔任軍機大臣期間，阿桂、王傑、董誥都非常厭惡和珅，結果出現五位軍機大臣每天不在一起辦公的奇特現象。為此，錢灃專門呈上一道奏摺，請乾隆下令恢復軍機大臣在一起辦公的規定。乾隆經過調查，發現問題出在和珅身上，但他最後也還是不了了之。乾隆非但沒有令和珅做出改變，甚至認為正是領班軍機大臣阿桂與和珅不和，才導致和珅常常受到孤立，因此總是安排阿桂在外領兵，包括查閱工程、辦理案件等，都授權阿桂，這便在有意無意之中，導致軍機處實權漸漸歸於和珅之手。

錢灃也曾在軍機處行走，所以很自然地與和珅發生若干過節。因為錢灃曾上疏皇帝，舉報和珅雖身為軍機大臣，但辦事不能遵守軍機制度，有瀆職現象。和珅得知此事之後，立即對錢灃施加報復。和珅知道錢灃家貧體弱，故意多將勞苦之事交付給他辦理，終於導致錢灃積勞成疾而死。

98《清史稿》列傳一二七。

玖

和珅亂政

和珅受到乾隆重用的初期，也曾做過若干令乾隆高興和朝野讚嘆的事情，比如審判李侍堯一案，就在乾隆心目中留下了清正廉潔的印象。乾隆四十五年（一七八〇）正月，雲貴總督李侍堯涉嫌貪汙遭到揭發，和珅通過拘審李侍堯管家趙一恆得到有力線索，使得一直難有進展的案件取得重大突破。和珅巧取證據，讓精明幹練的李侍堯也不得不低頭認罪，所以和珅受到乾隆刮目相看，也因此被提升為戶部尚書。沒想到的是，因審判貪汙犯立功的和珅，很快也走上了貪汙受賄的道路，而且貪汙手段之惡劣，財物數目之巨，都為歷朝歷代所罕見。

其實，就在審判李侍堯的過程中，和珅便開始大肆鯨吞李侍堯及其黨羽的財產，刻意瞞報朝廷。等和珅得到皇帝的封賞，加官晉爵之後，百官便開始競相巴結，向他敬獻財寶。面對這種情況，和珅起初尚且能夠拒絕，但日子一長，便是來者不拒，照單全收。發展到後期，他更是窮奢極欲，肆無忌憚，公然索要。和珅斂財的速度之快，甚至讓當時的億萬富豪、日進萬金的伍秉鑒都自嘆弗如，難以望其項背。

出現這一局面並不奇怪，因為和珅手中有的是權力。在和珅看來，商人即便斂財再多，也可以一夜之間化為己有。當和珅需要斂財之時，便將觸手伸向商人集團。和珅威脅商人必須臣服於他，否則便會有被犯罪集團滅門的危險。浙江富商曾氏，就曾因為拒絕和珅所提出的索賄要求，竟在一夜之間全家被殺，金銀財寶也被全部掠走。

和珅巧妙地向官員敲詐勒索，索要財物。比如說兩淮鹽政是個肥缺職務，和珅便尋找各種機會進行敲詐。嘉慶元年（一七九六），兩淮鹽政官員徵瑞為了保住這個職位，便藉和珅喪妻之際行賄，一次就送白銀二十萬兩。後來，當和珅嫌棄二十萬兩太少時，徵瑞只得一次再送四十萬兩[99]。乾隆五十五年（一七九〇），和珅創立議罪銀制度。按照這個制度，如果官員犯罪，可以通過交納一定的銀兩來贖罪，至於所收銀兩，則充入內務府庫，供乾隆掌控和使用。和珅如此創舉，除了為乾隆斂財，巴結皇帝，討得歡心之外，還巧妙地為自己找到一條斂財的途徑。當內閣學士尹壯圖對此制度提出異議時，乾隆、和珅都非常不滿意，那麼尹壯圖的結局便可想而知。很快，尹壯圖就被革職，廷議處斬，最後只是從乾隆一念之間僥倖討得免死的機會。

好大喜功的乾隆對於這位喜歡搜刮和敲詐勒索的和珅，一直有著特殊的寵幸，而且，這並不是出於偶然。可以說，乾隆的自身利益已經被和珅聰明地綁架了，以至無法掙脫。這個緣故，乾隆對於官場貪汙日盛、腐敗深入骨髓的情形，完全失察，或者說是視而不見，選擇性失明，所謂乾隆盛世便只好成為桃花流水。攤上一對這樣的君臣，吏

99 唐文基、羅慶泗，《乾隆傳》，人民出版社，一九九四年版，頁三五七。

治全面崩壞，貪腐四處蔓延，人心漸漸失去，大清帝國沒有不衰落下去的理由。

除了貪汙之外，和珅依靠手中權力大肆拉幫結派，擴張勢力，培植親信。巴結他的官員，升遷速度飛快。和珅的弟弟和琳甚至在幾年之內就從一個內閣小官升為四川總督。傅恆的兒子福長安甚至也被和珅拉攏，成為其親信人員。福長安雖然沒什麼本事，但畢竟是名門之後，從而入值軍機處。由於他對和珅的言聽計從，多少改變了軍機處內部阿桂、王傑等人聯手對抗和珅的形勢，使得和珅擺脫了被孤立的處境。

對於那些剛正不阿，不願意迎合自己的大臣，和珅則有意進行排擠和打壓。和珅處心積慮地揣摩皇上的心思，借助乾隆的威勢作威作福。凡是不肯順從他的，和珅就找機會在乾隆面前大行挑撥，然後借助皇帝之手整人，輕者罷官去職，重者丟掉性命。即便品行無端，只要是肯向和珅行賄，他就會儘量幫助銷贓掩飾，哄著皇帝高興，然後大事化小，小事化了。至於國法綱紀，則完全淪為和珅的玩物，遭到徹底的無視。

乾隆的手段

乾隆皇帝一直是打壓權臣的高手，而權臣之中，乾隆尤其注意對軍機大臣的控制。而和珅則借助這個機會，迅速樹立自己的權威。在乾隆看來，軍機大臣地位特殊，身處要害部門，任職一久，便會因為聯絡廣泛，而對自己的專制統治形成潛在威脅，所以要不停予以打壓。于敏中經乾隆親手提拔擔任軍機大臣。他入值軍機處近二十年，是漢臣在乾隆朝在這一職位任職最久的重臣[100]。但他結交太監，收取地方官員賄賂的行為，很快便被消息靈通的乾隆皇帝得知。于敏中就此受到乾隆嚴厲斥責，不久之後鬱悶病死。但在于敏中死後，和珅還是不依不饒，就于敏中的侄子于時和侵吞屬部家財之事再興大獄。之後，于敏中家財被全部沒收，于時和被放逐伊犁，于敏中之妻張氏也被削奪夫人誥命。在于敏中及其家人聲譽掃地的同時，和珅的權勢進一步上升。

對於和珅的不法行為，乾隆多少會有所知曉，朝臣也開始不斷出現參劾和珅的奏摺。一段時間內，乾隆為了樹立和珅的權威，對於那些參劾和珅的官員不惜進行打擊報復，讓他們打消念頭。但是，當和珅的權威完全樹立，甚至借用權力胡作非為之時，乾隆又有所顧忌，對於參劾和珅的官員不再是嚴厲申斥和殘酷打壓。所以，晚年的乾隆一方面是非常寵信和珅，另一方面又對和珅加以嚴格管控。對於一輩子致力於集權的乾隆而言，他有著一種防止皇權旁落的天生本能。

乾隆五十一年（一七八六），御史曹錫寶彈劾和珅，被乾隆訓斥為虛詞妄奏。乾

---

100 于敏中還促成和親自領導了《四庫全書》的編纂工作。

玖

隆此舉明顯是偏袒和珅，而且，既然皇帝已經給此案定性為「虛妄」，那麼複查此案的大臣也只能得出一個「虛妄」的結論。值得關注的是乾隆事後對於和珅的態度：他在授予和珅文華殿大學士時，特地免去了其崇文門稅務監督一職。

乾隆寵幸和珅，卻一直讓阿桂擔任首席軍機大臣，此外還使用富有正氣的王傑、董誥等人輔政，和珅只能位列阿桂之後，不知道是否出於一種精心設計。在乾隆朝，和珅也有不少挨罵和降級的紀錄，比如在處理甘肅民變過程中，他就因為處置不力而遭到降級處分。乾隆五十一年，乾隆也責罵和珅存心回護富勒。乾隆五十年四月，理藩院處理蒙古一起凶殘殺人案時沒有先行報告，受到查處，和珅作為理藩院尚書甚至想蒙混過關，結果被乾隆斥為「回護」，被降職三級。這年十月的廷試武舉，乾隆命軍機大臣查詢實錄，但實錄按照慣例不收藏武舉試題，沒想到和珅卻大膽堅持實錄應該有這一項，結果就此惹惱乾隆。乾隆不但嚴厲斥責和珅，還下令將其革職留任。這是和珅遭受的最為嚴重的一次處罰。

在總體上看，乾隆處分和珅，又很快為其恢復原職，甚至尋找機會予以提拔。通過這種既打壓又提拔的方式，乾隆將大權牢牢握在自己手中。和珅雖然專寵，卻不得不暫時有所收斂，不敢公然凌駕於皇權之上。

嘉慶二年（一七九七），阿桂病亡，和珅總算爬到了首席軍機大臣的位置。然而，就在此時，乾隆還是不忘給和珅當頭潑下一盆冷水。當時，乾隆於萬壽山召見軍機大臣，特地對和珅說：阿桂擔任這個職務已經有一些年頭了，而且立有很多戰功，你原來和他一起署名軍機處公文還是情有可原的。現在阿桂已經病故，公文單獨署上你的名字，那些地方官員不知道事情原委，一定會懷疑軍機處的事情都是由你一個人決定的，甚至會把你當成阿桂，你認為這樣子合適嗎？

本來和珅一直在暗暗慶幸阿桂的老死，並在暗中慶賀自己升遷，沒想到忽然聽到乾隆這番寓意深刻的諭示。他不由得在五味雜陳的同時，又心驚不已。很快，為了防止和珅借助於出任首席軍機大臣的機會專權，乾隆宣布撤銷和珅在軍機處所發公文列名的權力。很顯然，這個時候的乾隆還不是完全的老糊塗，對於皇權仍然有著足夠的掌控之力，令和珅不得擅自做主。但在接下來的日子中，也就是說，等乾隆真正迎來自己的最後一段時光，情況終於發生了改變。借助於占據首席軍機大臣的獨特地位，和珅的權勢越發坐大，終於導致了嘉慶皇帝的嚴重不滿。

玖

拾

嘉慶親政與和珅之死

乾隆六十年（一七九五）九月，乾隆為表示對爺爺的尊敬，不超過康熙帝六十一年的執政年限，及時宣布退位，立嘉親王顒琰為太子，並在元旦這天舉辦授受大典。大清帝國在迎來嘉慶這位新皇帝的同時，也迎來了一位太上皇。

握有實權的太上皇

太上皇的稱謂，漢高祖劉邦就曾使用，他在奪取皇位之後，宣布將當時尚且在世的父親劉太公尊為太上皇。顯然，劉太公只是得到一個稱謂，並沒有什麼實權。唐太宗通過玄武門之變逼迫李淵退位當太上皇，這個太上皇不但沒有什麼實權，反倒更像是一個高級囚徒。

乾隆屬於主動退位，這一點和李淵有著根本不同。對於苦心經營大清帝國六十年之久，將集權和專制發展到空前高度的乾隆而言，他當然不會甘心做劉太公那樣毫無實權的太上皇，更不會去做李淵那樣如階下囚一般的太上皇。和之前的這些太上皇有所不同，乾隆這位太上皇依然擁有著至高無上的實權，甚至和他本人執政時沒有多少變化。

乾隆在宣布歸政之日便決定，只將那些因為自己年老而無法勝任的活動，比如各種祭祀和禮儀活動，交由嗣皇帝辦理，至於軍國大計，比如官員任免和行政權力，他仍然會「躬親指教」[101]。而所謂「躬親指教」，生動說明了太上皇和嗣皇帝之間的關係：嗣皇帝只有朝夕敬聆太上皇訓諭的份兒。

由於傳位相關事宜都是軍機大臣根據乾隆的旨意擬定，一切條款和規定都有利於太上皇，包括實際權力大都歸諸太上皇。不僅如此，當初所承諾的放權，後期也被收回。即使是改元嘉慶之後，皇宮中仍然繼續使用乾隆紀年，這一點直到乾隆死時仍沒有改變。太上皇仍自稱為「朕」，太上皇諭旨繼續稱「敕旨」，題奏行文遇太上皇字樣，需高三格抬寫，而嗣皇帝則高二格抬寫，太上皇帝生辰稱「萬萬壽」，嗣皇帝生辰則只能稱「萬壽」，包括文武大員覲見及新授道、府以上官員離京赴任，都需要具摺恭請太上皇的恩訓。如此說來，嗣皇帝其實沒有什麼權力，即便是祭祀等禮儀活動，也還需要時時向太上皇請示才行。所以，乾隆皇帝的歸政，從頭至尾，都可說成是「訓政」[102]。所謂的權力移交，只不過是一個幌子而已。

至於軍政事務的處理，則更能從中看出乾隆皇帝威權的延續。歸政之際，乾隆曾給予嗣皇帝處理各部院衙門和各省題奏本章以及任免官員的權力。然而，實際情形卻是，在歸政之後，除了一些無關緊要的題本批答之外，上述權力被太上皇牢牢地把握在自己手中。一直到嘉慶三年（一七九八），乾隆眼力已經嚴重衰退，但他仍然堅持自己親自批閱奏摺。至於奏摺批答和諭旨擬寫，也被乾隆控制，雖以嘉慶皇帝名義發出，但實際貫徹的皆為太上皇旨意。至於軍事權力，乾隆更不會輕易放手。比如處理川陝楚一帶的白蓮教起義，都完全是按照乾隆的旨意進行。嘉慶皇帝只能事事聆聽太上皇教訓，絲毫不敢做出違背太上皇意願的事情。

帝國的掌權者

乾隆牢牢把持軍機處這一重要機構，通過軍機處施政的方式沒有任何改變。然而，正是在這個過程中，使得和珅的權力進一步得到提升。嘉慶二年（一七九七），隨著領班軍機大臣阿桂的去世，能夠暗中反對和珅的重臣只剩下劉墉和董誥。但他們尚且不敢公開提出反對，只能是一個賣老，一個裝傻，與和珅暗中進行一些周旋而已。實際上，和珅最為忌憚的也只是阿桂，對於董誥他們則完全不會放在眼裡。眼看機會來臨，和珅便借助一切機會，在中央各部衙門及地方安插親信，甚至皇宮之中的太監、宮女等，都會成為和珅的耳目。

隨著乾隆一步步進入垂暮之年，和珅儼然成為太上皇的代言人。由於只有和珅才能聽明白太上皇在說些什麼，乾隆每上朝時便命令和珅站在他和嘉慶的旁邊。其實，

101《清高宗實錄》卷一四八六。
102《清仁宗實錄》卷三七：「孜孜訓政，又逾三載。」

垂老的乾隆到底說了些什麼，和珅也已不能完全聽懂，但他必須裝作能夠聽懂。每天上朝，滿朝文武三跪九叩之後，便開始陳奏政情，隨後就要等著乾隆這位太上皇說話，而和珅則認真「聽取」太上皇的旨意。和珅連蒙帶猜地能明白一些，隨即便做出判斷，宣布他的判斷是太上皇的旨意，大家只能依照施行。這種情形，使得和珅幾乎處於攝政地位，完全把持了朝政，所以當時人不少都稱和珅為「二皇帝」。英國使臣馬戛爾尼在回憶錄中都曾記錄了這一現象。

乾隆不肯放權，和珅肆意進逼，嗣皇帝嘉慶大權旁落，只能聽從和珅和乾隆的擺布。和珅弄權的行為，甚至連當時的朝鮮在華使者鄭東觀都看得非常清楚，因為他曾經為我們留下這樣一段話：「閣老和珅用事將二十年，威福由己，貪黷日甚。內而公卿，外而藩閫，皆出其門。納賂諂附者，多得清要，中立不倚者，如非抵罪，亦必潦倒。上自王公，下至輿儓，莫不側目唾罵。」[103]從朝鮮使者的相關記載來看，當時和珅弄權的情形已經非常露骨，至於他依靠賣官鬻爵等大肆聚斂財物的行為，也已經到了令人髮指的地步，王公大臣雖然非常不滿，卻只能暗自唾罵，並不能施展什麼作為。

由於太監、宮女中有不少都是和珅所安插，或被和珅所收買，先後充當起和珅的耳目，嘉慶皇帝，甚至乾隆皇帝的一舉一動都會受到監控。甚至連嘉慶的侍讀吳省欽、吳省蘭兄弟，都是和珅故意安插到嗣皇帝身邊，名為侍讀，實為監視。為此，嘉慶必須要處處小心，甚至對和珅採取退讓措施。為麻痺和珅，嘉慶特地下令，和珅除了公開場合外，不需對其行三跪九叩之禮。為麻痺和珅，嘉慶動輒賞賜和珅良田美宅，奴僕婢女，迎合其貪婪本性。為麻痺和珅，嘉慶有時還故意將計就計，隱藏自己的心機。和珅曾贈送嘉慶玉如意，所以嘉慶就此寫下數首〈詠玉如意〉，結果太監小德子很快便將這些詩作獻給和珅，和珅看後便難掩自得之情地笑了：嘉慶不足以與我鬥智謀！

和珅氣焰囂張之時，連他手下的奴才都狐假虎威，作威作福。有一次，和珅的家奴駕車外出，路人避讓不及遭到鞭笞。御史謝振定正好親眼目睹了這一幕，不由得大怒。他隨即命令手下人將和珅的家奴拉下車。面對御史，家奴自報家門之時，仍不免帶有狂妄之氣：這是和大人的車，看你們誰敢動？這種囂張之氣令御史謝振定更加憤怒，一怒之下便下令將車燒毀。此事自然會得罪和珅，不久之後，這位「燒車御史」便遭到解職。和珅抹去一位御史，如同拂塵一樣簡單，勢力之大，可想而知。

和珅利用乾隆年老昏聵之際攫取權勢。阿桂病死之後，和珅利用升任首席軍機大臣的機會，擅自下令各部院衙門及各省督撫都需將呈送皇帝的奏摺同時抄錄兩份，一份是正本，上奏皇帝，另一份是副本，送給他所掌控的軍機處。這一新規定顯然不利

103 吳晗輯，《朝鮮李朝實錄中的中國史料》下編，卷一一。

於奏摺的保密，也將從前只能由皇帝一人行使的權力進行了瓜分。軍機處，尤其是和珅，自此也能夠迅速掌握各地政情，皇權不免會因此受到影響。這種行為如果放在乾隆執政初期和中期，一定為乾隆所不能容忍，和珅卻利用乾隆衰老之際公然推行。

嘉慶三年（一七九八），由於白蓮教起義領袖被捕，乾隆以此為由，再次晉升和珅為公爵。細數下來，堆在和珅身上的職務已經多得數不過來了。除了首席軍機大臣之外，他所兼任的職務遍及政治、軍事、經濟，乃至京師治安等各個方面。和珅儼然已經取代乾隆，實現了對帝國的掌控。因為和珅地位極其顯赫，不少官員都競相依附，唯恐落在後面。他們甚至不惜以重賄來換取官位，和珅則趁機聚斂財物，令官場貪腐橫行、一片汙濁。

和珅弄權手法非常高明，而且既狠又辣，但終究還是玩不過更加富有心計的嘉慶。到了嘉慶四年（一七九九）正月，和珅終於因為權術玩過頭——所謂玩火自焚，被嘉慶就地正法。

必殺和珅

其實，和珅早早就意識到，乾隆年事已高，餘日無多，如果想繼續保持特權，就必須在嗣皇帝身上多下一些功夫。於是，和珅及時調轉方向，把更多心思用在嗣皇帝身上。為了討好嘉慶，和珅甚至趕在乾隆公布皇太子名單之前，先期向嘉慶跪進如意，提前透漏消息。當然，嘉慶對於和珅這種討好行為不僅不領情，反倒由此對和珅多了幾分成見。在處置和珅時，這種洩情行為成了最重要的一條罪狀。

和珅將親信吳省蘭等人以侍讀的名義，悄悄地安插嘉慶皇帝身邊，固然不排除有向嘉慶示好獻媚之意，但也可以對嘉慶起到監視的作用。而嘉慶對於和珅的這種行為非常不滿，本能地意識到這就是監控，所以只會對和珅懷恨在心，而不會有絲毫的感謝之情。

當嘉慶受父親乾隆禪位即帝位後，實際沒有做皇帝的威權，朝政長期被太上皇控制，他仍然只能暫時居住在毓慶宮，事事聽從太上皇的指示。嘉慶親眼目睹乾隆末年危機四伏的政局，卻無力去改變現狀，心中自然窩火。眼看和珅弄權，仍是無法整肅綱紀，甚至只能是忍氣吞聲，心中會更加鬱悶。

嘉慶對於和珅一貫以來的各種行為都非常不滿，但在時機尚未成熟之時，他一直能夠保持冷靜，不動聲色。為了穩住和珅，嘉慶甚至利用適當時機對和珅進行巴結，故意對左右放出話來說，自己只是倚靠和珅才能治理好天下：「朕方倚相公理四海事，汝等何可輕也？」[104]

104《嘯亭雜錄》卷一。

顯然，和珅被嘉慶放出的煙霧彈所麻痺，完全陶醉於自己的弄權之術而不能自拔，完全低估了嗣皇帝的政治頭腦。和珅一直自信地以為，嘉慶的才幹平庸，對自己又是如此尊重，所以乾隆死後自己的權力只會更加牢固，完全不必擔心地位有所動搖。和珅甚至帶著這種自信，等著被嘉慶奉為國老。嘉慶四年（一七九九）正月，乾隆皇帝病危，但和珅的臉上完全看不出任何的憂愁和傷心。「每覲見後，出向外廷人員敘說，談笑如常。」[105]

然而，一切都出乎和珅的預料，也出乎所有人的預料：就在乾隆去世後不久，和珅就被嘉慶迅速處死。地位顯赫、位極人臣的和珅，突然之間就變成了乾隆皇帝的殉葬品。而嘉慶皇帝除去和珅的手法，也如同拂塵般簡潔明快，一如當年和珅扳倒「燒車御史」一樣。

原來，就在乾隆皇帝剛剛去世的那一刻，嘉慶已經布置好了誅殺和珅的一切準備。嘉慶先是以經理喪事為由，除去和珅軍機大臣、九門提督等職，並且將其置於囚禁狀態，規定士卒嚴加看管，任何時候都不得隨意出入。接著，嘉慶頒發上諭，對和珅展開嚴厲聲討，同時策動御史大臣等立即對和珅進行彈劾。一時間，「諸劾和珅者比於操、莽」[106]。聲討和檢舉和珅成為朝臣的風尚，而且一浪高過一浪。正月初八，嘉慶皇帝正式下令將和珅及其同黨福長安一起革職下獄，並派人查抄其家產。之後，嘉慶連續頒布多道諭旨，對其罪狀加以揭露。十天之後，和珅被勒令自盡，福長安處斬監候。

嘉慶除掉和珅之後，一度痛心於朝臣未能對和珅及時予以參劾。嘉慶說：內外諸臣，因為畏懼和珅，竟然鉗口結舌，「無一人奏及」[107]。其實，在乾隆中後期，諸如曹錫寶、錢灃、尹壯圖等人都先後揭發過和珅的問題，卻都因為乾隆的庇護而沒有起到任何效果。不僅如此，參劾官員反倒受到打壓，和珅反而更受重用，這也部分導致乾隆晚年官員愈加依附和珅的現象出現。

嘉慶也深知朝臣依附和珅現象嚴重，所以特地宣諭廷臣，不會進一步追究朝臣的責任，「凡為和珅薦舉及奔走其門者，悉不深究，勉其悛改，咸與自新」[108]。即使是有人密報和珅家產中尚且有隱匿，也不再追問。但是，嘉慶對和珅一黨的核心成員還是進行了嚴厲的打擊，諸如蘇凌阿、李光雲、吳省蘭等重要羽翼，都被降職或撤職，長期專權的和珅一黨在政壇就此消散。

頗具諷刺意味的是，在和珅遭革職下獄之時，京師尚有一千多名官兵正在忙於為其營建宅第，而一些消息不夠靈通的外地官員，仍在源源不斷地為和珅送來賄銀。

105《清仁宗實錄》卷三七。
106《清史稿》列傳一六〇。
107《清仁宗實錄》卷三七。
108《清史稿》列傳一六〇。

嘉慶在和珅家中所抄得白銀數量巨大，難以計數，很好地驗證了朝野內外對和珅貪婪斂財的各種傳言。可嘆這位斂財專家，大半輩子的辛苦最終都是為嘉慶忙活了。

當然，究竟嘉慶從和珅家中抄得多少財產，一直說法不一。據一些史料記載，和珅的總財產達二十億兩白銀，但薛福成《庸庵筆記》中提供的數字則是二億三千萬兩，二者差距甚遠。此外，也有一個折衷的說法，比如蕭一山在《清代通史》中，估計和珅的資產不下八億兩。僅僅這個數字，也已相當於當時清政府十五年的收入，同時也足以支付甲午、庚子兩次戰爭賠款。不管如何，和珅家大業大，富可敵國，所以才會有句話說「和珅跌倒，嘉慶吃飽」。

走到臺前的嘉慶

和珅貪腐並不是一個孤立現象，而是乾隆末期一個非常普遍的行為。從山東到兩廣，從浙江到甘肅，到處都是腐敗。不僅官員的級別很高，貪汙財物的數量也非常巨大，而且是官官相護，連深入查辦和嚴厲懲處都顯得非常艱難。當時，各地官員對於貪腐行為已經非常麻木，而又習以為常。如果自己不貪，則無法打點上司，無法獲得升遷，甚至無法在官場立足。可以說，大清帝國到了此時已經是危機四伏。就連老皇帝乾隆在打壓貪腐的過程中也連連遇到挫折，反倒是借助於議罪銀制度來大肆斂財，彌補內廷的經費開銷。顯然，嘉慶從乾隆手中接過來的，完全是一個爛攤子。他不得不與和珅這樣的大貪官周旋搏鬥，一邊懲治腐敗，一邊整頓吏治。

和珅貪財，更善於斂財，所以很多人認為和珅的最大罪狀就是貪汙，其實不是這樣。嘉慶為和珅開列的罪狀有二十條之多，更多的罪狀則是指向了和珅的專權和亂政。

比如當初乾隆皇帝冊封嘉慶為皇太子時，和珅先期呈給顒琰如意，以洩露機密來換取擁戴之功，比如騎馬和乘轎都有僭越行為，比如隱瞞軍情，任人唯親，隨意處置軍機處人員等等。當然，也有不少罪狀指向了和珅的貪腐，對和珅的奢侈和貪婪都進行了揭發。所以，和珅之死，更主要的還是政治原因，根本問題還是君權相權之間發生了矛盾。也就是說，因為和珅權力太大，直接威脅到了嘉慶的皇權，所以才讓嘉慶最終動了殺心。嘉慶非常清楚，和珅之所以能夠專權，完全是因為父皇的懈怠。在乾隆的設計中，軍機處的重要地位是不言而喻的，如果皇帝有所懈怠，大權就會旁落，落到軍機大臣手中。所以，嘉慶親政之後，立即對軍機處進行改組和整頓。

嘉慶對軍機處的整改

嘉慶在將和珅治罪之後，立即任命成親王永瑆擔任首席軍機大臣，大學士署刑部尚書董誥、兵部尚書慶桂等，被任命為軍機大臣，此外也對各部院衙門及各直省督撫進行大幅度人員調動，將和珅入值期間所做出的奏摺副本關會軍機處的規定等，也一律取消。在對軍機處進行大規模改組之後，嘉慶將軍機處完全置於自己的控制之下。

只是永瑆出任首席軍機大臣的時間並沒維持多久，大概嘉慶很快就意識到任命宗室成員擔任這個敏感而重要的職務非常不利於自己掌控政局，所以立即做出反悔之舉。

當時，國子監祭酒法式善建議嘉慶：「選派親王、重臣威望素著者一員，授為大將軍，節制諸軍。」[109]這不僅沒有得到嘉慶的批准，反而引起他的警覺。他本能地意識到這和首席軍機大臣永瑆有著直接的連繫，是永瑆有意攫取軍權。不久之後，翰林院編修洪亮吉徑直上書永瑆，對嘉慶皇帝視朝過晚的現象進行批評，這更使得嘉慶皇帝極為不滿，於是果斷撤掉永瑆首席軍機大臣的職務，同時也將洪亮吉革職。

嘉慶削弱宗室權力的做法，和當年雍正、乾隆一樣，都非常果斷堅決，歷史彷彿在這裡又得到重演。除了永瑆之外，嘉慶還撤掉了儀親王永璇總理吏部之任，包括鑲黃旗領侍衛內大臣的職務也一併革去[110]。連自己的同母弟慶郡王永璘，嘉慶也沒有放過。由於永璘曾不經奏聞便私自向穎貴太妃送禮祝壽，嘉慶便揪住不放，指斥永璘「不知大體」，將其交宗人府議處。

穎貴妃是乾隆的諸多嬪妃之一，故此嘉慶稱其為穎貴太妃。永璘便一直由其撫養長大。嘉慶五年時，穎貴太妃迎來七十壽辰。本來無兒無女的她，一直寡居深宮，能夠得到永璘送來壽禮，穎貴太妃自然十分高興，卻沒想到會就此引起皇帝的不快。穎貴太妃由此開始憂懼成疾，並在不久之後死去。

除了對軍機大臣的任用更加謹慎之外，嘉慶還進一步完善了奏摺傳遞過程中的保密規定，將和珅在軍機處訂立的舊規都一概廢止。其中，奏摺需抄副本關會軍機處的規定尤其令嘉慶難以容忍，所以很快便予以廢除。嘉慶發布上諭嚴令各部院衙門文武大臣及直省督撫將奏摺副本關白軍機處：「後陳奏事件，俱應直達朕前，俱不准另有副封關白軍機處。」[111]不僅如此，各部院文武大臣在陳情之時，也不得將所奏之事預先告知軍機大臣。

嘉慶四年正月，嘉慶再次強調了這一規定。嘉慶指出，以前和珅意欲行使專擅之權，曾專門印文傳知各省抄送奏摺副本，從而便於他自己掌握情況，任意處置。如今這一行為業經降旨禁止，如果還有重蹈前轍、不聽勸告的，「必當重治其罪，絕不寬貸。」[112]

109《清仁宗實錄》卷五六。
110《清仁宗實錄》卷五六。
111《清仁宗實錄》卷三七。
112《清仁宗實錄》卷三八。

拾

為了加強奏摺的保密性，嘉慶一度規定部院衙門奏報政務之摺，嚴禁太監經手。曾有太監冒昧接遞奏摺，遭到嘉慶嚴懲。與此同時，奏摺的發回程序也變得更加嚴密，以防止輾轉相傳過程中產生失誤。

嘉慶更加強了對軍機處的管理和控制。嘉慶五年（一八〇〇）十一月，他頒布特諭，規定軍機大臣只得在軍機處承寫所奉上諭。至於軍機重地，則嚴格加強管理。軍機章京辦事之處，尤其禁止閒人窺視，親王、貝勒、貝子及文武大臣，都不允許到軍機處和軍機大臣談說事情，「違者重處不赦」[113]。

為了提高政務處理效率，嘉慶對奏摺的形式進行簡化，剔除其中不當內容和浮華成分。起初階段，嘉慶不僅擴大具摺官員的數量，規定各省道員也可使用奏摺奏報政務，而且使得奏摺奏報內容也得到擴展。但如此一來，勢必會造成奏摺紛繁，連篇累牘，極大影響政務處理的效率，所以，嘉慶十三年（一八〇八）之後，又嚴令禁止具摺官員濫用奏摺，同時禁止官員違規擅自遞呈奏摺。

喜歡簡約的嘉慶和好大喜功的乾隆，在性格上有很大差異。也許正是由於這個原因，嘉慶朝奏摺更趨簡練，浮華成分得到嚴格剔除。比如說，嘉慶嚴令禁止官員在奏摺中使用駢體文，只需如實陳奏情況。另外，嘉慶還嚴禁官員具摺時另行開具夾片的行為，規定除非遇有機密事件，否則不得另附夾片密陳。

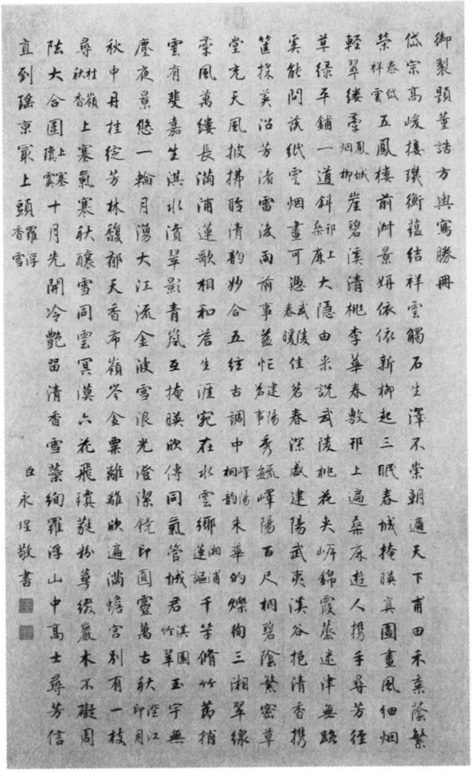

永理書法

限制軍機處的舉措

與上述措施相比，嘉慶更加下力氣限制軍機處權力，防止軍機大臣權力坐大，影響皇權的集中統一。禁止滿漢文武大臣前往軍機處同軍機大臣談說事體，固是加強保密，更是對軍機大臣加以限制，防止類似和珅擅權現象的再次發生。如果誰預先向軍機大臣洩露，則會遭到嚴懲。嘉慶規定，各衙門章奏呈遞之後，「朕可即行召見，面為商酌，各交該衙門辦理，不關軍機大臣指示也。」[114]包括通諭王公大臣之事，也都安排在乾清門外階下傳述，不准在軍機處傳旨。通過這些措施，嘉慶對軍機處的控制得到進一步加強，軍機大臣的權力也被限定在相應的範圍之內。

在乾隆朝，尤其是乾隆執政晚期，軍機處的權力獲得長足發展，和珅由此開始恃寵弄權，把持朝政多年，嘉慶親政之後，不能不做出相應的改變，大力對軍機處進行整頓，防止類似情況再次發生。為了防止大權旁落，嘉慶除了加強對軍機處的控制之外，對其事權也有不少限制，「通過內閣議事及頒布諭旨明顯增多，較之乾隆中期以後僅有軍機處唱獨角戲的情況有了明顯改觀。」[115]嘉慶將軍機處工作範圍嚴格控制在承書諭旨、承辦具體事件和對中樞決策提出參考性意見以供統治者採納等幾個方面，不容其有所僭越。嘉慶對於臣下要求加大軍機大臣事權的建議，也毫不留情地嚴加駁斥，對於部院衙門官員不經皇帝批准而向軍機大臣私行探詢決策意向的行為也是嚴令禁止。此外，嘉慶對於軍機處的信息輸入渠道也嚴格加以控制，對於軍機大臣的徇私違紀行為一概嚴肅處理。總之，嘉慶努力使得軍機處「處於自己的嚴格控制之下，成為自己一個服服貼貼行使皇權的得力工具。」[116]

讓權力回到正軌

由於曾親眼目睹和珅專權現象，嘉慶一直非常有意識地抑制軍機處的權勢膨脹，所採取的策略大概有以下幾條：其一，如前所述，嘉慶首先是嚴令各衙門部院將所奏之事以任何方式洩露給軍機處，包括不能以抄出副本的形式關會軍機處。其二，嘉慶「嚴厲挫壓朝廷中尊崇軍機處的風氣」[117]。當嘉慶看到有御史寫到奏請「軍機大臣責成」的字樣時，他非常生氣地表達了對軍機大臣權重的擔憂。當看到官員建議在奏摺

113《清仁宗實錄》卷七六。
114《清仁宗實錄》卷三七。
115 白新良，《清代中樞決策研究》，遼寧人民出版社，二〇〇二年版，頁三三一。
116 白新良，《清代中樞決策研究》，遼寧人民出版社，二〇〇二年版，頁三三一。
117 劉紹春，〈嘉慶整頓軍機處，維護雙軌輔政體制〉，載《清史研究》，一九九三年第二期。

內將軍機處抬寫以示尊崇時，嘉慶也表示了堅決反對。嘉慶強調：「奏摺內將軍機處抬寫，殊為不合，軍機處體制與部院衙門無異。」[118]其三，堅決取消軍機大臣相關人事的權力，尤其是取消軍機大臣選拔軍機章京的權力。軍機章京改由各部院推薦，再改而為嚴格的考試選拔。至於軍機章京的錄用與否，則完全由皇帝本人親自確定。

嘉慶有意抑制軍機處，讓它始終成為自己的貼心祕書，只是一個施政工具，而且處於自己的可控範圍之內，絲毫不容其坐大。而軍機處的地位也就此慢慢得到確定，最終形成與內閣共同輔政的中樞決策體制。此後，軍機處與內閣之間，既有合作，又有分工。比如在處理某些題本之時，就需要軍機處和內閣來共同完成，不再是和珅專權時的一家獨大的局面。這當然多少會改變朝臣對於軍機處過於尊崇的風氣。

就上行文書而言，嘉慶極力維護題本在上行文書中的地位。此前，由於奏摺的廣泛使用，極大地衝擊了題本在中樞決策體系中的地位，各級官員普遍存在著重視奏摺忽略題本的現象。維護題本的地位，實則就是對內閣職權的維護。與此同時，因為大量例行政務已經由題本的方式上報，奏摺便也回歸本位，這反倒也是對奏摺的地位起到維護。軍機處和內閣，因此更能穩定關係，各負其責。

內閣與軍機處

當然，畢竟軍機大臣都是皇帝最為親近之臣，而且軍機處又地處內廷，隨時會得到皇帝召見，所以內閣處理題本之時，如果被皇帝發現有失誤之處，皇帝大多就近命令軍機大臣向內閣追查，甚而會趁機直接代理內閣的部分職責，侵吞內閣的職權。也就是說，皇帝的意志仍然可以變相地在軍機處得到延伸，軍機大臣在協助皇帝追查內閣工作失誤的同時，仍然不失凜然之威。如此發展下去，相比較內閣，軍機處仍然占有著非常獨特的地位。朝臣中，重軍機處而輕視內閣的現象仍然會存在。

就當時的情形而言，人們看到更多的是嘉慶對軍機處用力進行打壓，因此便出現一個有趣的現象：有些官員展示了良好的政治嗅覺，以為嘉慶會產生取消軍機處的想法，因而具摺提出建議。但是又不敢直接提出撤銷之議，便先試探性地提出更改軍機處名目的建議，不料卻遭到嘉慶的堅決反對。

嘉慶十年（一八〇五）五月，御史何元烺便奏請改變軍機處名目。他認為，軍機處所承辦事務早已經不再是軍事範圍，故此不當再保留「軍機」這樣的名目。嘉慶並

118《樞垣記略》卷一。

不同意這樣的奏請，很快發布諭旨對此進行了辯駁。嘉慶指出，軍機處名目，自從雍正年間創立以來，一直得到沿用。經過這麼長時間，軍機處承旨書諭及辦理各種事務，都關係機要大事，這些事情和前代那些軍國要事其實也非常相仿。接著嘉慶說道：「若如該御史所請，勢必諱兵不言，豈國家承平日久，並古大司馬之職亦可不設乎？」[119]

其實嘉慶心中非常明白，何元烺御史申請更改名稱，只是想試探一下是否有撤銷軍機處的可能，但嘉慶更清楚，軍機處固然是為軍事而設，但它在很大程度上保證了皇權的集中，對於維護大清帝國的統一有著特殊意義。因此，嘉慶當然不會聽從御史所請，更改軍機處的名目，更不會就此撤銷軍機處。

軍機人員的選拔

嘉慶不僅反對撤銷和更改名目，反而繼續從奏摺和軍機處人員設置上狠下功夫，令軍機處在中樞決策過程之中既能發揮重要作用，又可以輕鬆駕馭。

就軍機大臣而言，嘉慶完全杜絕了地方大員入值軍機處的現象出現。在雍正朝，鄂爾泰以雲貴總督的身分入值軍機處。這使得鄂爾泰進則可以為樞垣重臣，退則為一方諸侯，權勢非常之大。在乾隆朝，能夠入值軍機處的多為京官，但偶爾還會有地方官入值。但到了嘉慶朝時，已經不再有地方大員入值軍機處。這既是嘉慶為使軍機處進一步正規化的舉措[120]，更是嚴防軍機大臣權勢坐大，成為一方藩鎮。

此外，為了防止軍機大臣權勢過重而對皇權形成威脅，嘉慶還明令禁止御前大臣兼任軍機大臣。由於御前大臣兼管奏事處，也非常接近皇帝，一旦同時兼任，則有了藉機蒙蔽皇帝的機會，正如和珅一樣。當年，和珅便因為這種雙重身分，成功地割斷了朝臣揭發其劣行的管道，從而可以肆無忌憚地貪贓枉法。所以，嘉慶特別下達諭旨說：從前和珅攬權專政，多半是因為和珅以軍機大臣的身分同時兼任御前大臣，導致權勢過重，致使內外官員畏其聲勢，不敢違拗，所以軍機大臣及御前大臣彼此一定不能相兼。

在嘉慶的主導之下，不僅是軍機大臣的任用條件更加苛刻，軍機章京的考核和選拔也變得更加嚴格，而且也漸漸形成定制。此後的道光等朝，軍機章京的選拔仍然沿用這一套辦法。

軍機章京是軍機處辦理文書事務的官員。在軍機大臣之外，便數軍機章京最為緊要。軍機章京日常擔負的任務極其繁重，據嘉慶朝《大清會典》記載，軍機章京的職

119《樞垣記略》卷一。
120 宋希斌，〈論清代軍機處的創立及其正規化〉，載《歷史教學》，二〇〇五年第一一期。

責有繕寫諭旨、記載檔案、查核奏議等等。在乾隆初年，諭旨多由軍機大臣撰擬，隨著軍機處經辦之事日多，該項職責也漸漸轉由軍機章京負責，軍機大臣則更多地負責審查核對。顯然，軍機章京所擔任的角色，既重要又關鍵，必須要有非常全面的才能。

軍機章京起初是由軍機大臣選拔，但嘉慶認為軍機處是機密要地，而軍機章京的職事又重，故此必須慎重選用，由他親自選拔。嘉慶更為擔心的是，如果軍機大臣選擇親信之人擔任軍機章京，則非常容易造成官官相護、結黨營私行為的發生。於是，嘉慶決定收回軍機章京的遴選之權，並不意外。

嘉慶四年（一七九九）正月，嘉慶規定軍機處滿漢章京的員額各定為十六員，由內閣、六部和理藩院堂官在所轄官員中選擇比較可靠的中書、筆貼式等官員充當。對於候選官員的素質，要求非常之高，既要求「人品端方」，也要求「年富力強」，同時還強調「字畫端楷」[121]。挑出足夠好的候選之人後，便可交由軍機大臣帶領引見，然後由嘉慶皇帝親自選定。

嘉慶十一年（一八〇六），嘉慶要求在軍機章京的選任過程中增加考試的環節，只有考試合格者，才能獲得被皇帝召見的機會。考試規定完成時限，考生要在規定的時間之內書寫一定字數才行。漸漸地，軍機章京的考試越來越正規，逐步形成了初試、複試及面試等環節[122]。

從總體上看，在嘉慶朝，軍機處雖遇到不少打壓，但基本職權還能得到維護，在與內閣分庭抗禮的同時，也因為是近水樓臺，所以保持著在決策施政方面的便利和威權。就軍機處的管理制度而言，嘉慶朝對前朝繼承較多，但在官員選拔方面也有一些改進。當然，所有這些都和雍正、乾隆一樣，是為了皇權的集中和施展。而且，在這個過程中，嘉慶同樣需要借助於任用親信和宗室周旋，需要借助於剷除權臣，來重樹威信、整頓吏治等。所以，從某種程度上說，嘉慶朝相關軍機處的故事仍是乾隆朝，甚至是雍正朝的重複上演。包括後面的道光朝、咸豐朝，這樣的故事仍在繼續。

不管如何，在嘉慶的努力下，軍機處的運行和職權更加趨於規範，更加有利於皇權的集中統一。但是，大清帝國在乾隆晚期已經走向腐朽，嘉慶縱然有想法、有行動，也只能借助於軍機處繼續推行他的專制統治。這些努力，雖則在一段時間之內阻止了皇權的繼續衰落，卻無法阻止清王朝的衰敗。這架陳舊的老爺車只能依照慣性，繼續朝著深淵滑去。

121《樞垣記略》卷一三。
122 劉紹春，〈軍機章京考選制度述略〉，載《史學月刊》，一九九二年第二期。

拾壹

權臣肅順與軍機處地位的搖擺

皇位爭奪戰

自從雍正創立軍機處以來，除允祥之外，親王一直鮮有入值軍機處者。即便偶有這種情況，時間也是非常短暫。比如在嘉慶朝，成親王永瑆曾在嘉慶四年（一七九九）正月入值，但在十月便遭罷免，前後不到一年時間。到了咸豐朝，奕訢再次以恭親王的身分入值軍機處，但很快也被罷免，讓人感覺前朝慣例仍在奕訢身上重演。但令人意外的是，在咸豐皇帝去世之後，這位恭親王的命運發生了徹底改變，他不僅在同治、光緒兩朝長期穩坐首席軍機大臣的位置，還對晚清政局產生了舉足輕重的影響。在這期間，軍機處和軍機大臣的地位和命運也幾經輾轉，為晚清政局的風雲變幻做了一個生動的注腳。

奕訢是道光皇帝的第六子，曾和第四子奕詝一起，被視為皇太子的有力競爭者，卻最終敗下陣來。

奕詝是皇四子，但在道光立太子之時，他已經成為皇子中最為年長者，因為排奕詝之前的三位皇子都早早死去。奕詝雖然資質平平，而且還是個跛子，卻能在競爭中勝出，擊敗文武全才的奕訢，長子的身分起到了一定的作用。此外，奕詝的老師杜受田在關鍵時刻的點撥，也顯得尤為關鍵。

拾壹

大清帝國到了乾隆後期已經開始走向衰落，嘉慶雖多方挽救，仍然是於事無補。到了道光皇帝這裡，衰敗則開始全面顯現，外受列強凌辱，內則危機四伏。道光是個以勤儉聞名的皇帝，畢生勤於政務，但終究治理江山乏術，未能阻止帝國的進一步衰落。在經歷一八四二年鴉片戰爭的失敗後，道光更是苟且偷安，得過且過，缺乏振興的勇氣，以及圖變的決心。當資質平平的道光選擇了資質更加平平的奕詝繼承皇位之後，清帝國與西方的差距註定會越拉越大，也為此後要遭受更大的屈辱埋下伏筆。

當然，奕訢和奕詝之間的關係尚算密切，至少遠不像當年雍正和諸位兄弟之間那麼緊張，這也保證了二人之間的皇位之爭比較溫和，而且當一方勝出之後，失敗的一方也可以非常體面地過著親王的日子，沒有什麼血光之災。二人關係密切，多少是因為奕訢的生母也對奕詝有著撫育之恩。道光二十年（一八四〇）正月，奕詝的生母去世，道光便將年幼的奕詝交給奕訢的母親撫育。年齡相仿的兩位皇子之間，因此有了朝夕相處的機會，漸漸培養出非常親密的兄弟之情。

奕詝和奕訢尚且沒有爭奪帝位的念頭，但他們的老師——杜受田與卓秉恬，卻已經開始悄悄布置，暗中展開了較量。奕訢的老師卓秉恬長期擔任大學士，才德素著，性格耿直，但不夠圓滑。這種性格甚至也對奕訢形成了潛移默化的影響。奕詝的老師杜受田雖職位較低，但在處事和捉摸道光皇帝的心思上卻遠遠勝過卓秉恬。

據說有兩件事對決定皇位繼承人起到了重要的影響，有的還為正史記載，不能不約略述及。

第一件事是道光有意讓兩位皇子比試打獵。田獵一直是滿族貴族強身健體的重要手段，受到歷朝皇帝的重視，故此一般人都會認為道光此舉是為了考察皇子的雄偉之氣，奕訢也是這麼理解，於是將平時所學箭術如實向父皇匯報。結果，一番比試之後，以奕訢獲得獵物最多。與其相比，奕詝非但是顆粒無收，甚至未發一矢。道光詢問原因，奕詝回答說：正值春天，鳥獸孳育，所以不忍心殺生。道光聽到這樣一番話，不禁大悅：「此真帝者之言！」[123]原來，杜受田在得知比試科目之後，早已預先進行了布置，教會奕詝此術，以此來掩蓋自己不善箭術的缺點。可嘆的是，奕訢射術再精，終不如奕詝一番巧辯。

另外一件事則是道光存心考察兩位皇子的理政能力。道光擔心自己體弱多病，隨時會撒手而去，於是以衰病為由，令二位皇子提出各自理政對策，藉以決定儲位。奕訢知無不言，言無不盡，充分展示了自己的施政能力。沒想到的是，奕詝再次有個超乎想像的回應：得知父皇病重之後，他乾脆裝傻充愣，長時間跪地，痛哭流涕。道光皇帝通過這次考試，沒有看出奕詝的施政才能，卻就此得出了奕詝「仁孝」的結論，因此更加垂青於奕詝。殊不知這其實也出自杜受田的巧妙布置，奕詝只是按照老師的

123《清史稿》卷三八五。

設計在演戲而已。

杜受田擅長揣摩道光心意，授意奕詝劍走偏鋒，依靠投機取巧而最終成為皇位繼承人。雖則才能遠遜奕訢，但奕詝在關鍵時候更善於表演，依仗其出色的表演才能而取得勝利。奕訢雖說學到了卓秉恬的理政務實之學，卻也只能甘拜下風。經過幾次測試，曾在奕詝和奕訢之間長期猶豫不決的道光，最終下定決心由皇四子繼位。

道光遺詔除了宣布立皇四子奕詝為皇太子之外，還同時宣布封皇六子奕訢為親王，此舉非同尋常，既可視為是對奕訢的一種特別補償，也可視為是對奕訢的一種善意保護，意在阻止奕詝日後加害奕訢。

當一切都塵埃落定之後，奕訢忽然之間變得成熟起來，而且成熟得與自己的年齡都非常不相符。他深知，自己從此只能小心翼翼地侍奉奕詝，因為哥哥已經當了皇帝，就應該待之以君臣之禮。他生怕因為自己的不小心而得罪奕詝，更害怕把自己和哥哥之間的關係，變得如同曹植和曹丕那樣凶險。

不久之後，奕訢發現，皇兄奕詝終究不是曹丕，自己也完全不用作什麼七步吟詩的準備。咸豐皇帝在登基八個月之後，首先是向首席軍機大臣穆彰阿開刀，對於奕訢非但沒有打壓，反而格外示以恩寵。穆彰阿一直是道光皇帝最為親信的重臣，但咸豐還是用電光火石般的手法，將穆彰阿迅速罷免，再次很好地詮釋了「一朝天子一朝臣」這句古語。

咸豐面臨的困局

道光皇帝天性多疑，穆彰阿能夠長居政壇並占據首樞的位置，實則是和道光朝另外一個軍機大臣曹振鏞一樣，長期信奉「多磕頭，少說話」的祕訣[124]。道光一朝，實則是社會危機深重，但是穆彰阿卻故意隱情不報，一直按照「報喜不報憂」的原則，堵塞言路，掩飾真相，確保道光所聽到的都是好事。在鴉片戰爭期間，穆彰阿迎合和把握了道光皇帝厭惡戰爭的心理，實行通過割地賠款來換取妥協的消極主張，對喪失主權負有不可推卸的責任。太平軍在廣西起事之初，當地官員也是出於穆彰阿的授意而故意匿情不報，致使其漸漸形成氣候，最終變成大患。咸豐皇帝未即位之時，已經對這位首樞所作所為有所耳聞，也一直非常厭惡。即位不久，他聽從恩師杜受田的建議，迅速革去穆彰阿的一切職務，並且宣布永不敘用，令朝野無不拍手稱快。

事實上，咸豐登基之後，雖一度沿用父皇所留下的軍機處班底，但真正幫助決策的其實是他的老師杜受田。每遇重要之事，咸豐都會先向老師討主意。不僅是穆彰阿的罷黜，包括林則徐的復出，雖然沒有起到實質作用，但也都是出自杜受田的主意。

124 茅海建，《苦命天子——咸豐皇帝奕詝》，三聯書店，二〇〇六年版，頁三八。

由於當時太平軍步步進逼，形勢嚴峻，杜受田便向咸豐皇帝建議重新起用林則徐，只可惜這位老臣在赴任途中就暴病而亡。

這之後，形勢變得越發緊迫，太平軍的北伐部隊已經漸漸逼近北京城。咸豐先是命奕訢署理領侍衛內大臣，辦理京城巡防事宜，不久之後又直接任命他為軍機大臣，開始參與更多的政務，處理緊急軍務。奕訢就此受到重用。

在穆彰阿被罷斥之後，軍機處以祁寯藻為首席軍機大臣。這位樸學大儒，學問精深，卻也有行事迂腐的一面。面對咸豐皇帝，祁寯藻經常洋洋灑灑地引經據典，申明儒家治國要義，甚至連其他軍機大臣都覺枯燥乏味，但咸豐為了表示對這位老臣的尊重，裝出一副有興趣的模樣，耐心聽他演講。後來，祁寯藻忽然稱病求退，咸豐立即准許，沒有任何挽留之意，並在當天就安排了接替人選。這很好地說明，在他告退之前，君臣之間已經缺少信任，而且彼此心知肚明。

其實，促使祁寯藻稱病告退的正是恭親王奕訢的受到重用。當奕訢以親王的身分入值軍機處之後，祁寯藻的首席軍機大臣便宣告名存實亡。當時，與奕訢同時入值軍機處的還有瑞麟、杜翰等人。咸豐大概早就不滿軍機處原有人馬的老氣橫秋，遂以青年官員充實進來。祁寯藻入值軍機處長達十五年，對皇帝這種安排不能不進行一番思忖，此時如果再不告退，怕是終究只會和張廷玉一樣落得個自取其辱的下場。

在准許祁寯藻告退的同時，奕訢的老師賈楨隨即被任命為大學士、軍機大臣。奕訢由此更是成為名副其實的軍機領袖。既然是軍機領袖，他就不得不經常出面與咸豐打交道，會不會因此而得禍呢？

形勢好轉

這種擔心在此時似乎略顯多餘。這主要有兩個方面原因：一方面，咸豐此時確實需要奕訢出面解圍，畢竟太平軍已經日益逼近北京城；另一方面，在過去一段時間，奕訢已經完全學會如何遷就咸豐，學會了如何與這個已經當上了皇帝的哥哥友好相處。

因為有道光皇帝的遺詔，咸豐在執政之初也注意向奕訢示好，將「春和園」與和珅的府邸先後賞賜奕訢，以此顯示其作為兄長的仁愛之心。奕訢則趁機及時調整心態，刻意保持好與哥哥之間的君臣名分。此後，他利用各種機會頌揚皇兄的聖德，並且不時向咸豐帝獻詩，竭盡恭維之能事，並且全力以赴投入到抵禦太平軍的行動中。

咸豐為抵禦太平軍動員了所有力量，並在乾清宮舉行了隆重的出征典禮。叔叔惠親王綿愉被臨時任命為大將軍，僧格林沁則被任命為參贊大臣。大家和奕訢一樣，都做好了拚死一搏的準備。

可能是清王朝的氣數尚且未盡，戰場形勢很快就發生了重大轉折。太平軍並沒有按照清政府的設想，一鼓作氣直取北京，而是轉而進兵天津。但在天津守軍的殊死抵抗下，北伐軍的氣勢受到嚴重挫傷。加上北伐軍沒有做好應對寒冷天氣的準備，凜冽的寒風似乎比清軍的刀槍更加銳利，太平軍北伐途中大肆燒殺搶掠的行為，也讓民眾站到了對立面。天時、地利、人和，太平軍都沒有占據，漸漸地就有些招架不住。沒有補給、沒有援軍，北伐軍孤軍深入，隨時面臨著被清軍包圍吞吃的危險。

為擴充隊伍，大量民眾被號召參加團練。天津監獄裡面的囚犯也被盡數釋放，清政府命他們戴罪立功，抵禦北伐軍。勝負的天平開始向清政府這邊傾斜。北伐軍連連失利，進而糧盡援絕，企圖向西南方向撤退。在奕訢的建議下，咸豐皇帝組織清軍在黃河一線拚死阻擊，同時命令其他方向清軍一路追擊。北伐軍終於陷入重圍，損失慘重。等到天氣轉暖、河水上漲之機，清軍蓄運河之水，水淹北伐軍，令北伐軍損失愈加慘重，結果太平軍「半死刀槍之下，半死運河水中」[125]，北伐之戰遭到徹底失敗。北伐軍重要首領林鳳祥服毒未果，後被押解至京，凌遲處死。

奕訢入值軍機處一年十個月。這期間，雖則身居要職，但奕訢比以往更加注意保持和咸豐之間的君臣名分，始終注意對皇帝表達出足夠的尊奉之意，不敢做出絲毫的踰矩之舉。奕訢雖然沒有什麼實際政治經驗，但畢竟在早年受到長期擔任大學士的老師卓秉恬的親自點撥，多少也懂得一些理政之術。所以，憑著奕訢天生的政治才華，加上他兢兢業業的態度，再憑藉特殊好運，竟然就此幫助咸豐度過了一段難關，太平軍大兵壓境的警報此時已經解除了。

鳥盡弓藏

入值軍機處期間，奕訢一直小心翼翼，不敢得罪咸豐，不僅確保了自己平安無事，也對保證京城的安定做出了重要貢獻。然而，當京城可以確保無虞的時候，奕訢忽然遭到罷免，從而再次驗證了「飛鳥盡，良弓藏；狡兔死，走狗烹」的鐵律。

事情的起因要追究到奕訢生母康慈皇貴太妃的生病。前面介紹過，奕訢的生母，其實也是咸豐的養母，而且至少有十年養育之恩。咸豐一向以仁孝為標榜，甚至連奪取皇位也是依靠展示其仁孝之心才打動了道光皇帝。所以，對於自己的養母，他不能不有所表示。

一直以來，咸豐也非常注意對養母表達足夠的感激之情，並不時以實際行動來報答她的養育之恩。他在登基之後就尊奉其為康慈皇貴太妃，並按照皇太后的規制安排住所等事宜。如果沒有重要政務，咸豐經常會堅持給養母請安。得知養母病重之後，咸豐更是天天前往探視。

125 陳思伯，〈復生錄〉，載《近代史資料》，一九七九年第四期。

奕訢眼看母親病情危重而又不可挽救，心中更是悲痛萬分。他非常希望生母能夠心滿意足地離開人世，於是就想到了祈求咸豐封賞皇后的辦法。奕訢深知，母親最大的願望便是得到皇后的封號。事實上，自道光末年以來，母親便以皇貴妃的身分統攝六宮之事，距離真正的皇后僅有一步之遙，所以他非常希望母親能夠最終得到這個最為尊貴的封號，哪怕是辭世之前的短短幾天，於是便下定決心向咸豐乞請這一名分。

這一天，咸豐再次前往探視康慈皇貴太妃，恰在門口遇見奕訢，便連忙詢問病情。奕訢熱淚盈眶地回答說：「已經不行了，只希望等到一個封號方可瞑目。」咸豐皇帝聞聽此言，喃喃答道：「哦，哦。」奕訢以為這是允許的應答，便喜出望外地趕往軍機處，令禮部具摺，奏請尊康慈皇貴太妃為康慈皇太后。沒想到的是，咸豐皇帝看到這一奏摺之後怒不可遏。他沒有想到自己隨口「哦，哦」兩聲，會引出這麼一個後果[126]。

不管如何，咸豐認定奕訢是矯旨傳令，性質非同小可，心中怒氣，一時難掩。但是，很快他還是冷靜了下來。咸豐想起此前自己一直是以孝子面目示人，而且已為皇宮內外所知，如果將禮部奏請就此駁回，就會立刻背上不孝的惡名，不如好事做到底，讓養母領受封號辭世。就這樣，奕訢的生母，同時也是咸豐的養母，終於可以不留遺憾地辭世。

此事當然不會隨著養母的辭世而告終結，不久之後，咸豐便頒下一道朱諭，藉口恭親王奕訢在禮儀上多有疏略之處，於是革去其軍機大臣、宗人府宗令、正黃旗滿洲都統等職。奕訢只能離開了象徵著權力和地位的軍機處，重新做回那個閒散親王，重回上書房讀書去了。至於他日後重新回到政壇，再次展示其理政能力，則需要等到六年之後咸豐皇帝駕崩的時候。

奕訢被免職，與他借重軍機處謀私有著直接的連繫。從這個角度來看，他的受罰，多少含有一些咎由自取的成分[127]。此外更重要的原因應該是，咸豐的內心深處始終還是對奕訢存有一絲戒備之心。畢竟這二人當初曾一起競爭過皇位，而且咸豐也知道弟弟的才幹遠在自己之上。而且奕訢膽敢為自己的生母申請皇后之位，不能不讓咸豐更加擔著一分小心。這樣說來，奕訢便很自然地成為咸豐需要重點防備的對象。至於奕訢到底是不是錯誤地領會了皇兄的意思，是否果真矯傳旨意，則只有老天才能知道。

當然，咸豐之所以能夠如此毫無顧惜地罷黜奕訢，免去這位親王的一切職務，還有一個客觀原因：太平軍北伐遭到失敗，京城的危機已經得到化解。也就是說，在這個時候，用不用奕訢，已經變得不重要了。至少眼下並不重要。

126 茅海建，《苦命天子——咸豐皇帝奕詝》，三聯書店，二〇〇六年版，頁二五一。
127 董守義，《恭親王奕訢》，人民文學出版社，二〇一〇年版，頁三九。

後奕訢時代

罷免奕訢之後，咸豐起用道光朝老臣文慶擔任首席軍機大臣，只是時間仍是非常短暫。一年之後，也就是咸豐六年（一八五六）十一月，文慶病死在任上。

文慶出生在一個滿族官宦之家，是滿人中不多見的進士。道光一朝，文慶曾兩度入值軍機處，又兩次被罷黜。雖然屢升屢降，但道光對文慶還是非常器重，甚至在臨終前將其列為顧命大臣。咸豐登基之後，文慶任吏部尚書、步軍統領、內大臣、翰林院掌院學士等職。咸豐五年（一八五五），晉武英殿大學士，加太子太保，直至擔任首席軍機大臣。

文慶主張破除滿漢成見，重用漢人，曾建議咸豐皇帝去除滿漢藩籬。曾國藩當時在江西屢遭敗績，咸豐對其產生疑忌，但文慶卻極力建議皇帝堅持予以重用，結果曾國藩果真建功，證明文慶善於察人。除曾國藩之外，另外一位漢族名臣胡林翼也曾得到文慶暗中相助，可知文慶對於漢族大臣十分信任。對於滿人，文慶倒是不以為然。據說他曾在一份遺疏中向咸豐皇帝奏稱：「各省督撫如慶端、福濟、崇恩、英棨等，皆難勝任，不早罷之，恐誤封疆事。」[128]他所提到的這些封疆大吏，全是滿人。後來的結果證明，這些人果然誤國。

對於這位耿直重臣的去世，咸豐皇帝表現出深深的惋惜之情。而接下來的歷史，咸豐果真破除了滿漢之見，因為接替文慶擔任首席軍機大臣的，就是一位漢族官員彭蘊章。而這在軍機處歷史上也是非常罕見的。除了道光朝的曹振鏞之外，就數到他了。

曹振鏞被人譏諷為「磕頭大臣」。看到曹振鏞一生官運亨通，曾有人向他請教方法，他回答說：「無它，但多磕頭、少說話耳！」[129]這個緣故，「庸碌」成為曹振鏞為官一生的生動注腳。

彭蘊章也是如此性格，是個只知道磕頭，不願意冒頭的領班軍機大臣。因為處處謹小慎微，從不與人為敵，註定他同樣會成為政壇一位非常平庸的角色。當然，如果連繫清代一貫重用滿族官員、處處打壓漢族大臣的歷史，出現這個狀況也並不奇怪。漢族官員在矛盾激烈、險象環生的政壇上，也只能如此求得生存和發展。從某種角度而言，無論是曹振鏞，還是彭蘊章，都不過是當年張廷玉的一個翻版而已。只不過是因為時勢變化，他們才有了這個機會做成一個庸碌的首樞。在張廷玉的時代，由於滿人自覺根基未牢，處處設防，漢人根本無從獲得這種機會。

128《清稗類鈔．明智類》。
129 朱克敬，《瞑庵雜識》卷二。

拾壹

彭蘊章雖然一貫出言謹慎，卻和祁寯藻一樣，一直非常大膽地在咸豐皇帝面前竭盡誹謗曾國藩之能事，認為這位握有兵權的封疆大吏對於朝廷是個威脅。只是這些建議遭到同樣毫無滿漢成見的權臣肅順的反對。很顯然，如果咸豐聽從了彭蘊章的謗言，將曾國藩和湘軍早早裁撤的話，清朝的歷史將完全改寫。歷史往往就是如此弔詭。當滿人終於去除滿漢成見，肯將重權委託漢人之時，卻找到一個比滿人更加排斥漢族大臣的彭蘊章。

彭蘊章的被重用，其中有很多都令人回味。這一方面說明，彭蘊章從裡到外都已是滿族味，這才能得到機會被咸豐皇帝提拔，並委以特別重任；另一方面，滿族貴族當中，也確實找不出可以委以重任的能臣了。

多面人生——肅順

就在唯唯諾諾的彭蘊章擔任領班軍機大臣期間，晚清時期一位非常著名的權臣肅順正悄悄崛起。

肅順受到重用，得益於鄭親王端華和怡親王載垣的推薦之力。論起來，肅順其實就是這位鄭親王的弟弟。作為哥哥，能夠「舉賢不避親」地大膽向皇帝推薦自己的弟弟，而且是拉著另外一位世襲的親王助陣，這不能不引起咸豐皇帝格外重視。

得到兩位王爺推薦，咸豐便開始著手瞭解肅順的情況，結果發現，大家對肅順的評價有很大差別：有的人說他是個難得的人才，有的人則斥之為無賴。當然，即便是貶斥肅順的這些人，也承認肅順很有才幹，而且是具有領袖氣質的才幹，這便讓咸豐有了起用肅順的決心。

肅順雖為名門貴族之後，卻因為排行靠後而無法獲得世襲爵位。年輕時，他常牽著一條黑狗在北京街頭混吃混喝，不少人因為他排行第六便稱他為「肅六」。後來，肅順憑著他的貴族身分做成了皇帝的「侍衛官」，甚至擔任過正黃旗蒙古副都統等職務，但升遷之路畢竟緩慢。得到皇帝的青睞之後，肅順的官運明顯好轉。由於肅順機敏多謀，敢於任事，很快就贏得了咸豐的器重，之後便一路升遷，直至禮部尚書、戶部尚書和內務府大臣。在這之後，鄭親王端華和怡親王載垣雖位居肅順之上，但都因為才智平庸，優柔寡斷，遇事則常請肅順做主。如此一來，肅順便逐漸掌握了重權。

咸豐敢於重用肅順這樣一個富有個性而又飽受爭議的人物，一方面說明咸豐當時的魄力，另一方面也是因為滿族眾臣確實乏善可陳，挑選不出可用之人，更無法物色到可委以重任的官員。當奕訢這樣有才幹的親王成為咸豐重點防備對象，當彭蘊章這樣的平庸之輩也受命擔任領班軍機大臣，那麼肅順自然可以在咸豐的王朝幹出一番作為。

凶險的提議

因為咸豐的信任，肅順和皇帝的關係越來越近，開始展示他的理政才能。肅順首先是在財政上下功夫，說白了，就是幫皇帝找錢。因為在咸豐年間，清朝的財政已經到了破產的邊緣，國庫一貧如洗，很多地區的賦稅都無法徵收。清政府一度依靠賣官來向富人討要，但這些虛職畢竟引不起富商太多興趣，所以也漸漸找不到市場，清政府陷入走投無路的境地，甚至開始融化宮廷裡的金銀銅器來救急。

肅順先後多次向咸豐皇帝提出財政解困的建議。他所提出的第一個建議就是，取消禁止鴉片的政策，開始徵收鴉片煙稅。肅順和很多官員都深深瞭解，雖然朝廷明令禁止，但邊境的鴉片貿易仍然猖獗。既然如此，與其讓走私犯賺錢，還不如由政府出面主導，並從中賺取利潤。但是肅順這個提議還是顯得非常大膽，甚至連咸豐皇帝都知道這是一個喪失人心的做法，內心非常猶豫。這個時候，肅順也由此而遭滿朝官員的痛罵，認為此法完全違背道光皇帝的遺願。最終，咸豐只得放棄了這個建議。

肅順的第二個建議仍然是找罵，因為他決意削減八旗的錢糧。肅順深知，清廷對滿族子弟長期實行包養體制，致使財政負擔沉重。為了解困，那就只能放棄這種包養制度。八旗子弟平時過慣了安逸日子，對肅順的這種做法自然非常不滿，但肅順在咸豐的支持下，最終堅持己見，毫不動搖。肅順因此成為全滿族所聲討的對象。

漢族官員的抬頭

其實，肅順一直認為滿人不僅糊塗不通，不能為國家出力，反而只知道向國家伸手要錢，因此內心非常鄙夷。即使是見到滿族官員，肅順也經常沒有好臉色。據說，肅順即使受賄也只收滿族官僚的錢，不收漢族官僚的錢。

與此相應的則是，肅順非常看重漢臣，認為有才能的官員大多是漢族。肅順認為，要想根本解決危機，需要從吏治入手，官員隊伍建設必須放棄「重滿抑漢」政策。這一點似乎與文慶一脈相承。清廷的腐朽，首先是因為官員的腐朽，滿族官員的腐朽則尤其劇烈。無論是文慶，還是肅順，抑或是朝廷中的不少有識之士，應該都看到了這一點。自從嘉慶、道光以來，皇帝越來越重視漢族士大夫的力量，也是這個原因。但清廷，甚至從皇帝開始，仍然會對漢族官員持有戒備之心。當太平軍呈現出席捲之勢後，曾國藩曾率領湘軍苦苦支撐危局，卻得不到清政府的支持，甚至有很多誹謗之言。

肅順顯然早已看透滿族貴族的腐朽和無能，所以才會在國難當頭之際，大力推動咸豐皇帝變更祖宗家法，開始重用諸如曾國藩這樣的漢族大臣。湘軍集團受到重視，在對抗太平軍的過程中起到了決定性作用，肅順的鼎力支持是其中很大的一個因素。自一八五三年之後，咸豐皇帝執政僅僅三年，他已經越來越不放心漢人，而是「越來越信賴親貴」[130]，肅順的主張實則是和咸豐皇帝背道而馳，但是晚清的漢族名臣如郭嵩燾、曾國藩，乃至左宗棠等，都先後得到肅順的庇護，和他關係密切，也先後在晚清政壇發揮過積極作用。

咸豐即位初期，尚且可以向老師杜受田討要主意，當恩師去世之後，他便完全失去了主見。肅順這樣個性強硬、愛恨分明的官員適時出現，很好地起到了補缺的作用。此後，越來越倦於政務的咸豐便順手將更多政務推向肅順，讓肅順做成了有清一代難得的一位真正的宰相。

肅順的敢做敢當、銳意進取之風，與軍機大臣彭蘊章形成了鮮明對比。咸豐皇帝在彭蘊章這裡除了聽到「是是是」之外，完全討不到任何有用的主意，從內大臣肅順這裡倒是可以得到不少真知灼見，那麼軍機處和這位難得的漢族領班大臣自然會逐漸受到冷落，而肅順的地位也自然地會越來越高，最終成為皇帝的決策顧問。因為肅順的出現，軍機處實則逐漸淪為一個普通的辦事機構，不再如乾隆朝那樣高不可攀。

至此不妨稍稍回顧一下軍機處的歷史。自從雍正、乾隆以來，首席軍機大臣的位置基本由滿族大臣占據，漢族官員除了道光朝難得出現一位「磕頭大臣」之外，基本無從染指。到了咸豐朝，雖則領班軍機大臣換成了漢族官員，但實際對皇帝決策起到影響的官員，已經不在軍機處，更不是這位首席軍機大臣。這種現象的出現或許只能說明，在清代皇帝的心目中，所謂滿漢之見從來就沒有得到過徹底的消除，漢族官員始終只能是處於被歧視地位，只能低人一等，排列滿族大臣之後。

就在這種揮之不去的「抑漢崇滿」的大背景之下，肅順還是能夠不避嫌疑，極力主張重用和保護那些有能力的漢官，同時也對滿族官吏中的腐朽之氣進行毫不留情的打壓，這些對扭轉咸豐朝官場風氣起到了一定積極作用。咸豐皇帝雖然不情願，但終於還是要重用漢族大臣，接受肅順的一些積極主張，清王朝一度顯現出良好勢頭。當然，也有學者認為，肅順如此整頓吏治，其實是加劇了清朝統治集團的分裂，「使本已相當渙散的清廷最高領導層進一步四分五裂，動搖了作為清朝統治根基的滿漢貴族聯盟」[131]。

不管如何，肅順過於張揚的性格肯定會引發一些不滿情緒，他一直以來的強勢的作風，更會激起一些朝臣或明或暗的反對。包括他對若干貪腐案件的處理，因為不避嫌疑，鋒芒太露，甚至不惜得罪奕訢這樣的親王。奕訢忍氣吞聲若干年之後，終於得到了反擊機會，於是新帳老帳一起清算，對肅順的命運也起到了決定性影響。這在後

130 茅海建，《苦命天子——咸豐皇帝奕詝》，三聯書店，二〇〇六年版，頁二四二。
131 楊珍，《歷程·制度·人——清朝皇權略探》，學苑出版社，二〇一三年版，頁二六七。

拾壹

面還將繼續述及，此處暫且不表。

被完全掌控的軍機處

眼看肅順在朝中的地位越來越高，當初推薦他的怡親王載垣和鄭親王端華也感到無上榮光，他們逐漸以肅順為核心，形成了一個內外勾結的真正勢力集團。時人稱為「肅黨」。由於彭蘊章的無能，肅順雖身在內廷，卻將手一直伸進軍機處。當時，軍機處除文祥之外，其他軍機大臣如穆蔭、匡源、杜翰、焦祐瀛等人也都攀附肅順，成為肅黨分子。彭蘊章雖然名列首樞，卻儼然成為擺設。至於軍機處，更是徹底喪失實權。後來，兵部尚書陳孚恩也主動結交肅順，成為肅順集團的靈魂人物。這些實權派人物一旦聯手，加上咸豐皇帝對肅順格外信任，軍機處便基本為肅順所控制。

處理「戊午科場案」，更是讓肅順的地位到了無以復加的地步，因為在這場案件中，軍機大臣柏葰被肅順斬首示眾。

所謂「戊午」是指一八五八年，也即咸豐八年。這一年的科舉考試中，八旗子弟平齡名列前十，頓時引起輿論譁然，因為大家都知道他是經常登臺唱戲的戲子，按照清朝規定並沒有參加考試的資格，但他不僅參加了鄉試，還名列前茅。得知此事之後，咸豐皇帝命端華、載垣、肅順聯手查辦。就在查辦過程中，他們查出主考官內閣大學士柏葰有舞弊情節。柏葰在朝為官三十餘年，資望頗深，不久前還選任軍機大臣，是咸豐皇帝非常信任的一位老臣。就在當時，也有很多官員相信肅順是挾私報復，藉機樹立個人權威。如果此案按照肅順的意願從嚴處理，此後軍機處便只能唯肅順馬首是瞻，聽從肅順擺布。

不管如何，肅順不想放過柏葰，而是決心一查到底，對於涉案官員一律從嚴處置。不久之後，不僅柏葰遭到關押，與此案有牽連的數十名官員也都被全部逮捕入獄，直至最終將這位一品大員柏葰押赴刑場。行刑之日，肅順擔心會有變故，親自擔任監斬官，催促用刑。

軍機大臣柏葰因為一場舞弊案遭到殺身之禍，就此成為菜市口刑場的鬼魂，直到慈禧當政才出面為他挽回了名譽。身在刑場，隨時面臨大刑伺候，柏葰更加清楚這前後都是肅順所為，所以在臨刑之前他忍不住破口大罵，詛咒肅順日後必定和他一樣慘死。讓人意想不到的是，一語成讖，三年之後，肅順竟然真的應了柏葰的詛咒，同樣在菜市口引頸受戮。

拾貳

叔嫂恩怨

慈禧對奕訢的借用和打壓

內憂外患的清政府

咸豐皇帝確實是個苦命天子，太平軍起義，西方列強入侵，將清帝國攪得破爛不堪。茅海建先生將相關咸豐的著作定名為《苦命天子》，非常簡明扼要地概括了這個悲劇皇帝的一生[132]。咸豐執政期間，清王朝一直內外交困，麻煩不斷。就在咸豐執政的最後幾年，英法聯軍又一次欺負到家門口，令大清帝國再次面臨外侮。事實上，因為咸豐這個苦命天子的牽連，大清帝國每一位臣民何嘗不是悲情苦命，無從尋求安身立命的樂土。至於白蓮教、太平軍、捻軍和義和團的先後爆發，則是因為民眾所忍受的悲苦已經到了極限。

咸豐七年（一八五七），英國政府因為不滿足於已經取得的利益，決定再次對華發起戰爭，法國隨之加入。英法聯軍在這年十一月攻入廣州，並將兩廣總督葉名琛俘虜。第二年，清政府被迫與英、法分別簽訂《天津條約》。但這個不平等條約並不能把兩隻貪婪的餓狼餵飽，英法聯軍繼續在津門一帶武裝挑釁。僧格林沁率領清軍頑強抗擊，英法聯軍隨即展開更大規模報復，甚至一直兵臨京城，並將圓明園這座世界著

132 參見茅海建，《苦命天子——咸豐皇帝奕詝》，三聯書店，二〇〇六年版。

名的皇家園林燒毀。咸豐皇帝一度誓與北京共存亡，但最終還是在肅順的勸說下，倉皇撤離京城，逃往熱河行宮避難。臨行前，咸豐囑咐六弟奕訢留守京城，負責與英法侵略軍議和，收拾殘局。

危難之時被人想起來並委以重任，說明咸豐內心深處還是一直非常認可奕訢的辦事能力。當時一起留下來的還有軍機大臣文祥，這是留在北京的唯一一位軍機大臣。其餘的軍機大臣，如穆蔭、匡源等，連同載垣、端華、肅順一起，都隨同皇帝撤往熱河。

內憂外患，國難當頭，非但沒有促使咸豐警醒，反而令他就此萎靡不振。逃往熱河之後，咸豐選擇的是逃避和消沉，沉湎於酒色之中，試圖借酒澆愁。原本就身體欠佳的他，很快就命喪熱河。

咸豐臨終之前，匆匆布置後事，決定由六歲的兒子載淳繼承江山，是為同治皇帝，載淳的母親懿貴妃也就此登上歷史舞臺。此外，咸豐還組成了一個八大臣聯合輔政的班子，組成人員包括載垣、端華、肅順、景壽、穆蔭、匡源、杜翰、焦祐瀛等。這八大臣實則是以肅順為核心，而且將恭親王奕訢完全排除在外，可以看出，直到死時，咸豐仍然沒有放棄對六弟的猜忌。

慈禧登臺

咸豐去世之後，皇后鈕祜祿氏和懿貴妃那拉氏被尊為皇太后。其中，皇后鈕祜祿氏稱「母后皇太后」，徽號「慈安」；懿貴妃那拉氏稱「聖母皇太后」，徽號慈禧。兩宮皇太后除了懷中抱著六歲的皇帝，所謂「母以子貴」之外，也掌握了相當的實權。因為咸豐此前曾賜給她們印章，印章內容為「御賞」，為鈕祜祿氏所保管。另外一方印章為「同道堂」，雖說是賜給小皇帝，其實也是為慈禧所掌控。咸豐規定，凡有諭旨，必須同時蓋上這兩枚印章才能生效。所以，這兩枚印章其實也是皇權的象徵。

咸豐所設計的輔政模式，充分吸取了前朝教訓，尤其是吸取了多爾袞攝政和康熙初期輔政大臣架空皇帝的教訓。之所以增加輔政大臣數量，就是希望儘量形成輔政大臣互相牽制的局面。與此同時，咸豐也將印信大權完全交由皇宮掌握，全力防止皇權旁落，這種設計不可謂不精心。但一切都出乎咸豐預料，他所預想的運行模式並沒能維持多長時間。在咸豐撒手人寰之後不久，兩宮皇太后與顧命八大臣之間就形成了尖銳的對立，直至進行了一場驚心動魄的生死對決。在這個過程中，慈禧富有主見而且心機深遠，展示出了非常成熟的權謀之術，最終將肅順集團制服，並且自此主宰帝國數十年之久。

就在八大臣輔政模式運行後不久，精明的慈禧便發現，自己只是一個蓋章機器而已。當時，送往熱河的奏摺都是直接呈遞到八大臣手中，所謂上諭，都是八大臣根據奏摺內容擬定，再請皇太后蓋章頒行。慈禧顯然不願意做這樣的蓋章機器，所以，她很快便聯合慈安，向肅順提出閱覽奏摺的要求，並且要求擁有對諭旨的修改權和否決權等。肅順先是不肯退讓，但在和其他大臣商議之後，最終還是做出了妥協。

肅順之所以願意做出妥協，是因為他對慈禧和慈安閱覽奏摺的能力有所預判。這兩位皇太后，慈安完全不識字，慈禧則識字無多，肅順不能不對他們閱讀奏摺的能力表示懷疑。事實上，慈禧自己也很快發現，即便是獲得了閱覽奏摺的權力，她們在面對奏摺時也只能是一籌莫展，因為奏摺所寫內容，她們基本看不懂。所以，爭來爭去，自己終究還是一個蓋章機器，大小事務還是由肅順所左右。慈禧在垂頭喪氣之餘，不得不另尋出路，至於這期間八大臣所顯示出的囂張態度，更是讓慈禧下定決心徹底剷除肅順一黨。那麼，到底如何剷除肅順呢，慈禧很快就想到了尚且滯留在京城的小叔子奕訢。

奕訢出山與辛酉政變

遠在北京的奕訢，一直緊張地關注著熱河的動態。咸豐去世之後，他曾多次申請前往熱河奔喪，但都遭到肅順的拒絕，最後只是在兩宮皇太后的堅決要求之下，才勉強同意奕訢奔喪。肅順始終將奕訢視為頭號大敵，即便是在咸豐去世之後，仍然絲毫不敢放鬆警惕。而奕訢也非常清楚，正是肅順這幫顧命大臣一直從中作梗，自己連奔喪都變得這麼艱難，更不用說重新取得權力。彼此之間，心照不宣，都在算計。

至於奕訢和慈禧之間，不僅是心照不宣，更是心有靈犀。他們在肅順的百般阻撓之下，最終還是單獨見面了。當時，奕訢先是在咸豐梓宮面前失聲痛哭，之後便變得木訥，反應遲鈍。其實，奕訢之所以大哭，和他的木訥一樣，都是深謀遠慮，是為了麻痺肅順，同時贏得和慈禧單獨見面的機會。最終，叔嫂如願密謀一個時辰之久，並最後商定在北京尋機發動政變。

奕訢雖然被排除在顧命大臣之外，並不代表奕訢就沒有政治實力。奕訢雖然表面上一直做著他的閒散親王，但他在政壇的影響力始終存在。尤其是在咸豐授權奕訢處理與英法聯軍和議期間，在北京更是形成了一個以奕訢為核心的政治集團。等奕訢回到北京之後，便馬上聯繫駐紮在京津一帶掌握兵權的勝保和僧格林沁等人，做好了發動政變的準備。

不久之後，肅順和慈禧開始護送咸豐皇帝的梓宮回京。就在回京的路上，慈禧以皇帝年幼，經不起路途折騰為由，決定和載垣、端華等大臣由小路提前回京，留下肅順護送咸豐梓宮由大路緩慢前行。肅順對於慈禧的這一安排顯然有些大意，從而就此鑄成了無可挽回的大錯。

慈禧到達北京後，迫不及待地召見了奕訢和軍機大臣文祥等人，開始緊鑼密鼓地布置政變計畫。第二天一早，奕訢便手捧諭旨，宣布解除肅順等人職務，並且當場逮捕載垣和端華，押往宗人府監禁，接著便派醇郡王奕譞前往密雲抓捕尚在護送梓宮的肅順。不久，慈禧便發布上諭，下詔歷數載垣、端華、肅順等人的罪狀，下令載垣、端華自盡，而肅順則被押往刑場斬首。

因為激進的施政政策，肅順曾得罪了不少旗人。在被押往刑場的路上，仇家不停地朝其投擲瓦礫土塊，以洩私憤。未及刑場，這位顧命大臣就已經面目難辨。面對凌辱，肅順一直凜然不屈，大罵不止，直到臨刑之時，仍不肯下跪，直到被打斷雙腿。當初柏葰的預言，很快就得到了驗證。

慈禧認定肅順、載垣、端華是主犯，因此受到懲罰最為嚴重，至於其他幾位軍機大臣則是網開一面，基本都得到寬大處理。除穆蔭因為「在軍機大臣上行走最久，班次在前，情節尤重」[133]，受到流放處理之外，其餘人都只是革職，景壽甚至很快得到重新起用的機會。

在處理完肅順之後，小皇帝載淳正式宣布登基。兩宮皇太后則獲得垂簾聽政的權力，當初肅順等顧命大臣所擬「祺祥」年號被廢除，改用「同治」。所謂「同治」，可以理解為兩宮太后共同治理朝政。當然，名義上是兩宮同治，但由於慈安的權力欲望不強，並且缺少主見，所以起實際主導權的一直是慈禧。

通過此次政變，慈禧太后開始完全把持朝政，直到清王朝末日來臨的前夜。由於這一年是農曆辛酉年，因此這場政變被習慣稱為「辛酉政變」。又由於事發地點在北京，故又稱「北京政變」。也有人稱之為「祺祥政變」，是以肅順當初所擬年號稱呼。

權力的分割

對於政變起到決定性作用的恭親王奕訢，因功被封為議政王大臣和領班軍機大臣，軍機處也開始重組。事實上，在辛酉政變之後，軍機大臣中除文祥之外，全部都受到牽連而被革職，也只能推倒重來。不管如何，曾長期蟄伏的奕訢得到了再次施展政治才華的機會，而且是難得的一位長久擔任軍機大臣的親王。但奕訢需要面對的是

133《清史稿》卷三八七。

拾貳

一個極具權力欲望的慈禧，叔嫂之間究竟能否和睦相處，或者說，到底能夠和睦相處多久，都不免令人生疑。

對於如何實現垂簾聽政，滿足慈禧把持朝政的欲望，大臣們幾經周折，最終才算找到一個令慈禧滿意的方式。按照這種方式，一切事務都需由皇太后「躬親裁制」[134]，慈禧實則集大權於一身，幾乎相當於女皇。

慈禧曾下達諭旨，規定一切奏摺，首先要呈遞兩宮皇太后閱覽。這之後，皇太后根據情況發交議政王和軍機大臣詳議。等有了處理意見時，軍機大臣需要根據皇太后的指示，繕擬諭旨，再經兩宮皇太后審定之後才能頒發。兩宮皇太后雖則美其名曰代表幼帝行使皇權，但這個幼帝完全沒有理政能力，一切都是太后說了算。是故，大權完全掌握在皇太后手中。既然如此，慈禧豈不是取得了女皇一樣的尊嚴與大權。

就在兩宮皇太后獲得垂簾聽政權力的同時，奕訢的權力也獲得空前增長。在這個特殊的歷史時期，中樞決策體制也顯得非常特別。奕訢的個人命運，隨著軍機處職權的消長而發生起伏，也在垂簾聽政的體制下，形成晚清政壇一道非常獨特的景象。

在同治初期，迫於太平軍的壓力，慈禧與奕訢之間有過一段時間的蜜月期，至少能在表面維持通力合作的姿態。就在辛酉政變成功之後的幾天時間之內，慈禧連下諭旨，對這位小叔子予以封賞。奕訢除了被授議政王、領班軍機大臣之外，還被授宗人府宗令，兼總管內務府大臣，並管宗人府銀庫。就這樣，奕訢得到清廷幾個地位非常重要而又顯赫的官職。

其實就當時內外環境而言，慈禧主政確實面臨著壓力太大而又能力不足的突出問題。如果任由兩位皇太后處理空前複雜的內外政務，顯然只能讓晚清這艘破船快速沉沒。當時，慈禧治理國家只能更多地倚仗奕訢，利用奕訢的聲望和才幹，來解決危機，度過難關。而奕訢，則只能以天下為己任，在有限的權力範圍之內放手一搏。實際上，為了提高政務處理的效率，奕訢也不得不做出一些越權之舉。對此，慈禧也只能暫時採取容忍的態度。

清政府的外交部——總理衙門

當時，奕訢主要掌控的是兩個部門：其一為軍機處，其二為總理衙門。這兩個衙門幫助奕訢收情報、出主意，也是清政府處理內政外交的重要機構。

總理衙門是總理各國事務衙門的簡稱。咸豐十一年（一八六一），就在咸豐皇帝逃亡熱河之後，奕訢留守京城，專門負責處理與各國議和之事。為了更好地處理外交事務，奕訢奏請咸豐皇帝批准成立總理各國事務衙門。在此之前，外國使節與清廷打

134《清穆宗實錄》卷六。

交道，多通過軍機處。比如在咸豐八年（一八五八）前後，俄國就是每每通過軍機處傳遞外交資訊。成立總理衙門之後，軍機處所承擔的處理外交事務職責，便相應地改由總理衙門承擔。除了軍機大臣兼領總署大臣之外，總理衙門其他官員的設置等，「一切均仿照軍機處辦理」[135]。這種設置，固是奕訢出於處理外交事務之需而應急提出，甚至也有向咸豐索要權力的因素，卻可以使得軍機處得以從繁重的外交事務中擺脫出來，從而可以更多地參與中樞決策，同時也能與國際接軌，從而受到英、法各國的支持和歡迎。

總理衙門是奕訢親手設計的，所以在人員配置上，咸豐大多聽從奕訢的意見。首屆總理衙門大臣，便由奕訢擔任，至於文祥和桂良，也都是奕訢的親信。咸豐去世之後，慈禧為了籠絡奕訢，更不會馬上對總理衙門做出調整。

不僅是總理衙門，即便是軍機處這樣一個決策中樞機構的改組，也更多體現著奕訢的意願。對此，慈禧也只能是睜一隻眼閉一隻眼地由著奕訢。至於真正按照慈禧自己的主意組建軍機處，則要等到光緒十年，而那已經是二十多年之後的事情了。

再次重組的軍機處

在辛酉政變之後，除了文祥之外，原有軍機處大臣全部遭到罷黜或處分，盡由奕訢集團所替換。文祥為什麼能夠留任，答案非常明顯：因為他是奕訢的嫡系，留守北京期間，互相知根知底。

至於政變之後新任軍機大臣的桂良，更是奕訢的岳父。桂良在道光朝已是重臣，一直身居要職，歷任湖廣、雲貴、直隸等地總督以及吏部尚書和兵部尚書等職，直至官拜文華殿大學士。上陣父子兵，桂良和奕訢之間的這種親緣關係，使得他一直堅定地充當奕訢的政治助手。當總理衙門成立之後，桂良便擔任總署大臣，當奕訢領導政變成功之後，桂良便被任命為軍機大臣。不管他如何老邁，都要提拔任命。雖說這樣的任命影響不好，多少有任人唯親的嫌疑，但奕訢毫不在乎，而慈禧也充分放權。事實上，桂良在擔任軍機大臣之後不久便因病去世，可以想像他當時是多麼老邁。

另外一位軍機大臣寶鋆，曾在北京議和期間與奕訢有過親密的合作，因此和奕訢有著非常親密的友情。至今我們還可以在清人筆記中看到兩人互相開玩笑的記載[136]。寶鋆大力支持奕訢重用漢人的政策，他曾對奕訢說：我們滿洲只是一洲罷了。即使有人才，哪裡能和漢人十八省相比？寶鋆自願長期充當奕訢的助手，他曾這樣說道：「恭王雖甚漂亮，然究系皇子，生於深宮之中，外事終多隔膜，遇有疑難之事，還是

135《籌辦夷務始末》（咸豐朝）卷七二。
136 詳見何剛德，《春明夢錄》卷上。

我們幾個人幫忙。」[137]

至於另外兩位軍機大臣曹毓瑛和沈兆麟，更是在慈禧、奕訢聯手剷除肅順集團的過程中，充當著重要角色。曹毓瑛準確地傳遞情報，致使慈禧和奕訢能夠聯絡順暢，最終達成所願。而沈兆麟在肅順威勢逼人的情況下，敢於提出異議，極力勸說咸豐回京，和遠在京城的奕訢形成遙相呼應之勢。

從軍機處這樣的人員安排可知，辛酉政變之後的軍機處基本是由奕訢的親信組成。也就是說，軍機處此時幾乎完全處於奕訢的控制之下。雖說是兩宮皇太后垂簾聽政的局面，在重大事情的決策上，奕訢起到了相當大的主導作用。這正如清人所記載的那樣：「凡事由親王做主，商之大臣而定。」[138]

奕訢權力如此之大，以至於當時一些外國人都認為慈禧與奕訢的實際地位比較平等。他們在與清廷的外交事務辦理過程中，更多地與奕訢打交道，得出這麼一個印象也不奇怪。在清廷內部，也有不少官員視奕訢為周公。就當時的實際情形而言，政權是太后垂簾與親王輔政的聯合政權，奕訢雖然只是一個議政王，但實際權力更大一些[139]。包括軍機處，也因為奕訢的存在，權力有所擴張，甚至有清人筆記稱「時局盡在軍機」[140]。當時，各部院辦事之前，往往喜歡先期向議政王商議，一些關心政局之士，也非常注意奕訢的意向。

從官員任免，尤其是漢官的提拔和任用上，也可以充分看出奕訢權力的極大伸展。清廷對漢官的提拔和重用，自康熙之後每朝都有逐步發展，到了同治朝，則達到一個高峰。奕訢雖然與肅順多有不合，但在重視漢官這一點上，倒是能一直保持趨同。正因為奕訢注重提拔漢官，滿漢總督和巡撫的比例，由此發生急劇改變。就滿漢總督而言，同治元年（一八六二）比例為六：一一，到同治三年（一八六四）已經變成二：一〇；至於巡撫比例，同治元年尚且是六：一八，同治三年已經變成〇：一七[141]。從這些數字可以看出，當時巡撫一職中已經徹底沒有滿人，這應該說是一個標誌性事件，至少說明漢族官員在清廷的真正崛起。而這，不能不引發滿族貴族的強烈不滿，同時也引起慈禧的高度警覺。

慈禧曾非常不滿地對奕訢發牢騷：這天下咱們不要了，送給漢人算了吧。奕訢知道慈禧心懷不滿，但仍然重用和提拔漢官。而慈禧，既不願意接受漢族官員越來越強勢，更不願意看到奕訢獨攬人事大權。她本能地要維護自己的權力和地位，採取一些必要的措施。

137 何剛德，《客座偶談》卷一。
138 何剛德，《客座偶談》卷一。
139 董守義，《恭親王奕訢》，人民文學出版社，二〇一〇年版，頁一三二。
140 《能靜居日記》卷三一。
141 董守義，《恭親王奕訢》，人民文學出版社，二〇一〇年版，頁一三二。

早先慈禧在充分獎賞奕訢之時，時刻不忘提醒奕訢注意君臣名分。奕訢雖是親王，卻只是「議政」之王，並不是「攝政」之王。慈禧特地借皇帝之口下發上諭稱：「一切政務均蒙兩宮皇太后躬親裁決，諭令議政王、軍機大臣遵行。」[142]這等於是以官方文書的形式明白地告知奕訢，他的一切行動都必須得到兩宮皇太后的允許才行，同時也進一步強調和明確了皇太后與奕訢之間的君臣關係，告誡奕訢不得踰矩。

誅殺勝保

慈禧在借重奕訢施政期間，一面努力地學習施政之術，一面極力防止奕訢權力坐大。她利用頒發上諭的方式提醒辦事官員，遇有意見不同者，不妨堅持己見，暗示他們不要為奕訢所左右。除此之外，慈禧還利用各種機會告誡官員們不可過度依附奕訢，尤其提醒各軍機大臣不可唯奕訢馬首是瞻。為了加強對奕訢的牽制，慈禧也暗中鼓勵言官注意加強對奕訢的監視，一旦發現不法行為，就應當隨時參劾。這些情況說明，慈禧和奕訢之間，實則也存在著明顯的權力之爭，而且已經逐漸浮出水面。其時，奕訢及其領導的軍機處，權力已經非常之大，慈禧不得不時刻加以提防。

藉機誅殺勝保，可視為慈禧對奕訢所發出的一個強烈警告。勝保在「辛酉政變」過程中，因為擁戴兩宮皇太后立功，但他一直是奕訢的親信，是奕訢非常借重的一支重要軍事力量。慈禧對勝保與奕訢之間如此親密的關係，一直非常忌憚。這時候，正好有官員參劾勝保在陝西鎮壓回民暴動過程中「任性驕縱，濫耗軍餉」，甚至是「諱敗為勝，捏報大捷」[143]，慈禧因此果斷決定除掉勝保。

勝保被捕入獄之後，慈禧專門讓奕訢帶領軍機大臣會同刑部進行審訊。在會審過程中，勝保一直仰仗著奕訢的庇佑，只承認「攜妾隨營」這種小罪，對於其他罪狀都矢口否認。勝保這種強硬態度，一度導致審訊無法繼續深入。這時候，有善於觀察風向的官員向慈禧提出建議，直接將勝保處以極刑。慈禧同時也得到勝保向奕訢重金行賄的消息[144]，擔心處罰勝保的決定受到影響，於是決定迅速展開行動。

慈禧下詔處死勝保之時，為了避免奕訢從中進行干擾，特地選擇了宣布決定的時間，主要就是為了避開奕訢。當天，奕訢和軍機大臣得到的都是「無事」的消息，遂宣布解散離朝。可就在他剛剛離開養心殿不久，便接到了勝保已被賜死的諭旨。對此，奕訢不由得感到異常震驚，「即便是有回護之心，也無能為力」[145]。

142《清穆宗實錄》卷六。
143《清穆宗實錄》卷四九。
144 事實上，這看起來更像是誣告，因為奕訢本人沒有收到這筆銀兩。參劾人辯稱是勝保手下人誤送至惠親王府。參董守義，《恭親王奕訢》，人民文學出版社，二〇一〇年版，頁一五二。
145 寶成關，《奕訢慈禧政爭記》，吉林文史出版社，一九八〇年版，頁二〇四。

隨著勝保的被殺，奕訢和慈禧之間更顯現出一種明爭暗鬥的態勢。但這種爭奪，隨著慈禧駕馭權術的本領越來越強，奕訢越發處於下風。隨著太平軍逐漸被鎮壓，慈禧通過打壓奕訢收權的態勢變得越發明顯，不免也讓人產生一番「飛鳥盡，良弓藏」的感嘆。

變臉

同治三年（一八六四）七月，就在清軍收復南京之後不久，慈禧和奕訢之間的關係便開始急轉直下。當時，朝廷上下一片慶賀之聲，慈禧也對有功人員大行封賞，但相關官員和將帥的封賞，基本都是奕訢率領軍機大臣擬訂方案，慈禧只需代表小皇帝履行一個批准程序。奕訢因為一直主持軍政大事，便很自然地成為首功之臣，被加三級軍功。雖則曾國藩所獲封賞也非常卓著，但滿朝大臣更多是對奕訢大加讚賞，彷彿這一切的功勞都要歸於奕訢才行。在滿朝文武紛紛致賀的氣氛下，奕訢不免也有些忘乎所以。至於慈禧，則感覺別有一番滋味在心頭。她不僅明顯地有一種被排除在光環之外的感覺，更深切地感受到奕訢對於朝臣的影響力。於是，她決定開始對奕訢採取行動，並悄悄進行布置。

同治四年（一八六五）三月初四，兩宮皇太后照例召見軍機大臣，但就在召見完畢，軍機大臣即將退下之際，慈禧太后忽然拿出一個摺子對奕訢說：「有人參劾你！」

奕訢猝不及防，忍不住脫口問了一句：「是誰？」奕訢這種追問態度和說話口氣，顯然忘記了君臣之間應有的禮節，在慈禧眼中不僅是傲慢，更是無禮。但是此前慈禧多少領教過議政王的直率之風，所以最終還是說出了「蔡壽祺」的名字。沒想到奕訢的回答倒是非常乾脆，而且帶著一副滿不在乎的語氣：「蔡壽祺不是好人！」接下來，奕訢更帶著一絲怒氣說道：「蔡壽祺在四川招搖撞騙，我還等著治他的罪呢！」[146]奕訢的這種抗辯態度，大概正是慈禧所要等待的，於是她喝退軍機大臣，準備開始她的連鎖行動。

奕訢行事作風一貫果斷迅捷，由此便會帶來忽視禮節的後果。包括和太后議政期間，如果慈禧聲音小，聽不清楚，奕訢也會高聲詢問，請太后再重複。如果與太后產生不同意見，他也會高聲抗辯。這固然是直率作風，但在別人看來，也是罔顧禮節，甚至是驕橫跋扈。慈禧對奕訢的這個特點太熟悉不過了，所以專門設計了這樣的圈套等著他鑽。

慈禧立刻召見大學士周祖培等人，哭訴議政王飛揚跋扈、無視太后的作風，希望

146 詳參王闓運，《祺祥故事》，中國近代史資料叢刊：《第二次鴉片戰爭》第二冊，上海人民出版社，一九七八年版，頁三二七。

拾貳

眾位大臣能夠對奕訢議罪懲處。這是慈禧第一次在大臣面前公開她與奕訢的矛盾，大家除了驚愕之外，再不能作答。而慈禧則反覆鼓動他們迅速議罪，希望得到支持。面對這種情形，大學士周祖培只得硬著頭皮說：此事只能由太后獨斷，不是臣等所敢言。慈禧本想尋求周祖培等人支持，聽到的竟然是這些推托之言，不由得氣急敗壞地大罵起來：「要你們這些人幹什麼？！」周祖培則回答說：「此事須有證據，不能憑藉蔡壽祺一份奏摺，就將親王定罪。」看到這種情形，慈禧也只好准奏，喝令眾位大臣退下。周祖培則只能以「退後詳察」[147]為藉口，倉皇退朝。

慈禧當然等不及再去找蔡壽祺核對證據。三月初七這天，慈禧向眾大臣出示了她親筆書寫的諭旨。慈禧的文字水準不高，所書諭旨錯別字連篇，只能基本保持文字通順而已，但眾大臣都能很快從諭旨中明白，慈禧是希望撤去奕訢所有的職務[148]。無論是面容盛怒的太后，還是出乎預料的諭旨，都足令眾大臣面面相覷、不知所措。現場氣氛陷入極度尷尬和充滿迷惑之中。大家都不知道這個性情乖戾的太后究竟想幹什麼。

終於還是大學士周祖培發話，但他仍是不敢觸犯天怒，只是小心翼翼地建議是否可以加上「議政之初，尚屬勤慎」這八個字。慈禧也知道有沒有這八個字其實無關宏旨，便立即同意。慈禧深知軍機處全是奕訢的人馬，隨後便宣布立即將詔旨交內閣執行，不必交軍機處。慈禧並且就罷免奕訢之後所形成空缺，都一一進行了安排，大家都明白慈禧這回是要動真格的了。

應當說，面對周祖培這些人，慈禧是充滿信心的。之所以選擇與他們進行商議，也是看中了他們平常一貫的唯唯諾諾，可以保證自己的強勢可以順利地推行下去。而事實也正如慈禧所料，周祖培等人只有恭敬聽命，一切都在按照慈禧的設計往前走。

可就在慈禧以為自己的想法可以就此順利達成之時，事情卻意外出現了轉機。原來，就在慈禧上諭發下的第二天，惇親王奕誴斗膽上疏，反對太后罷免奕訢。這位親王是道光皇帝的第五子，也就是奕訢的五哥。他雖然性情豪爽，但平時不愛過問政事，過著閒適的親王日子。然而當他得知奕訢遭到罷黜之後，第一個站出來表示反對。

等到有一個領頭的反對，其餘眾臣也終於敢於說出自己的主意。這令慈禧自己也多少有些反覆。她先召見倭仁、周祖培等大臣，商議對策。雖則她繼續以強硬的姿態強調恭親王狂肆已甚，一定不能任用，但在眾位大臣僵持不下的情況下，也同意擇日再議。有些大臣推測慈禧內心充滿矛盾，因此勸說慈禧採取折衷方案，對奕訢適當施以懲戒即可。

147 李慈銘，《越縵堂日記》，第五九五輯，廣陵書社，二〇〇四年版，頁一九六。
148 據說這是我們今天所能見到的唯一一篇由慈禧親自起草的上諭。詳見吳相湘，《晚清宮廷實紀》第一輯。

就在這時，醇郡王奕譞特地從東陵工地趕回京師，上疏援助奕訢。此外，都察院、宗人府，包括內閣大臣殷兆鏞、潘祖蔭等也都先後上疏，請求皇太后收回成命，重新起用恭親王。慈禧萬萬沒想到，罷黜奕訢會遭到如此強烈的反對，尤其是幾位親王的反對。所以，慈禧不得不加倍小心，找個合適的時機收場。

幾天之後，兩宮皇太后便以同治皇帝的名義發表上諭，宣布廷臣商議結果與朕意相吻合，都贊成給予恭親王一定懲罰，以此告誡他不會再犯。但是這封諭旨的意思是，只是保留恭親王管理總理衙門事務的權力，議政王和領班軍機大臣的職務卻沒有得到恢復。也就是說，奕訢就此被逐出了一直象徵著中樞決策機構的軍機處。對於這樣的結果，奕訢會表示接受嗎？

奕訢當然會從內心深處排斥這樣的上諭，拒絕這樣的結果。但是此時的奕訢已經充分領教了慈禧對於權力的貪婪，對於如何與其進行鬥爭，也有了一些主意。他決定先冷靜觀察局勢，再指示自己的親信大臣相機行動，為自己爭取更大的轉機。軍機處作為奕訢的嫡系人馬，終於開始行動。

正面相見

很快，文祥等人想出了通過辭去內務府職務的方法來換取奕訢的復出。他們分析認為，既然慈禧太后一直想把內務府控制在手，那便滿足她的欲望。果然，文祥的主動請辭，換取了慈禧的歡心。除此之外，奕訢的嫡系也代替他向慈禧寫就一份深刻的懺悔書，藉此表達忠誠之心，這也極大地滿足了慈禧太后的要求。對於奕訢的這些退讓之舉，慈禧不得不有所表示，總算同意奕訢重新入主軍機處，但議政王一職則不能恢復。當然，這應該也是奕訢可以預料到的結果，而且也是暫時可以接受的結果。相對於之前的懲處方案，眼下這個方案顯然已經溫和許多，至少奕訢已經挽回了不少顏面，還可以擁有一定的權力。

就在雙方達成妥協之後的第二天，兩宮皇太后決定正式召見奕訢。顯然，在經過幾番曲折之後，慈禧和奕訢之間早已不再是那種親密的叔嫂之情，更沒有發動政變前後默契而牢固的戰友之誼，而是非常中規中矩的君與臣。對！真正意義的君與臣！對此，雙方都心知肚明，而且守在這個名分之下，不退不進。

正因為這個原因，不少人都認為這次見面安排會有點讓人壓抑，同時也為雙方能否發揮正常表現捏著一把汗。而事實則是，奕訢以一種非常恰當的方式表達了自己的情緒，也就此獲得慈禧最大程度的諒解。

奕訢所選擇的方式就是放聲痛哭。不多說任何多餘而無用的話，只是放聲痛哭。

對於奕訢的這種痛哭，慈禧應該不會感到陌生。就在咸豐皇帝去世的那一年，奕訢歷盡千辛萬苦實現了前往熱河奔喪的目的之後，也是選擇在咸豐梓宮之前放聲痛哭。他用淒厲的哭聲，既表達出自己真切的悲傷之情，同時也嚴正告訴肅順等顧命大臣，自己才是皇帝最為親近之人，而肅順等人故意阻撓奕訢奔喪是可恥而又不得人心之舉。

在慈禧面前，奕訢又一次放聲痛哭，既像是悔恨當初冒犯皇權的過失，也像是在傾瀉一種無可奈何的痛苦。與上次一樣，奕訢的哭聲除了恰到好處地宣洩了情緒之外，也是對自己的一種策略性保護。

果然，慈禧對於對奕訢的表現非常滿意。她當即表示，鑑於奕訢的認錯態度非常好，所以特地准許其重新入值軍機處，擔任領班軍機大臣，但議政王就此免去，以示懲戒。

經過這番變故之後，奕訢與慈禧之間的關係發生了根本性變化。被免去議政王的奕訢從此只能小心翼翼地侍奉皇太后，戰戰兢兢、如履薄冰。與過去一貫雷厲風行的作風不同，奕訢幾乎像是換了一個人。而且這種變故同時也對政局產生了不少影響。之前那些暗中反對奕訢的勢力，因為看到慈禧打壓奕訢的決心和態度，而可以有恃無恐地與之對抗，甚至是抱團與其作對。至於奕訢舊部，多少會擔心受到牽連和懲處，也開始變得和奕訢一樣瞻前顧後。其中最明顯的莫過於曾國藩。當他看到三月初八日軍機處寄諭中少了「議政王」三個字之後，便開始變得惶恐不安，甚至趕緊給曾國荃寫信，示意他以身體尚未痊癒為由辭謝朝廷的任何徵召。原因很簡單，一旦奕訢這把保護傘不見了，他們必須及時尋求合適的退路。

在削去奕訢議政王之後，慈禧同時將奕訢的悔過表現昭告天下。這種做法，除了徹底打擊奕訢的氣勢之外，更可向朝廷內外宣示，只有她自己才是這個朝廷真正的主宰者。事實也的確如此，奕訢雖則在數年之內對朝政形成了重要影響，但很快就在慈禧的權謀之術面前折服。自此以後，清王朝完全進入由慈禧主導政局的時代。

即便是恢復了奕訢的軍機大臣職務，慈禧也有意通過安插親信的方式，極力削弱奕訢對於軍機處的影響力。同治四年（一八六五）十一月，李鴻藻進入軍機處，就是出於慈禧的一手安排。慈禧希望利用李鴻藻之力能對軍機處有所控制，甚至對奕訢構成一定的牽制，至少要打破軍機處鐵板一塊的局面，也便於及時獲得關於奕訢和軍機處的動態。

奕訢在被免去議政王之後，不僅辦事風格大為轉變，他對於慈禧的態度也有很大變化。與之前相比，奕訢對慈禧更加恭敬，更有禮節。奕訢因為對這個女人的權力欲望缺乏足夠估計，所以才吃了大虧。故此，在與慈禧打交道的過程中，奕訢便有意迴避與慈禧的權力之爭，尤其避免與慈禧出現決策權的相爭。此外，奕訢也更加注意採取策略。比如說，他更注意和慈安皇太后搞好關係，借助於慈安的力量，來對慈禧形成牽制。

奕訢的退讓，換來的是叔嫂之間一段較長時間的和平相處。當慈禧已經完全掌控

拾貳

政權之後，她對奕訢的打壓也轉明為暗，對權力的侵奪則是由鬆而緊。這種跡象在隨後奕訢遭到同治罷黜事件中，顯得尤為明顯。

拾參

走向終結

軍機處與衰世共沉淪

同治親政與修園風波

同治十一年（一八七二），同治皇帝眼看年滿十八歲，慈禧和慈安不得不開始醞釀撤掉垂簾，歸政於同治。就在歸政之前，兩宮皇太后還為同治舉辦了一場隆重的婚慶大典。這樁婚姻並不能令慈禧滿意，由於同治對慈禧所中意的富察氏不是很喜歡，最終選擇的是慈安所中意的阿魯特氏，這便導致慈禧與同治之間一度產生了一些不愉快。不管如何，婚姻表示同治真正成人。婚姻之後，慈禧更要忍痛割讓權力，給同治親政留下必要的空間。

朝廷上下都翹首期待，等著看看同治皇帝親政之後會帶來哪些新變化，沒想到的是，他親政之後的第一件事就是急著修復圓明園。在財政非常吃緊的情況下，同治一直固執己見，甚至對提出反對之聲的大臣動輒以革職懲處相威脅，終於引發奕訢出面阻攔。而奕訢既低估了同治修復圓明園的決心，也對同治此舉的背景失察，結果導致自己再次面臨被廢黜的險境。

同治之所以不顧財力狀況，迫不及待地希望修復圓明園，雖說是受到了小人慫恿，但也有自己的深遠考慮。同治在與母后長期相處過程中，敏感地察覺出她們希望搬回圓明園居住的意願，便迫切希望通過此舉報答母恩，同時自己也好就此擺脫慈禧的控制，可以更方便地獨攬皇權。同治在內心深處，非常希望兩宮皇太后能夠有一個很好的環境頤養天年，真正做到徹底歸政。

內務府和御史大臣在得知同治這個決定後，先後提出反對意見。戶部侍郎桂清主管內務府，深知政府財力難以負擔這樣的浩大工程，但他因為激烈的反對態度而惹得同治帝大怒，在遭到嚴厲斥責的同時，還被撤職。

同治擔心還會迎來激烈反對，特地頒發諭旨強調修園的必要性，同時為自己辯解說，修復行為只是局部範圍修復，而且所需耗費可由官員自願捐獻，不會耗費內務府太多銀兩。但這樣的朱諭發下沒幾天，御史沈淮仍然上疏，請求暫緩修園。同治當然還是十分震怒，立即嚴厲予以斥責。之後，御史游百川繼續上疏諫阻，同治惱怒之下革去游百川的職務，並以此告誡群臣，不得再對修園之事提出反對意見。

出現這種局面，奕訢只能採取一定的策略。他在給第一個工程提交專案預算經費時，就故意增加了銀兩耗費，希望通過此舉引起同治注意，也引起朝臣的注意，以便最終達到阻止修園的目的。

但是，同治卻不管這些。對於財物預算，他完全沒有概念，仍舊繼續推進圓明園重修工程。見此情形，王大臣們感到事情嚴重，不能不採取行動。醇親王奕譞及御前大臣景壽等人聯名上疏，對此提出反對。眼見沒有起到任何效果，奕訢也參與進來。他們擔心同治根本不會拆閱奏摺，或者是留中不發，便採取請求召見的辦法進行勸阻，但同治完全不予理會。在眾位大臣的一再請求下，同治才不得不同意召見。

奕訢等人發現，同治果然如他們所料，根本沒有拆閱他們精心寫就的聯名奏摺。在奕訢等人的要求之下，同治勉強看了數行，非常不滿地說道：我停工，看爾等會不會繼續饒舌？奕訢回答說：臣等所奏之事尚多，不止是停工這一件事。於是便從靴中取出奏摺底稿，向同治逐條宣讀。還沒等奕訢念多久，同治已經勃然大怒：「此位讓爾，何如？」[149]

同治放出這樣的狠話，顯然是盛氣凌人之舉，文祥嚇得幾至昏厥，被人攙扶出去。但是奕訢還是繼續據理力爭。不僅如此，醇親王奕譞還勸說同治不要微服，隱晦地批評他私自外出皇宮。其實同治經常夜不歸宿，尋花問柳，他聞聽此言，非常震怒。同治連忙追問醇親王從哪裡得到傳聞。奕譞一一指實時間、地點，令同治啞口無言，不得不暫時屈服，改口說：「修建圓明園是為了太后歡心，所以不敢擅自停工，但可以轉奏。」

---

149 黃濬，《花隨人聖庵摭憶》，上海古籍書店出版，一九八三年版，頁五〇四。

矛盾升級

隨即，同治便對洩露自己隱私之人展開追查，然後就牽扯到了奕訢。因為奕訢的兒子載瀓曾經陪同皇帝出宮遊玩，所以同治立刻就在奕訢身上尋求報復。因為奕訢當面與同治抗爭，因此便得到了「無人臣之禮」的罪名，受到了重處。只見同治朱筆輕輕一揮，便革去了恭親王軍機大臣等一切職務，甚至是世襲罔替的尊貴。

看到這一架勢，朝臣無不感到震驚。如果說權勢逼人的慈禧做出這樣的舉動，大家尚可理解，沒想到剛剛親政的同治皇帝，居然也對首席軍機大臣如此隨意罷免。莫非同治也要上演一朝天子一朝臣的經典劇目？

軍機處也炸開了鍋，軍機大臣們立即聯合醇親王等，極力為奕訢求情。這時候，同治反倒責問自己的師傅翁同龢：既然修建圓明園非常不妥，為什麼不及早勸諫。接著，同治問道：等十年二十年之後四海平定、府庫充盈之後，是不是就可以重修圓明園？翁同龢因為一直擔任同治的老師，深知此刻皇帝已經稍微冷靜了一些，便率領眾臣答道：如果這樣，便是上天所賜之福，必定要好好修建才是。

一番爭執之後，雙方都需要找臺階下。同治遂從眾人所請，只將奕訢降為郡王，而且恢復了其軍機大臣的職務，但奕訢的兒子載瀓被革去貝勒郡王，免去御前大臣行走。

就在大家以為此事暫時可以得到了結之時，幾天之後，同治忽然頒發諭旨，宣布將惇王、恭王、醇王、伯王以及景壽、奕劻、文祥、寶望、沈桂芬、李鴻藻等十位王大臣盡數解職，罪名是「朋比謀為不軌」。這一舉動非常瘋狂，無異於發起了一場政變，而且以近於胡鬧的方式展示了同治幼稚的一面。

一直在旁邊觀察的兩宮皇太后聞聽這個消息之後，再也不能從容旁觀了。她們急忙找到恭親王，流著淚進行安撫：十年以來，無恭親王便無有今日。皇帝少未更事，昨日的諭旨已經撤銷了。

慈禧不僅將同治皇帝的上諭扣下未發，還特地頒發懿旨，賞還恭親王及其子載瀓爵秩。就在同一天，同治皇帝也發布了停止圓明園修建工程的上諭。就這樣，由於慈禧最後的出面干預，一場風波總算暫時平息。風波中，奕訢之所以能有驚無險地度過難關，固然是同治皇帝不得人心，純粹胡鬧，也多少與奕訢及軍機處此時尚且握有相當權力有著直接關聯。

然而，不久之後，波瀾再起：就在圓明園停工不久，同治皇帝病倒了，而且是一病不起，很快便駕鶴西去了。隨著同治的病逝，軍機處和奕訢的地位，也不免會隨之繼續發生變化。

同治皇帝所染之病，有說是梅毒，有說是天花。更多的人相信是前者，因為朝廷早就有皇帝狎妓的消息傳出。同治長期處於慈禧太后的淫威之下，愛情並不美滿。對於兒子自己相中的人，慈禧不滿意，所以她執意要求同治帝親近慧妃，並疏遠皇后。同治既然不能和心愛之人相守，索性獨宿乾清宮。不久之後，他更是經常微服出宮，尋歡作樂，也便就此染病。

奪權

雖然朝臣中有不少人有過這種心理準備，但當消息真正傳出之時，大家還是為之驚愕。隨著病情的加重，同治皇帝已經無法正常批閱奏摺，遂令軍機大臣李鴻藻為其代筆。到了十一月初三日，同治已經連日常召見臣工都不能履行，軍機大臣只得尋求變通。在得到允許之後，每日奏摺批答，漢文則「仍遵前旨暫由李鴻藻敬繕」，滿文則「暫由奕訢等敬繕」[150]。至此，軍機處和奕訢的權力空前高漲，實際已經獲得代天子理政之權。

當然，奕訢行使這種權力不過五天而已。在這短短的幾天時間內，奕訢批准辦理了一些重要事項。比如指示李鴻章購買鐵甲艦，以期加強海防，批准戶部與總理衙門劃撥銀兩充作左宗棠的西征軍費等。

對於這些，有著極強權力欲望的慈禧看在眼裡，恨在心裡。她本能地想奪回這些

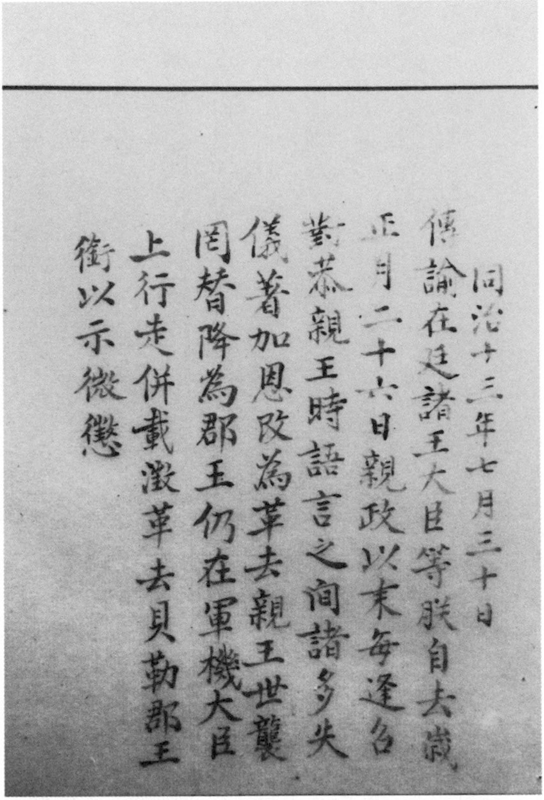

同治十三年七月三十日
傳諭在廷諸王大臣等朕自去歲
正月二十六日親政以來每逢召
對恭親王時語言之間諸多失
儀著加恩改為革去親王世襲
罔替降為郡王仍在軍機大臣
上行走併載澂革去貝勒郡王
銜以示儆懲

同治十三年關於恭親王奕訢降為郡王仍在軍機大臣上行走的朱批諭旨。

權力。於是，她立刻向軍機大臣和御前大臣，表達了她的焦慮之情，希望大家能想辦法解決皇帝生病無法批閱奏摺的事情。對於皇帝已經命令奕訢和李鴻藻代筆之事，她完全裝作不知道。奕訢等人立刻明白，慈禧這是想把批閱奏摺的權力攬入她自己的懷中。因此未等慈禧進一步提示，奕訢等人便提請兩宮皇太后在皇帝病重期間，「權時訓諭」[151]。也就是說，奕訢和軍機處拱手交出了代為批閱奏摺的權力。

慈禧的要求至此已經完全得到滿足，但她覺得這樣直接從軍機處奪權終究有些不妥，而且也有違背皇帝聖意的嫌疑，於是立即提出要求，希望將相關事項落實為奏摺文字，也即由軍機處起草奏摺遞上，再請病危之中的同治定奪。在病榻之前，奕訢再次領教了同治的生硬作風。一直衰弱無力的同治，忽然積攢起渾身氣力，嚴肅地對奕訢和軍機大臣們教訓道：摺報可暫時由太后代閱，天下事不可一日懈怠。同治似乎對自己的痊癒也很有信心，期待著不久之後能夠復出理政，「俟百日之喜，余即照常好生辦事。」[152]與此同時，同治還沒忘記特別告誡奕訢一番：「當敬事如一，不得蹈去年故習。」[153]從一個垂死之人口中，竟然吐出這些寒冷刻薄的句子，可以想像奕訢當時是何等震撼。

幾天之後，同治便以明發上諭宣告接受醇親王等人的請求，由太后批答奏摺，政務皆需等太后裁定。奕訢在這前後，只是服從和退讓，沒有任何抗爭。這種退讓，實則是他權力一步步被削奪的自然結果。奕訢在多次遭受打擊之後，不免也會產生避禍的態度。據說在同治去世之後，慈禧召集大臣商議皇嗣時，奕訢曾刻意選擇迴避的做法，並不想引禍上身[154]。

圍繞同治之死和皇嗣議立，都有很多傳聞。甚至有傳聞說，正是慈禧親手扼殺了同治。原來，同治死前，為了防止慈禧再次攬權干政，曾令李鴻藻代擬遺詔，傳位於載字輩年紀最大的載澍。但李鴻藻擔心惹惱慈禧，有意向慈禧洩密。慈禧對親生兒子忽然心生惡念，就此斷藥，導致同治很快喪命[155]。

確實，慈禧所在意的，只是能不能再次以垂簾聽政的方式奪取理政大權。對於這個不爭氣的兒子，她早已經失去了耐心。由於同治沒有生育，慈禧選擇了醇親王奕譞之子，年近四歲的載湉繼承大位。這多少也因為慈禧是載湉的姨媽，奕訢的兒子雖然血緣更近，卻因為沒有這個姨媽而落選。此外，慈禧明顯意識到奕譞要比奕訢更好控制，故此也會在選擇嗣統之時，將奕訢排斥在一邊。對此，奕訢也只能完全領受，率領軍機處即刻按照慈禧的意願擬旨。不久之後，嗣皇帝載湉被恭迎入宮，並改元光緒。

150《清穆宗實錄》卷三七三。
151《翁同龢日記》，第二冊，頁一〇七六。
152《翁同龢日記》，第二冊，頁一〇七六。
153《翁同龢日記》，第二冊，頁一〇七六。
154《夢蕉亭雜記》卷一。
155《清宮遺聞》卷一。

奕訢的缺陷

小皇帝光緒即位之後，軍機處人馬基本保持不動，慈禧繼續當著皇太后。這也許是因為奕訢在嗣統問題上的退讓，慈禧選擇性予以補償和安撫。此外，應該也是因為當時局面所需。如果想保持政局平穩過渡，確實需要奕訢來繼續統領軍機處予以協助。

慈禧第二次垂簾聽政期間，比她第一次垂簾聽政更加專權，奕訢和軍機處只能步步退讓。在軍機處內部，軍機大臣之間也長期存有北派、南派之爭，甚至「直至甲申易樞，未見大易」[156]。李鴻藻本來就是慈禧有意安插進軍機處的，所以他在軍機處內部不免有勢單力薄之感，包括奕訢都長期保持與李鴻藻貌合神離。李鴻藻便藉機安插景廉。對李鴻藻而言，景廉的入值，「將有利於彼在軍機上長久以來的孤立情況」，而景廉因為對軍機處瞭解不夠深入，論及決策，「必只有追隨李之一途」[157]。二人之間因此互相引以為援。毫無疑問，軍機處的內部紛爭，除了削弱自身力量，給了慈禧專權專斷的機會，也在很大程度上影響了軍機處慣有職權的正常行使。

一段時間之後，奕訢和軍機處更是以退讓求安全。光緒七年（一八八一），奕訢身體欠佳，更使得他本人的進取之心受到影響，進而導致軍機處也是暮氣沉沉，正好與日漸沒落的帝國一起沉淪。當然，慈禧也不需要一個過於強勢的軍機處或軍機大臣，所以這樣的軍機處對於慈禧施展權力正好留有充分的空間，互相之間倒也可以就此而求得相安無事。然而，這種局面沒有維持多久。到了甲申年，也即光緒十年（一八八四），慈禧忽然將軍機大臣全體置換，史稱「甲申易樞」。可以說，慈禧對軍機處進行了一次大清洗，動作之大，令人咋舌。

慈禧弄權

光緒十年，光緒皇帝已經十四歲，但這個奪權方案其實遠在這之前就已在慈禧心中醞釀成熟。原來，眼看光緒皇帝漸漸長大，朝野都在期待新皇帝臨朝親政。不想放棄權力的慈禧，按照同治朝的慣例，一再延緩歸政日期，但光緒親政也是遲早的事情。在同治和光緒兩朝，慈禧通過垂簾聽政的方式，已經操控皇權長達二十餘年，但她還是不想罷手。慈禧早已經習慣於發號施令，操弄權柄，當然不會甘心放棄已有的權力和地位。但是，歸政終究是大勢所趨，何況這個光緒皇帝好學和賢達早已名聲在

156 林文仁，《派系分合與晚清政治——以「帝后黨爭」為中心的探討》，中國社會科學出版社，二〇〇五年版，頁三四。

157 林文仁，《南北之爭與晚清政局——以軍機處漢大臣為核心的探討》，中國社會科學出版社，二〇〇五年版，頁八八。

外。既然如此，為了避免大權旁落，慈禧不得不提前做好各種應對光緒親政的措施，也為歸政之後繼續操控權柄做好準備。

奕訢長期領導軍機處，能力和威望早已為朝野所共知。雖說慈禧屢屢對奕訢有意實施打壓，而奕訢本人也是垂老多病，但慈禧對奕訢的理政能力早有深切領教。慈禧垂簾聽政期間，她也對奕訢有很多依仗。一直由他擔任領班軍機大臣，便是最好的證明。因為慈禧的強勢和打壓，更因為奕訢的主動退讓和密切配合，雖則二人叔嫂之情早已破裂，但也能基本保持君臣名分，並協力維持國家運轉。慈禧的權勢和地位，也基本得到維護。但是，這一切在歸政光緒之後，難保不會煙消雲散。

慈禧很清楚，勤奮好學的光緒也是個有能力和有想法的人，而且還不是自己的親生兒子。一旦光緒和奕訢聯手，那麼慈禧便很有可能只剩下靠邊站的份兒了。由於擔著這一分隱憂，慈禧不能不思前想後，努力尋找最佳方案，好繼續維護自己作為太后的權威。很快，她就想出辦法——乾脆搶在歸政之前就將奕訢徹底驅逐出權力核心，以絕後患。

外患、鬥爭、權力、隱忍

下定決心之後，慈禧便靜等時機出現。不久之後，中法戰爭給了慈禧一個良機。

光緒九年（一八八三），法國在向越南完成調兵遣將的動作之後，大舉北進，試圖再次通過武力來脅迫清政府滿足其利益要求。面對法國咄咄逼人的攻勢，朝臣出現了主戰派和主和派兩個陣營。

醇親王奕譞、軍機大臣李鴻藻等，都是積極主張迎戰。直隸總督兼北洋大臣李鴻章等人，則主張言和，認為清軍實力不足以一戰。李鴻章從裝備、士氣、訓練等各個方面，對中法軍隊進行了分析，認為清軍完全處於下風。奕訢對於這些差距，實則也非常清楚，所以和李鴻章一樣，也傾向於言和。

至於慈禧的態度，則有些搖擺。她起先是猶豫不決，後來受到奕譞的慫恿，決意迎戰。身為領班軍機大臣奕訢，剛剛從一場大病中逃生，對於世事已經少了銳氣和進取，更多的則是城府和冷靜。在戰爭發起之前，他儘量保持沉默，並不斷揣摩慈禧的意向，以迎合和討好慈禧來求得太平無事，逃脫責任。奕訢這種左右搖擺、唯慈禧馬首是瞻的態度，雖然早有先兆——因為生病之前的他就已經是這種作風，但在關鍵大事的決策上，奕訢的表現還是與當年相差甚遠，不免會引發朝臣的猜測和不滿。

富有心機的慈禧對於奕訢一味迎合的態度也不免會有疑問。長期共政，叔嫂之間可謂知根知底。奕訢委曲求全的態度，讓慈禧不能不多加一分小心：莫非奕訢是想等到光緒親政之後，再施展抱負？慈禧當然不會給他這樣的機會。

中法戰爭正如李鴻章所料，清軍連續潰敗，慈禧除了將直接負責指揮的廣西巡撫和雲南巡撫革職抓捕之外，更將主要罪責都推向了軍機處。

慈禧追責之前經過了巧妙安排，特地安排奕訢前往東陵主持祭祀典禮。這種活動以前基本是由閒散親王主持，這次慈禧的安排別有用心，目的就是支開奕訢，便於自己從容布置撤換軍機處人馬的計畫。

光緒十年（一八八九）三月初八，慈禧忽然召見軍機大臣，痛斥軍機處官員因循守舊，導致國用空虛和戰爭失利：「邊防不靖，疆臣因循，國用空虛，海防粉飾，不可以對祖宗。」[158]面對慈禧的嚴厲批評，在場的軍機大臣無不感到慚愧而又驚恐。他們都不清楚，這只是慈禧為下一步撤換軍機處製造輿論。

在慈禧的誘導之下，日講起居注官員盛昱呈上奏摺，對軍機大臣李鴻藻等人提出參劾，並且指出恭親王奕訢負有不可推卸的責任。得到這樣的奏摺，慈禧當然是如獲至寶，迅速展開進一步行動。

一切準備妥當之後，慈禧終於發出她的致命一擊。十三日，奕訢從東陵回來，但這一天，慈禧只是召見御前大臣、大學士、六部滿漢尚書，對於奕訢和軍機大臣則一概未予召見。對此，奕訢和諸位軍機大臣只得耐心等待，沒想到忽然傳出太后的懿旨，令在場的每一個人都震驚不已。在這份懿旨中，慈禧歷數奕訢和軍機處的種種過失，並宣布將奕訢為首的軍機大臣全體撤換。奕訢被革去一切職務，勒令其回家養病，寶鋆也被除去一切差使，李鴻藻和景廉則是降兩級調用。只有翁同龢受到的處罰最輕，雖被迫退出軍機處，但還是在毓慶宮行走，繼續為光緒帝授讀。

與此同時，慈禧也宣布了新的軍機處組成情況：禮親王世鐸，戶部尚書額勒和布、閻敬銘，刑部尚書張之萬擔任軍機大臣，工部左侍郎孫毓汶則在軍機大臣上學習行走。慈禧希望能建立一個自己可以駕馭和操控的軍機處，這樣一來，即便光緒親政，也不能無視自己的存在，甚至可以操縱和挾持光緒繼續尊奉自己的旨意。顯然，她成功地實現了這個目的。

在前後不到一個星期的時間裡，慈禧迅速完成了軍機處的重組，安排之巧妙，行動之迅速，完全出乎人們意料。這種出色的組織政變能力，當年慈禧曾借助奕訢的力量展示過一次，當時奕訢是得益的一方。如今的這次行動，奕訢卻淪為受害者，成為戰爭失敗的替罪羊，只能去做閒散親王了。

為了滿足權力欲望

起先參劾奕訢和軍機處的官員盛昱看到這個結果，不免感到意外。他認為新組建的軍機處，在能力和威望上都大不如前，於是重新呈遞奏摺，為奕訢和李鴻藻求情。

158《翁同龢日記》，第二三冊，頁一九。

但這一次，慈禧不再去理會他。御史丁振鐸也積極上書，試圖使慈禧回心轉意，對奕訢為首的軍機大臣實行寬大處理。對此，慈禧當然同樣不會予以理睬。

盛昱是清流派人士，他的奏摺雖直接痛斥軍機處，但並不是要趕奕訢下臺。只是他參劾的奏摺剛好為慈禧所用，為其徹底置換軍機處提供了口實。等人們看到這個令人震驚的結果時，盛昱，包括張佩綸、周德潤等清流人士也都替奕訢求情，請恭親王再管總署，這說明清流派雖然批評和攻擊過奕訢，卻沒有要求其下臺之意，只是希望他把事情辦得更好而已。

奕訢被罷黜之後，他的職位分別由世鐸和奕劻擔任。奕劻自認為才幹和資望都無法與奕訢相比，同時認為禮親王世鐸也無法與奕訢相比。所以，奕劻上疏列舉了六條理由說明樞臣不兼總署的種種不便，而當時朝廷中能兼任二職並為外人所重的也只有奕訢，故此奕劻上疏條陳種種不便，潛臺詞還是希望慈禧能回心轉意，讓奕訢重新復出主政。慈禧對此當然非常明白，但她仍然堅持原來的決定，並不想收回成命。

慈禧罷黜奕訢，改而對醇親王委以重任，曾特意發布懿旨宣布：今後軍機處遇有緊要事件會同醇親王商辦，但這等於在軍機處之上又多出一個太上軍機大臣，於體制不合。盛昱及御史趙爾巽等人見此情形，再次上疏直諫，請慈禧收回成命，讓醇親王退出軍機要務。但慈禧仍然不顧清流派人士的反對，答覆他們說：既然過去用恭親王進參機務能為廷臣所諒解，那麼現在用醇親王參與機務也應該為廷臣所諒解。慈禧這顯然是強詞奪理，因為醇親王與恭親王不同，他是光緒皇帝的生父，讓他迴避機務是很有道理的。

慈禧繼續固執己見地大面積置換官員，但從總體上看，不過是恭親王換成醇親王，而軍機處官員的素質較之以前不升反降。軍機大臣中，禮親王世鐸雖任首席軍機大臣，卻就此成為奕譞的傀儡，至於孫毓汶則更是奕譞的心腹，所以軍機處進入了奕譞主導的時代。

奕譞一向行事謹慎，過於柔順的性格，註定他在任上不會有所作為，而是只能任由慈禧擺布。當初，在得知兒子意外當上皇帝之時，奕譞的情感非常複雜，甚至淚流不止。由於親眼看到慈禧殘酷擺布同治而攝取皇權，奕譞不能不為兒子的今後擔著小心。當然，畢竟是自己的親兒子當上了皇帝，而且慈禧也逐步對奕譞本人委以重任，故此，旁人實在無法從奕譞的眼淚中判斷出，他的內心到底是悲傷更多，還是喜悅更多。不管如何，奕譞決意要小心翼翼地侍奉慈禧，以免兒子得禍，同時也免得自己得禍。從這個角度來看，慈禧置換軍機大臣，只是得到了一幫無用的奴才，吏治問題、財政問題，包括行政效率等，較之以前都有很大退步。晚清政府如同病入膏肓的老人，不僅沒有得到及時調理，反倒因為用人不當而變得雪上加霜，它的衰敗和滅亡便成為歷史的必然。

在如願完成置換軍機處之後，慈禧又忙活著給光緒操辦婚姻，瑾妃和珍妃出現在

拾參

光緒皇帝的面前。和同治相比，光緒的婚姻更顯包辦意味，也由此註定其後更為濃厚的悲劇色彩。

躊躇滿志的光緒

在一場非常體面的婚禮之後，慈禧又以一個非常體面的程序，宣布歸政光緒。這是光緒十五年（一八八九）二月，光緒做成新郎官尚且不到一個星期。江山美人，一朝擁有，他躊躇滿志，積極做著親政的各種準備。

慈禧也做好了歸政的準備。她早就吩咐軍機大臣世鐸等人擬定光緒親政之後辦理政務的方案。根據這個方案，光緒親政之後可以擁有獨立批閱奏摺的權力，但奏摺內容及朱批均需向慈禧匯報。也就是說，慈禧仍然在暗中掌控大局。尤其是，軍機大臣的組成包括朝廷重臣，完全是按照慈禧的意願組織選拔，他們仍然唯慈禧之命是從。諸如重要官員的任免等，則更是完全由慈禧所掌握，光緒必須要先行向慈禧請示。基於這個緣故，光緒親政之後仍然受到慈禧的嚴密監督和管控，慈禧仍然在通過各種方式發揮著影響力。

隨著光緒年齡的增長，他越來越希望擺脫這種幕後操控。皇帝與太后之間便不可避免地出現權力之爭。光緒非常希望能借助於甲午戰爭樹立威信，並藉此向慈禧討要權力。而慈禧當時正忙著準備她的六十大壽慶典，光緒選擇在這時候發力，確實是一個機會。沒想到的是，甲午一戰，清軍所收穫的只是一場慘敗，精心打造的北洋艦隊幾乎全軍覆沒。

空前的慘敗讓年輕的光緒感到無比憤懣，屈辱的《馬關條約》更讓他體會了巨大的恥辱。光緒皇帝由此而決心變法圖強，試圖改變現狀。恰好就在這時，他的老師翁同龢發現了康有為。於是，很快便有了李鴻章、翁同龢、榮祿、廖壽恆、張蔭桓五大臣聯合接見康有為的一幕。當然，這次會面，與其說是接見，不如說是面試。五大臣的提問都咄咄逼人，非常尖銳，但康有為都能不卑不亢地從容應對。康有為指出，變法應以法律和官制為先，由此引發了李鴻章的責難。榮祿甚至中途退出，毫不掩飾自己的不滿情緒。

經過積極爭取，慈禧終於同意在「不違背祖宗大法」的前提下推行變法，但她卻忽然脅迫光緒罷免了翁同龢。一直以來，身兼軍機大臣的老師翁同龢都是光緒皇帝的主心骨，也由此經常得到皇帝的單獨召見，守舊派大臣便帶著嫉恨群起而攻之，終於導致慈禧下定除掉翁同龢的決心。除了罷黜翁同龢之外，慈禧還收回了二品以上大臣的任免權，同時重用守舊派的榮祿。這些舉動，都令光緒的變法從起步階段便陷入重重羈絆。

光緒並不打算消極坐守，他先後下發諭旨，宣示變法的決心，宣布罷免禮部六位堂官，向守舊派宣戰。按照慈禧當初規定，二品以上官員任免需要經她本人批准，光緒此舉明顯踰矩。但是，慈禧面對光緒的進逼還是選擇了冷靜和忍耐。她想再看看光緒怎麼折騰，看看他的步子究竟能邁出去多遠。

為了避開守舊派的牽制，光緒再次發布諭旨，任命內閣候補侍讀楊銳、刑部候補主事劉光第、內閣候補中書林旭、江蘇候補知府譚嗣同等四人，均賞加四品卿銜，在軍機章京上行走。他們的工作與原有的軍機章京班底並不混在一起，主要任務就是幫助推行新政[159]。這便將原來慈禧安插的軍機大臣排擠在一邊。包括慈禧的親信李鴻章等人，光緒也另外安排職務。幾天之內，光緒皇帝連發上諭，接連做出重要人事調整，令朝野為之震動，於是引發慈禧更大的不滿和警惕。

根據康有為的建議，光緒準備開懋勤殿，設議政官，進一步重用維新派。但是當他將此事向慈禧匯報之時，慈禧本能地意識到，光緒設置懋勤殿的做法，是另立政治決策中心，是要完全剝奪她的權力，於是立即向光緒發出了警告。光緒也意識到慈禧一步步的收權行動，不能不迅速地與楊銳等人商議解救辦法。他們商議的結果就是，把希望寄託在擁有兵權的袁世凱身上。隨後，譚嗣同隻身前往天津，勸說袁世凱擁立光緒皇帝，並誅殺榮祿。狡猾的袁世凱當面信誓旦旦地表示了向皇帝效忠的決心，卻在暗中迅速地向榮祿進行告密。

就在光緒緊張地尋求自救之時，慈禧也在緊鑼密鼓地布置收網行動。慈禧當著王大臣的面，教訓光緒數典忘祖，幾乎把勤政殿變成審判庭，光緒皇帝只能以被告的身分，戰戰兢兢地聽從訓誡。她還迫不及待地以光緒帝的名義連發諭旨，表示從御史楊崇伊所請，宣誓訓政，而且下令迅速捉拿康黨要犯。光緒二十四年（一八九八）八月十三日，楊銳、譚嗣同、林旭、劉光第、楊深秀、康廣仁等六人被慈禧下令殺害，史稱「戊戌六君子」。當初光緒所選拔的幾名軍機章京被一網打盡，維新運動僅僅展開百日便被慈禧扼殺在搖籃之中。自此之後，慈禧以訓政之名，行親政之實，光緒皇帝再次成為傀儡，直至十年之後鬱鬱而終。

最後的變法

慈禧雖堅持祖宗之法，但她其實也明白清王朝已經全面落伍，如果不進行變革，在後面的日子裡只會跌得更慘。在世紀之交的一九〇〇年，也即光緒二十六年的七月，八國聯軍再次用炮火轟開了北京的防線，逼得慈禧倉皇西逃。這種狼狽也讓她預感到江山難以坐穩，為了大清帝國的社稷考慮，她不得不鄭重地頒發變法詔書，以作垂死掙扎。

159 茅海建，《戊戌變法史事考》，三聯書店，二〇〇五年版，頁七五。

拾參

慈禧先是以光緒皇帝的名義發布罪己詔，接著連發五道諭旨，宣示變法的決心。但是，朝臣對此反應冷淡。他們不知道這位西太后的葫蘆裡面究竟裝的是什麼藥，尤其害怕被當做「康梁」這樣的維新人物而遭到緝捕。還有一個麻煩就是，慈禧宣布變法要「擇善而從」[160]。至於什麼是善，什麼是惡，當然只能由她自己判斷。更為糟糕的是，慈禧一邊故作姿態地向大家徵求意見，一邊卻私下裡暗示她對外國事物的深深厭惡之情，這更讓朝臣無所適從。張之洞便因為慈禧這種表裡不一的行為向軍機大臣表達了沮喪之意[161]。

包括袁世凱在內的很多人，都希望以內閣取代軍機處，但慈禧對此予以堅決否定，軍機處繼續得到保留。慈禧認為，軍機處自成立至今，一直辦事極為密速，而且「相承至今，尚無流弊」[162]，所以不但不用撤除，還要一切按照舊有規制延續。

為了解除人們的顧慮，慈禧下令組建督辦政務處，並任命慶親王奕劻，大學士李鴻章、榮祿、崑岡、王文韶及戶部尚書鹿傳霖為督辦政務大臣。但這個班子，基本是由原來的軍機處所組成。除了已經疾病纏身的世鐸之外，其他軍機大臣全部進入督辦政務處。連慶親王奕劻也是暫時沒有任命的首席軍機大臣。所以，督辦政務處雖說一時地位顯要，卻幾乎是軍機處的翻版。加之當時守舊派力量依然雄厚，於是導致慈禧的「變法」淪為表演，最後能拿得出手的具體事務便是廢除科舉、建立現代學校。

日本在日俄戰爭中的勝利，令晚清的政治面貌迅速發生戲劇性變化。很多人把東方小國打敗西方強國的這次勝利，歸功於日本的立憲政體。被痛苦和屈辱糾纏多年的中國人便也希望儘快立憲，以求儘快結束衰弱和挨打的局面。就連慈禧也開始以光緒皇帝的名義下發諭旨宣示立憲，下定決心從制度上進行徹底變革，以圖一振。其後，光緒和慈禧先後賓天，新政和立憲雖在繼續往前走，卻最終淪為一場鬧劇。由於嗣皇帝溥儀過於年幼，醇親王載灃代理政務。他宣布代理皇帝擔任海陸軍大元帥，試圖通過牢固掌控軍權來避免帝國的瓦解，並繼續推行皇權統治。然而，這一切都為時已晚，其時地方督撫的離心力之大，已經遠遠超出了他的掌控範圍。

在當時的背景之下，軍機處幾乎成為眾矢之的。很多人將軍機處視為皇權的象徵，所以一片喊打之聲。他們認為軍機處已成為新政的攔路虎，於是紛紛呼籲建立真正有責任的內閣，取代軍機處。新成立的資政院更是將矛頭牢牢地對準軍機處，表現出與其勢不兩立的決心。對此，軍機大臣們奮起反擊，奕劻甚至以辭職相威脅。見此情形，載灃慌忙從中調停，但明顯傾向於軍機處，由此暴露出他企圖維持皇權統治的真面目。

此後，由江蘇諮議局議長張謇發起，各省請願代表紛紛聚集北京，要求清政府召

160 劉偉，《丙午立憲》，上海古籍出版社，二〇〇七年版，頁五九。
161 徐中約，《中國近代史》，世界圖書出版公司，二〇一三年版，頁四一二。
162《清德宗實錄》卷五六四。

開國會。他們前仆後繼地請願，逼迫載灃悄悄布置鎮壓手段，以備不測。當然，這種手法只會帶來更大的離心力，尤其是令漢官為主體的地方督撫對清政府失去信心。在四面楚歌的形勢之下，清政府被迫在一九一一年（宣統三年）五月宣布實行內閣制，同時宣布撤銷軍機處和舊內閣。至此，曾經顯赫一時的軍機處就此徹底走下歷史舞臺。五個月後，隨著武昌起義的槍聲打響，大清王朝也被一起送進歷史的廢墟之中。

如今的這裡已經成了遊人走馬觀花的地方。一百八十餘年的風雨滄桑訴說著曾經的光榮豪邁、艱苦砥礪、榮耀輝煌、患難沉淪。它是皇權高度集中的助推器與終極產物，雖在權力的博弈中堅持到了最後，但仍然倒在了封建制度崩潰的前夜，與一個王朝一起消散於歷史的塵埃中。關於它是非功過的爭論永不會終結，這也許就是最好的祭奠吧。

拾肆

寫在最後

從創立到廢除，軍機處前後綿延近兩百年時間，對清代的政治、經濟和軍事等各個方面，都產生了非常深刻的影響。一個軍情傳遞和處理機構能逐步蛻變為無所不包的政治決策機構，甚至於公然侵奪內閣的權力並取而代之，軍機處堪稱中國古代數千年政治史中一個非常奇特的現象。

隨著歷史的演進，軍機處的職權慢慢得到擴大，但它的情報職能始終存在。精心設計的密摺制度，完全是為了方便皇帝瞭解和處置情報而設。所謂密摺，便成為情報的基本載體。起初是軍事情報，後期則是政治、經濟情報，包括社情、民情等各方面，都無所不包，無所不能。這個原因，粘杆處所負責的收集內務情報的職能也被其侵奪，該機構便慢慢失去了存在的空間。

可以毫不誇張地說，無論是政治還是軍事，情報都是決策的基礎。軍機處雖說不是情報處置的終端，但它卻可以對情報處置起到非常重要的影響。圍繞軍機處所設計的嚴密的密摺陳情制度，是軍機處發揮職能作用的重要基礎，清廷也因此能對社會實施嚴密的監控，對各級官員進行強力的掌控。軍機處之所以能夠成為清朝專制和集權的代言人，和它最接近皇帝有關，也與它行使這種嚴密的監控職能有著直接關係。

密摺制度設計精巧，但有一個核心問題永遠不變：只有皇帝才能擁有拆閱和批答密摺的權力。除了若干特殊情況之外，比如由於乾隆衰老而導致和珅專權，軍機處始終沒有這種權力。所以，就一定程度而言，閱覽密摺便成為皇權的象徵。能夠專擅密摺的批答，便代表著皇權的集中統一，不能保持這種權力，則代表著皇權旁落。正是這個原因，即便是慈禧垂簾聽政之時，她也要牢牢地掌握密摺的閱覽和批答權力，藉此占有皇權。

應該看到，因為有軍機處這樣的輔政機構協助，皇帝能夠快速而又機密地處理各類政務，但陳情密摺全都由皇帝來親自閱覽批答，這也對皇帝的體能和腦力提出了挑戰。據說雍正的早逝便受到他自己設計的這種理政模式的拖累。乾隆被迫進行相應的改進，從而為自己適當鬆綁。即便如此，在雍正的這種設計模式之下，皇帝也還是要保持勤政。如果有幾天懈怠，便會造成案積如山。很多人認為清代的皇帝比明代的皇帝勤政，多少也與這種理政模式有關。

軍機處從一個臨時成立的機構，能逐步發展到侵奪內閣的權力，並逐步取而代之，逐漸占據決策中樞的地位，與皇帝的一貫重視和有意扶植有著直接的關係。也就是說，皇帝的個人意志對軍機處的興廢始終具有最為重要的影響。另外，由於皇帝始終牢牢地抓住閱覽和批答密摺這一最為核心的環節，軍機處的權力再大，終究只是皇帝的祕書機構和輔政機構。除了非常特殊的時期之外，比如乾隆垂老之年，清代皇帝，包括垂簾聽政的慈禧在內，大多都能對軍機處很好地加以控制，使得其權力始終不能逸出皇權的範圍之外。所以說到底，軍機處終究只不過是皇帝集權的一個助手而已，不能凌駕於皇權之上。

毋庸諱言的是，軍機處在初始階段曾作為貼心祕書，為雍正和乾隆的強勢施政起到了一定的作用，也為乾隆朝一段較長時間的盛世做出了貢獻。這個現象或可說明，當權力被一個有能力的好皇帝所掌握時，也可以發揮出積極的作用，收到一些良好效應。包括對整頓吏治、懲處貪腐等，這種權力都有可能起到相應的助益。清王朝處於內憂外患夾擊之下，尚且能維持僵而不死，集權統治也曾發揮了一定的作用。但是，一旦權力換成為平庸無能的君主所掌握，集權和強權機構不僅不能帶來高效的行政，反倒會造成處處滯脹，嘉慶朝、咸豐朝，包括晚清的衰敗和滅亡，都是生動的例證。

同樣是乾隆皇帝，早期和晚期，也表現出迥異的面貌。在早期，軍機處是乾隆推行新政的助手；晚期，軍機處則淪為其實施暴政的工具。以殘酷的文字獄為代表的各種殘酷打壓，更成為乾隆朝標誌性的缺陷而被永久釘在恥辱柱上。惡政時期，軍機處起到了助紂為虐的作用，充當乾隆的幫凶和打手，也同樣會被歷史所牢記。

從南書房到軍機處，清朝前期的皇帝曾嘗試有關集權的種種努力，而軍機處的設計，令這種努力終獲成功。然而，即便是如願通過軍機處實現了集權的目的，卻還是難以避免權臣和弄臣的先後出現。諸如和珅這樣的軍機大臣，還是會在皇帝打盹之時強勢攬權。權臣和弄臣，就此成為軍機處的副產品。到了晚清時期，由於肅順這樣的權臣出現，軍機處也會遭到無視，至少是職權和權力都發生搖擺。至於慈禧隨意置換軍機大臣，更是充分說明軍機處隨時會受到皇權意志的左右。這種現象說明，在封建集權時代，機構終究還是由人所掌控，尤其掌握了強權之人。即便是軍機處這樣的強權機構，也不能例外。隨著清王朝的日益腐朽，軍機處縱是設計再為機巧，還是會和這個沒落的王朝一起，成為明日黃花，淹沒在歷史的深處。

後記

去年年初，在經過耗時長久的寫作之後，我終於完成了《中國古代情報史》的撰寫任務，於是開始四處尋找出版機會。好友白愛虎隨即將拙稿交給了中華書局的傅可老師。此後，我們多次就書稿進行磋商。拙作明顯存在著一些問題，亟待修改，但是傅老師還是對其給予了充分肯定，並建議將其中相關情報活動的內容單列出來立項出版。他的這種熱心和誠懇，讓我感到莫大的欣慰和感動。

在寫作情報史的過程中，我更多關注的是情報活動和情報思想，對相關古代情報體制的內容，或者作概括性敘述，或有意迴避。這一方面是由於精力和時間受限，另一方面也是因為自身知識結構存在缺陷，對於古代官制瞭解較少。對於拙稿的這個缺陷，幾位閱讀初稿的老師，尤其是長期研究情報史的專家高金虎老師，都曾經指出過，自己其實也有所體會。我只能決心在今後的學習和研究過程中，將這一部分內容作為重點展開，盡力予以彌補。

在和傅老師交流期間，我們互相都毫無保留地交換了各種意見，包括拙稿所存在的上述缺陷問題，包括自己今後的研究意向等等，所以很快就聊到了軍機處。其實，當時我也正下定決心由軍機處開始，由下而上地對中國古代的情報機構設置情況進行一番認真考察。軍機處是一個非常特殊的機構，雖然它在清代中後期長期充當決策中樞的角色，但畢竟在起始階段是一個情報機構，而且即便是在完成職能的蛻變之後，其情報職能也始終沒有去除。鑑於此，研究古代情報機構，不能不對其予以充分重視。至於軍機處在職能發生變化之後，對於清朝政治所產生的深刻影響，更是研究政治史和思想史等領域的重要內容。在和諸多師友廣泛交流的過程中，我更下定由此入手的決心。

說到底還是要鄭重感謝中華書局對於拙稿的認可，讓它能夠有機會面世。無論是就情報史，還是就政治史而言，這都是個非常好的題目，但由於筆者水準有限，終究還是辜負了它，沒有把它寫好。需要說明的是，在寫作過程中，我多少厭煩於這幾年寫作博士論文和情報史的那種刻板嚴肅的文風，忽然想嘗試另外一種風格的寫作。雖則爬梳史料的態度仍是一如既往的嚴肅認真，但我不知道這種寫法相對於這樣的題材而言，是不是果真合適，所以終究不免心有惴惴。至於書中的錯誤和不妥之處也一定不在少數，更是因此而感到不勝忐忑，熱切盼望能夠得到大家的批評指正。

熊劍平

二〇一四年六月二十日記於南京

主要參考文獻

《清世宗實錄》，中華書局，一九八五年版。
《清高宗實錄》，中華書局，一九八五年版。
《清仁宗實錄》，中華書局，一九八五年版。
《清文宗實錄》，中華書局，一九八五年版。
《清穆宗實錄》，中華書局，一九八五年版。
《清德宗實錄》，中華書局，一九八五年版。
《大清會典事例》，中華書局，一九九一年版。
（清）賈楨等，《籌辦夷務始末》（咸豐朝），中華書局，一九七九年版。
（清）趙爾巽等，《清史稿》，中華書局，一九八七年版。
（清）梁章鉅，《樞垣記略》，中華書局，一九八四年版。
（清）昭槤，《嘯亭雜錄》，中華書局，一九八〇年版。
（清）何剛德，《春明夢錄》，上海古籍書店，一九八三年版。

（清）何剛德，《客座偶談》，上海古籍書店，一九八三年版。
（清）吳振棫，《養吉齋叢錄》，北京古籍出版社，一九八三年版。
（清）王闓運，《祺祥故事》，一九三九年鄧氏五石齋印本。
（清）翁同龢，《翁同龢日記》，中華書局，一九九八年版。
（清）李慈銘，《越縵堂日記》，廣陵書社，二〇〇四年版。
寶成關，《奕訢慈禧政爭記》，吉林文史出版社，一九八〇年版。
黃濬，《花隨人聖庵摭憶》，上海古籍書店，一九八三年版。
（清）張廷玉，《張廷玉年譜》，中華書局，一九九二年版。
蕭一山，《清代通史》，華東師範大學出版社，二〇〇六年版。
李治亭，《清史》，上海人民出版社，二〇〇二年版。
王鍾翰，《清史雜考》，人民出版社，一九五七年版。
莊吉發，《清代奏摺制度》，臺北故宮博物院，一九七九年版。
張德澤，《清代國家機關考略》，中國人民大學出版社，一九八一年版。
史松，《雍正研究》，遼寧民族出版社，二〇〇九年版。
閻崇年，《清宮疑案正解》，中華書局，二〇〇七年版。
定宜莊，《清代八旗駐防研究》，遼寧民族出版社，二〇〇三年版。
白新良，《清史考辨》，人民出版社，二〇〇六年版。

白新良，《清代中樞決策研究》，遼寧人民出版社，二〇〇二年版。
林乾，《康熙懲抑朋黨與清代集權政治》，復旦大學出版社，二〇一三年版。
楊珍，《歷程．制度．人——清朝皇權略探》，學苑出版社，二〇一三年版。
戴逸，《乾隆帝及其時代》，中國人民大學出版社，二〇〇八年版。
白新良，《乾隆皇帝傳》，百花文藝出版社，二〇〇四年版。
茅海建，《苦命天子——咸豐皇帝奕詝》，三聯書店，二〇〇六年版。
陳垣，《陳垣史學論著選》，上海人民出版社，一九八一年版。
許倬雲，《中西文明的對照》，浙江人民出版社，二〇一三年版。
賴惠敏，《清代的皇權與世家》，北京大學出版社，二〇一〇年版。
唐文基、羅慶泗，《乾隆傳》，人民出版社，一九九四年版。
徐徹，《慈禧太后》，人民文學出版社，二〇一三年版。
董守義，《恭親王奕訢》，人民文學出版社，二〇一〇年版。
茅海建，《戊戌變法史事考》，三聯書店，二〇〇五年版。
林文仁，《派系分合與晚清政治》，中國社會科學出版社，二〇〇五年版。
林文仁，《南北之爭與晚清政局》，中國社會科學出版社，二〇〇五年版。
劉偉，《丙午立憲》，上海古籍出版社，二〇〇七年版。
郭廷以，《近代中國史事日誌》，中華書局，一九八七年版。

徐中約，《中國近代史》，世界圖書出版公司，二〇一三年版。
陳思伯，《複生錄》，載《近代史資料》，一九七九年第四期。
劉子揚，《清代軍機處》，載《歷史檔案》，一九八一年第二期。
杜家驥，《康熙朝以後的議政王大臣會議》，載《南開學報》，一九九五年第一期。
劉紹春，《嘉慶整頓軍機處，維護雙軌輔政體制》，載《清史研究》，一九九三年第二期。
郭成康，《雍正密諭淺析——兼及軍機處設立的時間》，載《清史研究》，一九九八年第一期。
劉紹春，《軍機章京考選制度述略》，載《史學月刊》，一九九二年第二期。
宋希斌，《論清代軍機處的創立及其正規化》，載《歷史教學》，二〇〇五年第一一期。
王開璽，《辛酉政變與正統皇權思想——慈禧政變成功原因再探討》，載《清史研究》，二〇〇二年第四期。

歷史大講堂

軍機處：永遠的權力中心

2017年2月初版
2024年6月初版第四刷

定價：新臺幣360元

著者　熊劍平
叢書編輯　張擎
封面設計　李東記
內文排版　極翔企業有限公司

出版者　聯經出版事業股份有限公司
地址　新北市汐止區大同路一段369號1樓
叢書主編電話　(02)86925588轉5305
台北聯經書房　台北市新生南路三段94號
電話　(02)23620308
郵政劃撥帳戶第0100559-3號
郵撥電話　(02)23620308
印刷者　文聯彩色製版印刷有限公司
總經銷　聯合發行股份有限公司
發行所　新北市新店區寶橋路235巷6弄6號2F
電話　(02)29178022

副總編輯　陳逸華
總編輯　涂豐恩
總經理　陳芝宇
社長　羅國俊
發行人　林載爵

行政院新聞局出版事業登記證局版臺業字第0130號

本書如有缺頁，破損，倒裝請寄回台北聯經書房更換。
ISBN　978-957-08-4878-6 (平裝)
聯經網址 http://www.linkingbooks.com.tw
電子信箱 e-mail:linking@udngroup.com

本書中文繁體字版由中華書局（北京）授權出版

國家圖書館出版品預行編目資料

軍機處：永遠的權力中心/熊劍平著．初版．
新北市．聯經．2017年2月（民106年）．360面．
14.8×21公分（歷史大講堂）
ISBN 978-957-08-4878-6（平裝）
[2024年6月初版第四刷]

1.軍機處 2.清史

573.5292 106000768